ENZYKLOPÄDIE
DEUTSCHER
GESCHICHTE
BAND 79

ENZYKLOPÄDIE
DEUTSCHER
GESCHICHTE
BAND 79

HERAUSGEGEBEN VON
LOTHAR GALL

IN VERBINDUNG MIT
PETER BLICKLE
ELISABETH FEHRENBACH
JOHANNES FRIED
KLAUS HILDEBRAND
KARL HEINRICH KAUFHOLD
HORST MÖLLER
OTTO GERHARD OEXLE
KLAUS TENFELDE

TECHNIK UND WIRTSCHAFT IM 19. UND 20. JAHRHUNDERT

VON
CHRISTIAN KLEINSCHMIDT

R. OLDENBOURG VERLAG
MÜNCHEN 2007

Bibliografische Information der Deutschen Nationalbibliothek

Die Deutsche Nationalbibliothek verzeichnet diese Publikation in der Deutschen Nationalbibliografie; detaillierte bibliografische Daten sind im Internet über <http://dnb.d-nb.de> abrufbar.

© 2007 Oldenbourg Wissenschaftsverlag GmbH, München
Rosenheimer Straße 145, D-81671 München
Internet: oldenbourg.de

Das Werk einschließlich aller Abbildungen ist urheberrechtlich geschützt. Jede Verwertung außerhalb der Grenzen des Urheberrechtsgesetzes ist ohne Zustimmung des Verlages unzulässig und strafbar. Das gilt insbesondere für Vervielfältigungen, Übersetzungen, Mikroverfilmungen und die Einspeicherung und Bearbeitung in elektronischen Systemen.

Umschlaggestaltung: Dieter Vollendorf
Umschlagabbildung: Volkswagenwerk Wolfsburg; Volkswagen AG
Gedruckt auf säurefreiem, alterungsbeständigem Papier (chlorfrei gebleicht)
Gesamtherstellung: Oldenbourg Druckerei Vertriebs GmbH & Co. KG, Kirchheim

ISBN-13: 978-3-486-58030-3 (brosch.)
ISBN-10: 3-486-58030-2 (brosch.)
ISBN-13: 978-3-486-58031-0 (geb.)
ISBN-10: 3-486-58031-0 (geb.)

Vorwort

Die „Enzyklopädie deutscher Geschichte" soll für die Benutzer – Fachhistoriker, Studenten, Geschichtslehrer, Vertreter benachbarter Disziplinen und interessierte Laien – ein Arbeitsinstrument sein, mit dessen Hilfe sie sich rasch und zuverlässig über den gegenwärtigen Stand unserer Kenntnisse und der Forschung in den verschiedenen Bereichen der deutschen Geschichte informieren können.

Geschichte wird dabei in einem umfassenden Sinne verstanden: Der Geschichte der Gesellschaft, der Wirtschaft, des Staates in seinen inneren und äußeren Verhältnissen wird ebenso ein großes Gewicht beigemessen wie der Geschichte der Religion und der Kirche, der Kultur, der Lebenswelten und der Mentalitäten.

Dieses umfassende Verständnis von Geschichte muss immer wieder Prozesse und Tendenzen einbeziehen, die säkularer Natur sind, nationale und einzelstaatliche Grenzen übergreifen. Ihm entspricht eine eher pragmatische Bestimmung des Begriffs „deutsche Geschichte". Sie orientiert sich sehr bewusst an der jeweiligen zeitgenössischen Auffassung und Definition des Begriffs und sucht ihn von daher zugleich von programmatischen Rückprojektionen zu entlasten, die seine Verwendung in den letzten anderthalb Jahrhunderten immer wieder begleiteten. Was damit an Unschärfen und Problemen, vor allem hinsichtlich des diachronen Vergleichs, verbunden ist, steht in keinem Verhältnis zu den Schwierigkeiten, die sich bei dem Versuch einer zeitübergreifenden Festlegung ergäben, die stets nur mehr oder weniger willkürlicher Art sein könnte. Das heißt freilich nicht, dass der Begriff „deutsche Geschichte" unreflektiert gebraucht werden kann. Eine der Aufgaben der einzelnen Bände ist es vielmehr, den Bereich der Darstellung auch geographisch jeweils genau zu bestimmen.

Das Gesamtwerk wird am Ende rund hundert Bände umfassen. Sie folgen alle einem gleichen Gliederungsschema und sind mit Blick auf die Konzeption der Reihe und die Bedürfnisse des Benutzers in ihrem Umfang jeweils streng begrenzt. Das zwingt vor allem im darstellenden Teil, der den heutigen Stand unserer Kenntnisse auf knappstem Raum zusammenfasst – ihm schließen sich die Darlegung und Erörterung der Forschungssituation und eine entsprechend gegliederte Auswahlbibliographie an –, zu starker Konzentration und zur Beschränkung auf die zentralen Vorgänge und Entwicklungen. Besonderes Gewicht ist daneben, unter Betonung des systematischen Zusammenhangs, auf die Abstimmung der einzelnen Bände untereinander, in sachlicher Hinsicht, aber auch im Hinblick auf die übergreifenden Fragestellungen, gelegt worden. Aus dem Gesamtwerk lassen sich so auch immer einzelne, den jeweiligen Benutzer besonders interessierende Serien zusammenstellen. Ungeachtet dessen aber bildet jeder Band eine in sich abgeschlossene Einheit – unter der persönlichen Verantwortung des Autors und in völliger Eigenständigkeit gegenüber den benachbarten und verwandten Bänden, auch was den Zeitpunkt des Erscheinens angeht.

Lothar Gall

Inhalt

Vorwort des Verfassers XI

I. Enzyklopädischer Überblick 1

1. Technische Innovationen, Mechanisierung und Maschinisierung in der Frühindustrialisierungsphase Ende des 18. bis Mitte des 19. Jahrhunderts 1
   1.1 Einleitung 1
   1.2 Leitsektor Textilindustrie 3
   1.3 Leitsektoren Schwerindustrie und Maschinenbau . 4
   1.4 Querverbindungen zur Chemieindustrie 10
   1.5 „Städtetechnik" und Infrastruktur 13

2. Übergang zur Massenproduktion und Großindustrie (1850–1914/18) 16
   2.1 „Economies of scale" und „economies of speed" . . 16
   2.2 „Economies of scope" und Verbundwirtschaft . . . 19
   2.3 Anfänge wissenschaftlicher Betriebsführung 23
   2.4 Information, Kommunikation, Mobilität 26

3. Das Zeitalter der Rationalisierung und Autarkiewirtschaft (1918–1945) 32
   3.1 Voraussetzungen nach dem Ersten Weltkrieg 32
   3.2 Überbetriebliche Rationalisierungsbewegung . . . 33
   3.3 Betrieblich-technische Rationalisierung 35
   3.4 Betrieblich-organisatorische Rationalisierung . . . 39
   3.5 Betrieblich-soziale Rationalisierung 42
   3.6 „Fehlrationalisierung" und „partielle Modernisierungseffekte" 45
   3.7. Autarkiewirtschaft 48

4. Technisierung und großtechnische Systeme (1945–2000) 53
   4.1 Wirtschaftliche und technologische Rekonstruktion 53

4.2 Technisierung und „kleine Verbrauchertechnik" .. 59
4.3 Großtechnische Systeme 65

II. Grundprobleme und Tendenzen der Forschung 75
   1. Technikgenese, Technikrisiken, Technikfolgen 75
   2. Technik und Staat, Technikpolitik. 79
   3. Technikforschung und -entwicklung 93
   4. Technik und Bildung, Wissen und Informationen. . . . 99
   5. Technokratie und Ingenieure 102
   6. Technologietransfer 107
   7. Technikpräsentation, Gewerbe- und Industrieausstellungen 112
   8. Technikvisionen, technische Leitbilder und das Scheitern technischer Projekte 115
   9. Technik und Arbeit 119
  10. Technikkonsum, Technik und Alltag 124
  11. Technik und Umwelt 129
  12. Technische Denkmäler, Industriearchäologie, Industriekultur. 134
  13. Technikgeschichte. 139

III. Quellen und Literatur 145
   A. Gedruckte Quellen 145
   B. Literatur 145
     1. Übergreifende Einzel-, Sammel- und Gesamtdarstellungen. 145
     2. Technikgenese, Technikfolgen, Technikrisiken . . . 146
     3. Technik und Staat, Technikpolitik. 150
     4. Technikforschung und -entwicklung 155
     5. Technik und Bildung, Wissen und Informationen. . 158
     6. Technokratie und Ingenieure 160
     7. Technologietransfer 162
     8. Technikpräsentation, Gewerbe- und Industrieausstellungen. 163
     9. Technikvisionen, technische Leitbilder und das Scheitern technischer Projekte. 164
    10. Technik und Arbeit 165
    11. Technikkonsum, Technik und Alltag 169
    12. Technik und Umwelt. 171

13. Technische Denkmäler, Industriearchäologie,
    Industriekultur 173
14. Technikgeschichte 176

Register 177

Themen und Autoren 186

Vorwort des Verfassers

Technik und Wirtschaft sind zwei Bereiche, die eng miteinander verknüpft sind. Technik bezeichnet nach Günter Ropohl die Menge der nutzenorientierten, künstlichen, gegenständlichen Artefakte, aber auch die Menge menschlicher Handlungen und Einrichtungen, in denen Artefakte entstehen oder verwendet werden. Unter Wirtschaft verstehen wir die Handlungen und Institutionen, die mit der Produktion, Distribution und Konsumtion von Gütern und Dienstleistungen zu tun haben. Ziel ist es, über knappe Mittel so zu verfügen, dass sich die menschlichen Bedürfnisse befriedigen lassen. Und dabei spielt Technik eine zentrale Rolle. Deren Bedeutung für die wirtschaftliche Entwicklung in Deutschland im 19. und 20. Jahrhundert soll in diesem Band näher betrachtet werden. Dabei soll ein möglichst breites Spektrum, von der Technikgenese über die Rolle des Staates bei der technischen und wirtschaftlichen Entwicklung, Fragen von Technik und Bildung, des Technologietransfers und der Technikpräsentation bis hin zum Verhältnis von Technik und Arbeit, des Technikkonsums und Aspekten der Umweltgeschichte, abgedeckt werden. Dass trotz des Überblickscharakters dabei Schwerpunkte gesetzt bzw. bestimmten Themenbereichen wie etwa die Agrar- oder die Medizintechnik sowie die Kommunikationstechnik im Vergleich zu anderen Aspekten eine untergeordnete Rolle zukommt, ist der exemplarischen Herangehensweise historischer Darstellung – auch im Falle von Überblicksliteratur – geschuldet. Gleichzeitig sollen mit diesem Band die bisherigen, inhaltlich benachbarten Werke der Enzyklopädie deutscher Geschichte um das Thema „Technik" bzw. „Technikgeschichte" ergänzt werden. Die bislang erschienen Titel , die sich mit der wirtschaftlichen Entwicklung auseinandersetzen, konzentrieren sich auf Fragen des Gewerbes und der Industrie, der Agrarwirtschaft oder auf das Verhältnis zwischen Staat und Wirtschaft. Das Begriffspaar „Technik und Wirtschaft" soll – in dieser Reihenfolge – signalisieren, dass der technischen Entwicklung in diesem Band eine besondere Aufmerksamkeit gewidmet ist, wobei der methodische Ansatz einem integrativen Konzept der technik-, wirtschafts-, sozial- und kulturwissenschaftlichen Betrachtung verpflichtet ist. Insbesondere im zweiten Teil der „Grundprobleme und Tendenzen der Forschung" liegt der Schwerpunkt dieses Bandes auf technikhistorischen Zusammenhängen und versteht sich gerade dadurch als Ergänzung inhaltlich verwandter EdG-Bände.

Für inhaltliche Anregungen, Korrekturen und weiterführende Hinweise möchte ich mich herzlich bei Dr. Dietmar Bleidick, Dr. Eckhard Schinkel, Prof. Dr. Wolfhard Weber und Prof. Dr. Dieter Ziegler bedanken. Zugleich gilt mein Dank dem Hauptherausgeber der Enzyklopädie deutscher Geschichte und Betreuer dieses Bandes, Prof. Dr. Lothar Gall, für Hinweise und Korrekturen sowie Frau Gabriele Jaroschka vom Oldenbourg Verlag für die hilfreiche, intensive und umsichtige Lektoratsbetreuung.

Christian Kleinschmidt, Dortmund, im Mai 2006

I. Enzyklopädischer Überblick

1. Technische Innovationen, Mechanisierung und Maschinisierung in der Frühindustrialisierungsphase Ende des 18. bis Mitte des 19. Jahrhunderts

1.1 Einleitung

Der Zeitraum der ersten Hälfte des 19. Jahrhunderts bezeichnet für zahlreiche deutsche Territorien den Übergang von der Protoindustrialisierung zur Frühindustrialisierung. Eine wesentliche Voraussetzung dafür bilden technische Innovationen in unterschiedlichen Gewerbezweigen, die sich gegenseitig ergänzten und in ihrer Wirkung verstärkten und die einen Schub der Mechanisierung und Maschinisierung auslösten, der nicht nur quantitativ, sondern auch qualitativ den Übergang in einen neuen Zeitabschnitt markierte. Ein wesentliches Charakteristikum der technischen Innovationen dieses Zeitraums ist der massenhafte Übergang von der „Hand-Werkzeug-Technik" zur „Maschinen-Werkzeug-Technik" (Akos Paulinyi). Der Begriff „Technik" beschreibt zunächst die Menge aller Artefakte und Verfahren, die der Umgestaltung der Natur für die Zwecke des Menschen dienen und die zur Lösung von Problemen in ökonomisch verwertbaren Leistungen beitragen. Die in der Natur vorgefundenen und gewonnenen Stoffe werden dabei von Menschen durch technische Handlungen umgestaltet und umgeformt. In der Epoche der „Hand-Werkzeug-Technik" erfolgte die Mehrheit dieser technischen Handlungen unter Mithilfe von Hand-Werkzeugen, wobei auch im Zeitalter der Protoindustrialisierung zwischen dem Spätmittelalter und dem 18. Jahrhundert Verbesserungen, Optimierungen und Diversifizierungen der Hand-Werkzeug-Technik und Mechanisierungsprozesse stattfanden. Aber erst im Gefolge der sozialen und ökonomischen Veränderungen zunächst in Großbritannien als der „first industrial nation" und dann auch in anderen westeuropäischen Staaten kam es in zahlreichen Gewerbzweigen zum Einsatz von Maschinen und damit zum Prozess der „Maschinisierung technischer Handlungen", die dann den Übergang zur „Maschinen-Werkzeug-Technik" einleiteten.

„Hand-Werkzeug-Technik"

„Maschinen-Werkzeug-Technik"

Damit ist ein zweites wichtiges Charakteristikum des Industrialisierungprozesses in Deutschland angesprochen, nämlich die externen Einflüsse auf die technische Entwicklung, der transnationale Wissenstransfer als Impulsgeber für den dynamischen Wirtschaftsaufschwung. Neben Großbritannien übernahmen hier die westeuropäischen Staaten, das spätere Belgien und Frankreich, eine „Leitbildfunktion" (M. Dierkes). Die externen Leitbilder wurden in die nationalen bzw. auch regionalen gesellschaftlichen und ökonomischen Rahmenbedingungen integriert bzw. angepasst, wobei es auch zur Ausbildung „nationaler deutscher Technikstile" (J. Radkau) sowie zu hybriden Entwicklungen kam.

Technische Leitbilder Technische Leitbilder übernahmen die Funktion der Zukunftsantizipation und sie bildeten ein Orientierungsangebot für das technisch wünsch- und machbare. Insofern sind technische Leitbilder auch Katalysatoren für Lern- und Innovationsprozesse. Innovationen bilden zugleich ein dritten Aspekt technisch-ökonomischer Entwicklung. Sie haben systemischen Charakter und sind das Ergebnis einer komplexen Interaktion zwischen verschiedenen Akteuren und Institutionen (Technik, Wirtschaft, Wissenschaften, Forschung, Bildung, Staat etc.). Technische Handlungen der Stoffumwandlung in einem Bereich bzw. Gewerbe- oder Industriezweig gelangen über Querverbindungen, personelle und institutionelle Kontakte und Vernetzungen in andere Bereiche und Industriezweige. Ökonomisch gesprochen wirken sich systemische

Innovationsprozesse Innovationsprozesse in Form von Kopplungsprozessen in vor- und nachgelagerten Produktionsstufen durch Synergieeffekte, durch Senkung von Transaktionskosten sowie durch die Ausnutzung der „economies of scope" (Verbundvorteile, Synergieeffekte) aus. Joseph A. Schumpeter (1883–1950), auf den die neue Innovationstheorie zurückgeht und der damit auf eine enge Verknüpfung zwischen technischer und ökonomischer Entwicklung verwies, betrachtete Innovationen als „fundamentalen Antrieb, der die kapitalistische Maschine in Bewegung setzt und hält". Dabei können Innovationen nicht nur als technische, sondern auch als soziale oder organisatorische Innovationen auftreten. Technische Innovationen konzentrieren sich auf neuartige technische Problemlösungen, die u. a. als Produktinnovationen oder als Prozessinnovationen, also durch neuartige Faktorkombinationen in Form neuer Verfahren oder Methoden, auftreten können. Darüber hinaus wird zwischen Basisinnovationen als radikalem technischen Fortschritt sowie inkrementalem Fortschritt als Ausdruck einer evolutorischen, kleinschrittigen Entwicklung (auch als Folge- und Verbesserungsinnovationen bezeichnet) unterschieden. Entscheidend ist die Anwendung und Ausbreitung sowie die Diffusion der Neuerungen, die dann, nicht zuletzt aufgrund ihres systemischen Charakters und komplexer Interaktionen, positive Effekte für die gesamte Volkswirtschaft nach sich ziehen können.

1.2 Leitsektor Textilindustrie

Ausgangspunkt wichtiger Innovationen für den Zeitraum der Frühindustrialisierung war gegen Ende des 18. Jahrhunderts die Textilindustrie. In der englischen Textilindustrie kam es erstmals zum massenhaften Einsatz von Arbeitsmaschinen zur Stoffumwandlung. Die von dem Engländer Richard Arkwright (1732–1792) entwickelte „water-frame" stellte die erste auf Wasserradantrieb basierende Spinnmaschine dar, die seit 1771 in Cromford-Mill arbeitete. Die Baumwollspinnerei bildete damit Ende des 18./Anfang des 19. Jahrhunderts die führende Sparte der gesamten Textilindustrie. Durch die Übernahme dieser in England entwickelten Technologie durch den Kaufmann Johann Gottfried Brügelmann (1750–1802) gelang im Herzogtum Berg bereits im Jahr 1783 auch in Deutschland der Durchbruch zur modernen Maschinenspinnerei und damit der Übergang zur Industrialisierung. Brügelmann stammte aus einer Leinen-, Garn- und Webwarenhändlerfamilie, die im Rahmen protoindustrielller Verhältnisse die von den Textilproduzenten hergestellten Waren verkaufte. Typisch für die protoindustrielle Produktionsweise war die Trennung der Produktions- von der Handelssphäre. Die eigentlichen, formal meist selbständigen Produzenten (im Textilgewerbe z. B. Weber oder Spinner) verarbeiteten das Rohmaterial im Auftrag von Kaufleuten (Kaufsystem oder Verlagssystem), die das fertige Endprodukt dann wiederum auf den Markt brachten. Gegen Ende des 18. Jahrhunderts drängten Kaufleute in unterschiedlichen Gewerbezweigen von der Sphäre des Handels auch in den Produktionsbereich, so dass im Sinne integrierter Unternehmen Produktion und Absatz in einer Hand lagen. Mit der Gründung der Maschinenspinnerei, die Brügelmann nach dem englischen Vorbild in der Nähe von Ratingen „Cromford" nannte, gelang der Schritt von der Sphäre des Handels in die Produktionssphäre, vom Kaufmann zum Produzenten. Neben der Cromforder Fabrik baute Brügelmann schließlich eine weitverzweigte Textilproduktion auf. Das technische Know-how stammte zu einem Großteil aus England. Englandreisen und der Transfer technischen Wissens (legal oder z.T. auch illegal in Form von Industriespionage) oder auch die Beschäftigung englischer Facharbeiter und Ingenieure waren ein wesentlicher Faktor beim Übergang von der textilen „Hand-Werkzeug-Technik" zur „Maschinen-Werkzeug-Technik".

Textilindustrie

Protoindustrie

1.3 Leitsektoren Schwerindustrie und Maschinenbau

Die Entwicklungen in der Textilindustrie, die Übernahme ausländischer Technologien und der Schritt zur „Maschinisierung" führten dann dazu, dass auch die Herstellung der Maschinen selbst, also die Herstellung von Teilen aus Holz bzw. zunehmend auch aus Eisen und anderen Metallen, mit Hilfe Maschinen bewerkstelligt wurde. Die „Maschinen-Werkzeug-Technik" fand somit bei der Herstellung von Werkzeugmaschinen Anwendung und markiert die Anfänge des Maschinenbaus. Im Mittelpunkt dabei stand die Dampfmaschine, die wiederum als wichtigster Energieumwandler von den technischen Fortschritten im Bereich des Bergbaus und der Eisen- und Stahlindustrie profitierte.

<small>Maschinenbau</small>

Der Steinkohlenbergbau als Rohstoff- und Energielieferant für die Eisen- und Stahlindustrie, für die Textilindustrie, Glashütten, Ziegeleien etc. sollte sich zu einem der wichtigsten Industriezweige und damit als Motor der Industrialisierung in der ersten Hälfte des 19. Jahrhunderts entwickeln und zugleich Holzkohle und Wasserkraft als führende Energieträger nach und nach ablösen. Die technische Entwicklung verlief nicht einheitlich, sondern war neben geographischen und geologischen Gegebenheiten abhängig von ökonomischen und rechtlichen Faktoren. So bestand in deutschen Territorien eine lange Tradition des staatlichen Einflusses auf den Bergbau, der in der Form des Direktionsprinzips bis 1851/65 in Preußen eine staatliche Lenkung des Bergbaus bedeutete, unternehmerische Eigeninitiative und -verantwortung weitgehend unterband und damit auch technische Innovationen unter die Direktive des Staates stellte. In den großen Bergbaugebieten wie dem Ruhrgebiet, Oberschlesien und der Saar verlief die Entwicklung jedoch sehr unterschiedlich. Während im Ruhrgebiet der staatliche Einfluss bis zur Liberalisierung des Bergrechts einheitlich war und auch an der Saar der Staatsbergbau dominierte, existierten in Oberschlesien fiskalische und privatrechtlich betriebene Gruben nebeneinander. Die technische Entwicklung im Steinkohlenbergbau verlief in der ersten Hälfte des 19. Jahrhunderts vergleichsweise langsam und bewegte sich in zahlreichen Bergwerken kaum über den Stand des 16./17. Jahrhunderts hinaus. Erst die wachsende Nachfrage nach Steinkohle durch die unterschiedlichen Gewerbe sowie die Erschließung neuer Märkte u. a. in Folge der Einheitsbestrebungen im Zollwesen (Deutscher Zollverein 1834), der Abbau der Hemmnisse im Binnenverkehr oder auch die Unabhängigkeit Belgiens (1830) führten zu einer Steigerung der Montanproduktion allein zwischen 1800 und 1835 um 140%.

<small>Bergbau</small>

1. Technische Innovationen in der Frühindustrialisierungsphase

Wesentliche technische Innovationen im Zeitraum bis Mitte des 19. Jahrhunderts waren der Übergang vom Stollen- zum Tiefbau, die Einführung der Dampfmaschine sowie die Verbesserung der Transport- und Fördermöglichkeiten. Bis zur Mitte des 19. Jahrhunderts wurde, nicht zuletzt aufgrund der staatlich geregelten Bergordnung, Bergbau vornehmlich als Stollenbau betrieben, wobei die Bergbehörden genaue Vorschriften und Auflagen für den Betrieb der Grubenbaue machten. Um den wachsenden Kohlenbedarf seit Beginn des 19. Jahrhunderts zu befriedigen, mussten schließlich immer tiefere Stollen angelegt und immer längere Strecken aufgebracht werden. Der Übergang vom Stollen- zum Tiefbau infolge der oberflächennahen Erschöpfung der Kohlevorkommen erfolgte fließend, indem die bestehenden Stollen durch Seigerschächte (seiger = senkrecht) verbunden wurden. In einigen Regionen wie der Ruhr bestand das Problem, dass ein Großteil der Kohlevorkommen durch ein Deckgebirge mit dicker Mergelschicht abgetrennt und durch den Stollenbau nicht zu erschließen war. Mit dem Übergang zu Tiefbauschächten und infolge der Durchbrechung der Mergelschicht Mitte der 1830er Jahre konnten dann auch die reichen Flöze in größeren Tiefen erschlossen werden. Dabei stellte sich allerdings das Problem der Wasserhaltung, das nicht mehr wie noch im Stollenbergbau mit Hilfe so genannter Erbstollen (zur Entwässerung) und Göpel bewältigt werden konnte.

An dieser Stelle kam erstmals die Dampfmaschine zum Einsatz. In Großbritannien hatte schon seit der zweiten Hälfte des 19. Jahrhunderts die Dampfmaschine erfolgreich die Wasserhaltung im Steinkohlenbergbau geregelt. Da ein Export englischer Technologie ebenso verboten war die Abwerbung von Dampfmaschinenkonstrukteuren, brachten deutsche Ingenieure und Unternehmer auf illegalem Wege seit Ende des 18. Jahrhunderts Pläne und Konstrukteure nach Deutschland, was einer frühen Form der Industriespionage gleichkam. So übernahm schließlich der oberschlesische Bergbau eine Pionierfunktion bei der Nutzung der Dampfkraft nach dem Watt'schen Modell. Es war jedoch nicht der Steinkohlenbergbau, sondern der Bleibergbau im oberschlesischen Tarnowitz, wo die Dampfmaschine ihren Durchbruch erlebte, gefolgt vom Einsatz der ersten Dampfpumpe in Westdeutschland auf der Saline Königsborn bei Unna im Jahr 1798. Beim ersten Einsatz einer Dampfmaschine im Ruhrbergbau wurde einmal mehr der staatliche Einfluss in diesem Industriezweig deutlich. Auf Initiative von Heinrich Friedrich Karl Reichsfreiherr vom und zum Stein (1757–1831, ab 1784 Direktor des Bergamtes bzw. ab 1794 des Oberbergamtes in Wetter an der Ruhr) wurde auf der Zeche „Vollmond" in Langendreer bei Bo-

Marginalien: Tiefbau; Pionier Großbritannien; Dampfmaschine

chum im Jahr 1801 die erste Dampfmaschine in Betrieb genommen. Im Jahr 1816 waren dann 12, 1843 schließlich 95 Dampfmaschinen in Betrieb. Nachdem sie sich als Wasserhaltungsmaschine erfolgreich bewährt hatte, wurde die Dampfmaschine auch zur Kohlenförderung genutzt. Bis Ende des 18. Jahrhunderts dominierte dort die Handarbeit mit Hilfe von Haspeln, die dann ab 1790 allmählich und ebenfalls auf Initiative des Freiherren vom Stein durch Pferdegöpel abgelöst wurde. Im Jahr 1839 wurde die erste Dampffördermaschine auf der Zeche Neu-Wülfingsburg bei Volmarstein in Betrieb genommen.

Innovationsketten

Der Tiefbau zog weitere Innovationen nach sich, so dass man in diesem Zusammenhang von Folgeinnovationen bzw. regelrechten Innovationsketten sprechen kann. Mit zunehmender Förderung und steigendem Gewicht der Fördergefäße und parallel zur Entwicklung in der Stahlindustrie führte die Nutzung von Drahtseilen zur Ablösung der traditionellen Hanftaue, was wiederum eine Förderung aus größeren Teufen ermöglichte. Während die eigentliche Abbauarbeit, das Herausbrechen der Kohle, noch bis in die ersten beiden Jahrzehnte des 20. Jahrhunderts von Hand mit Schlägel und Eisen erfolgte, führten wiederum Entwicklungen in der Eisen- und Stahlindustrie dazu, den Transport unter Tage sowie den Abtransport der Kohle über Tage zu beschleunigen und zu effektivieren. Die Förderwagen unter Tage wurden zunächst auf Holzplanken, später auf hölzernen Schienen und schließlich auf Eisenschienen bewegt, deren Installation sich aufgrund der hohen Kosten erst ab Mitte des 19. Jahrhunderts ausbreitete. Übertage setzten sich ab den 1820er Jahren Pferdeschienenbahnen durch, die dann mit der Entwicklung der Dampfmaschine ab den 1840er Jahren allmählich auch auf diesem Gebiet von der neuen Technologie abgelöst wurden.

Die genannten Innovationen und Folgeinnovationen setzten sich nicht gleichzeitig im Steinkohlenbergbau durch, einige Betriebe blieben bis Ende des 19. Jahrhunderts beim Stollenbau und nutzten weiterhin traditionelle Technologien zum Abbau und Transport der Kohle. Doch dort, wo der Übergang zum Tiefbau, neue Formen der Förderung und des Transports sowie die maschinelle Ausstattung erhebliche Investitionskosten nach sich zogen, die von den zumeist als einzelne „Gewerkschaft" organisierten Zechen nicht allein bewältigt werden konnten, schlossen sich diese zusammen, so dass sich technische und organisatorische Innovationen gegenseitig bedingten. Während im Ruhrgebiet und an der Saar schon seit Beginn des 19. Jahrhunderts der Übergang vom Stollen- zum Tiefbau aufgrund der geologischen Verhältnisse notwendig war, lagen die Abbauverhältnisse in Oberschlesien günstiger als in den beiden anderen Bergrevieren. Bis zur Mitte des 19. Jahrhunderts waren dementsprechend die Produktionskosten in Oberschlesien deutlich niedriger als an Ruhr und Saar, während jedoch andererseits aufgrund der ungünstigen verkehrstechnischen Lage die Transportkosten höher lagen.

Am Beispiel der Dampfmaschine wie auch des Schienentransports werden zudem die engen Verknüpfungen zwischen dem (Steinkohlen-)Bergbau und der Eisen- und Stahlindustrie deutlich. Diese ergab sich u. a. aus der Ablösung der Holzkohle durch Steinkohle bzw. Koks als Rohstoff- und Energielieferant für die Eisen- und Stahlindustrie. Roheisen wurde in zahlreichen, vor allem holz- und wasserreichen Regionen wie der Eifel, dem Sauer- und Siegerland, dem Hunsrück, dem Bayerischen Wald, dem Erzgebirge, Oberschlesien, dem Harz und dem Thüringer Wald hergestellt. Auch wenn sich das Ruhrgebiet im Laufe des 19. Jahrhunderts zur wichtigsten schwerindustriellen Region Deutschlands entwickeln sollte, so kamen wichtige technische Innovationen in anderen Regionen erstmals zur Anwendung. 1796 wurde – wenn auch nicht dauerhaft – in Oberschlesien ein Kokskohlehochofen in Deutschland installiert. Wie im Steinkohlenbergbau waren es auch in diesem Falle die staatliche Initiative sowie englische Leitbilder, die die technischen Innovationen beförderten. Der bereits im Jahr 1709 von Abraham Darby entwickelte Kokskohlehochofen setzte sich jedoch aufgrund unterschiedlicher regionaler Rohstoffqualitäten der Einsatzstoffe Kohle (bzw. Koks), Eisenerz und Kalk sowie den mit den unterschiedlichen Mischungsverhältnissen zusammenhängenden technischen Folgeproblemen auf breiter Basis erst ab Mitte des 19. Jahrhunderts durch. Bis dahin importierte die deutsche Industrie Roheisen vornehmlich aus Großbritannien und Belgien. Wichtige Anreize zur Durchsetzung der Kokskohletechnologie bei Hochöfen lieferte dann der 1844 eingeführte Schutzzoll auf Roheisen, der das englische und belgische Roheisen vom deutschen Markt fernhalten und den Aufbau einer deutscher Roheisenindustrie fördern sollte.

Roheisen selbst war zur Weiterverarbeitung und zur Herstellung von Endprodukten aufgrund seines hohen Kohlenstoffgehaltes weitgehend ungeeignet. Es musste deshalb in einem zweiten Produktionsschritt mit Sauerstoff bzw. Luft angereichert („Frischen") und der Kohlenstoffgehalt dadurch reduziert werden, um das Material formbar zu machen. Seit 1784 war auch auf diesem Gebiet die englische Industrie mit Hilfe des von Henry Cort (1740–1800) entwickelten Puddelverfahrens international führend. Beim „Puddeln" (Verrühren des Roheisens durch Handarbeit mit langen Stahlstangen im Puddelofen) entstand

Eisen- und Stahlindustrie

Kokskohlehochofen

Puddelverfahren

hochwertiger Puddelstahl, der dann wiederum in einem weiteren Arbeitsgang geschmiedet oder ausgewalzt wurde. Puddelstahl eignete sich hervorragend zur Weiterverarbeitung von Schienen, wie sie dann als Grundlage der Transportwege im Bergbau und schließlich auch im allgemeinen Güter- und Personenverkehr im Zusammenhang mit der Dampfeisenbahn massenhaft zum Einsatz kamen. In Deutschland wurde das Puddelverfahren mit einer zeitlichen Verzögerung von vier Jahrzehnten erstmals mit belgischer Hilfe 1824 auf der Rasselsteiner Eisenhütte in Neuwied durch Christian Remy (1783–1861) eingeführt, gefolgt u. a. von Friedrich Harkorts Mechanischer Werkstätte bei Wetter an der Ruhr sowie anderen Ruhrgebietsunternehmen. Bis zur Jahrhundertmitte setzte sich das aus Großbritannien kommende Puddelverfahren als dominierendes Stahlherstellungsverfahren auch in Deutschland durch. An der Saar hielt es sich länger als in anderen schwerindustriellen Regionen Deutschlands, da die Verwendung phosphorhaltiger Minette für das ab Mitte der 1850er Jahre sich durchsetzende Bessemer-Verfahren ungeeignet war. Wichtige Zentren der Stahlherstellung waren neben dem Ruhr- und Saargebiet sowie dem Aachener Raum vor allem Oberschlesien, das jedoch aufgrund seiner Marktferne auch auf diesem Gebiet einen relativen Bedeutungsverlust hinnehmen musste.

Bessemer-Verfahren

Ebenso wie das Roheisen war der Stahl noch kein fertiges Endprodukt und musste verformt, d. h. vergossen, geschmiedet oder gewalzt werden. Dabei setzte sich in zahlreichen Gebieten die Walztechnik als „Maschinen-Werkzeug-Technik" gegenüber der „Hand-Werkzeug-Technik" des Schmiedens durch, und auch dort kam schließlich die Dampfkraft zum Einsatz, und wiederum waren es englische Patente (1792 entwickelte John Wolkinson die erste Dampfmaschine zum Antrieb eines Walzgerüstes; 1820 erhielt J. Birkinshaw das Patent für das Walzen von Eisenbahnschienen), die diese Entwicklung in Deutschland, wenn auch mit zeitlicher Verzögerung, vorantrieben.

Die Dampfmaschine markierte eine Schnittstelle zum Maschinenbau, in dem Großbritannien ebenfalls eine technische Führungsrolle einnahm. Bei der Entwicklung moderner Werkzeugmaschinen spielte der Engländer Henry Maudslay (1771–1831) eine zentrale Rolle. Neben der Massenfertigung ging es dabei um die wiederholbare und passgenaue Fertigung von Maschinenteilen. Auf diese Weise entstanden gegen Ende des 18. Jahrhundert neben der Drehmaschine zahlreiche Spezialmaschinen und -werkzeuge zur Herstellung von Serienprodukten. Werkzeugmaschinen waren auf vielen Gebieten, insbesondere auch in der Eisen- und Stahlindustrie als Bohr-, Fräs-, Niet-, Stanz-, Biege- oder Schneidemaschinen im Einsatz, beim Eisenbahnbau ebenso wie

Werkzeugmaschinen

1. Technische Innovationen in der Frühindustrialisierungsphase

bei der Herstellung von Schiffsteilen oder beim Brückenbau. Werkzeugmaschinen spielten dann auch beim Bau von Dampfmaschinen eine Rolle, zunächst in Form von Einzweck-Werkzeugmaschinen wie der aus Großbritannien kommenden Zylinderbohrmaschine. Die serielle oder standardisierte Herstellung von Dampfmaschinen verzögerte sich jedoch zunächst. 1797 wurden bei Boulton & Watt in Soho erstmals komplette Dampfmaschinen produziert, wobei Einzweck-Werkzeugmaschinen zur Herstellung von Zylindern, Kolben, Kolbenstangen, Pumpen, Ventilsteuerungen etc. zum Einsatz kamen. Nach Deutschland gelangten die Informationen über den Stand des britischen Maschinenbaus wie im Falle der Bergbau-, Eisen- und Stahlindustrie über die Reisetätigkeit deutscher Unternehmer und Ingenieure wie etwa Christian Wilhelm Beuth (1781–1853), den Direktor der Königlichen Technischen Deputation für Handel und Gewerbe zu Berlin, oder auch Friedrich Harkort in Wetter an der Ruhr. Dieser bietet zudem ein Beispiel des Übergangs von der protoindustriell ausgerichteten Kleineisenindustrie zur frühindustriellen Produktion. So trennte er sich Ende des 18. Jahrhunderts von seinen Sensenhämmern und orientierte sich zunehmend in Richtung Stahlherstellung, Weiterverarbeitung und Maschinenbau. Als Geldgeber fungierte bei der Gründung der Mechanischen Werkstätte der Elberfelder Bankier Johann Heinrich Daniel Kamp, der zudem noch einen englischen Ingenieur, Edward Thomas, in das Unternehmen mitbrachte. Harkorts Unternehmen produzierte Dampfmaschinen, Zylindergebläse, Wasserräder, Walzen, Stahlwaren etc., war also eng mit der sich entwickelnden Schwerindustrie des Ruhrgebiets verbunden. Andere Maschinebauregionen entwickelten sich in der Nähe landwirtschaftlicher Gebiete (Magdeburg) oder waren, wie etwa der Lokomotiv- und Waggonbau, deutlich standortunabhängiger als der Bergbau und die Eisen- und Stahlindustrie. Zentren des Lokomotivbaus entstanden dementsprechend u. a. in Sachsen (Hartmann), in Berlin (Borsig), in Württemberg (Maschinenfabrik Esslingen), in Hannover (Egestorff), in Bayern (Maffei) und in Kurhessen (Henschel).

<small>Reisen deutscher Unternehmer und Ingenieure</small>

Die Dampfmaschine selbst, häufig als „Motor der Industrialisierung" bezeichnet, hatte zwar in den oben genannten Industriezweigen eine Schlüsselstellung im Industrialisierungsprozess, setzte sich aber mit unterschiedlicher Geschwindigkeit in den einzelnen Regionen Deutschlands durch. Es ist darauf hinzuweisen, dass kein technischer Zwang oder gar Automatismus zur Dampfmaschine führte (J. Radkau) und etwa im Mansfelder Kupferbergbau bis zum Jahr 1866 Pferdegöpel im Einsatz waren und Johann Dinnendahl 1837 den Dampfmaschinebau aufgrund geringer Wachstumsperspektiven sogar wieder aufgab. In wasserreichen Regionen wie dem Sauerland, dem Bergischen Land, dem Schwarzwald oder dem Bayerischen Wald hielten sich wasserradgetriebene Technologien bis weit ins 19. Jahrhundert hinein, so dass in einer Übergangszeit traditionelle und neue Technologien nebeneinander existierten. Hier sorgten Pfadabhängigkeiten für die verzögerte Einführung von Basistechnologien bzw. legten Verbesserungsinnovationen auf dem Gebiet der traditionellen Technologie durch die Erhöhung des Wirkungsgrades von Wasserrädern sowie der Bau von Turbinen die Beibehaltung der Wasserkraft nahe.

1.4 Querverbindungen zur Chemieindustrie

Chemische Industrie

So wie die Steinkohle eine Verbindung als Einsatzstoff und Energieträger zur Eisen- und Stahlindustrie und über die Dampfmaschine zum Maschinenbau markierte, gab es auch Querverbindungen zu der sich entwickelnden Chemischen Industrie und von dort wiederum zur Textilindustrie in der ersten Hälfte des 19. Jahrhunderts. Die Chemieindustrie lieferte für die Textilindustrie zahlreiche Vorprodukte, ausgehend von Bleich- und Waschmitteln über Appreturen bis hin zu synthetischen Farbstoffen. Ende des 18. Jahrhunderts gelang dem Franzosen Nicolaus Leblanc (1742–1806) ein Verfahren zur industriellen Soda-

Soda

produktion, welches als Basis für Bleich- und Waschmittel die begrenzten natürlichen Sodaquellen sowie die alternativ eingesetzte Pottasche ablöste. Letztere wurde aus Holzkohle gewonnen und bedeutete eine große Verschwendung von Holz. Die industrielle Sodaherstellung gelang durch Zusammenschmelzen von Natriumsulfat (Glaubersalz), Kohle und Kalkstein in Sodaöfen und verkürzte den Bleichprozess von einigen Monaten auf wenige Stunden. Die industrielle Sodaherstellung markierte den Beginn der anorganischen Großchemie. Neben der Textilindustrie entwickelte sich die Glas- und Seifenindustrie zu einem der wichtigsten Abnehmer der Sodaindustrie. Das wiederum war die Voraussetzung dafür, dass deren Produkte sich vom Luxusgut zum alltäglichen Gebrauchsgegenstand wandelten. Die ersten deutschen Sodafabriken waren die im Jahr 1818 in Schönebeck bei Magdeburg gegründete Anlage der Firma Herrmann & Sohn sowie die chemische Fabrik Käferthal in Mannheim, die beide „Leblanc-Soda" herstellten.

Kohlechemie

So wie Kohle für die Sodaindustrie eine wichtige Rolle spielte, bildete sie auch den Ausgangspunkt für die Kohlechemie und damit für die industrielle organische Chemie insgesamt und dominierte diese in Deutschland bis weit ins 20. Jahrhundert hinein. Im Mittelpunkt stand

1. Technische Innovationen in der Frühindustrialisierungsphase

dabei die Verkokung bzw. die Destillation von Steinkohlen. Bei deren Erhitzung unter Luftabschluss in Retorten (trockene Destillation) bildeten sich neben Koks, Leuchtgas und Teer auch andere, giftige Nebenprodukte wie Schwefelwasserstoff, Ammoniak, Benzol und Schwefeldioxid, die erhebliche Umweltprobleme verursachten. An der Kohleveredelung zum Zwecke der Gasgewinnung hatten sich bereits seit Ende des 17. Jahrhunderts zahlreiche, vor allem englische, französische und deutsche Chemiker und Physiker beteiligt. Dem Schotten William Murdoch (1754–1839) gelangen entscheidende Schritte bei der Konstruktion von Apparaturen der Gaserzeugung, wobei ihm seine Tätigkeit in der Eisengießerei von Matthew Boulton zu Nutze kam. Die Maschinenfabrik Boulton & Watt gehörte dementsprechend auch zu den ersten mit Gaslicht erleuchteten Anlagen, die dann wiederum andere Industrieunternehmen mit Gasbeleuchtungsanlagen belieferte. 1814 wurde erstmals ein Londoner Stadtviertel mit Gaslicht beleuchtet. In Deutschland wurde die erste öffentliche Gasanstalt im Jahr 1824 von einer englischen Gesellschaft in Hannover eröffnet. Die künstliche Helligkeit hatte erhebliche Auswirkungen auf das private und das öffentliche Leben in den Städten sowie auf die Industrieproduktion. Fabrikarbeit war nun auch nach Einbruch der Dunkelheit möglich und führte zu einer Ausweitung der Nachtarbeit.

Gasgewinnung

Während die Kohleveredelung in Gaswerken zum Zwecke der Gasgewinnung erfolgte, wurde in den Koksöfen der Kokereien ab Mitte des 19. Jahrhunderts in erster Linie Koks hergestellt, der u. a. für den Einsatz in den Kokskohlehochöfen gedacht war. In beiden Fällen fiel Teer als Abfallprodukt an, das zunächst nur geringe Verwendung fand, etwa zum Dichten von Fugen beim Holzbau, zur Rußerzeugung und damit zur Herstellung von Druckerschwärze, Lithographenfarben oder Tusche diente. Dies änderte sich schlagartig, als Teer zur zentralen Rohstoffquelle bei der Herstellung von Teerfarben und pharmazeutischen Produkten und damit eine wesentliche Grundlage zahlreicher chemischer Produkte wurde. Der in den Gasanstalten und Kokereien anfallende Rohteer war für den Einsatz in der chemischen Industrie allerdings ungeeignet und musste zunächst aufgearbeitet werden, wobei auf die Erfahrungen der Alkoholdestillation zurückgegriffen werden konnte. Nachdem bereits im 18. und frühen 19. Jahrhundert vor allem französische Forscher wie Antoine Laurent de Lavoisier (1743–1794), Joseph Louis Gay-Lussac (1778–1850) oder Louis Jacques Thenard (1777–1857) sich mit der Elementaranalyse von Kohlenstoffen und Kohlenstoffverbindungen auseinandergesetzt hatten, widmete sich im Jahr 1833 der Chemiker Friedlieb Ferdinand Runge (1795–1867) in

Teer

Breslau erstmals der wissenschaftlichen Erforschung des Steinkohlenteers. Als leitender Chemiker der Chemischen Produktenfabrik bzw. der Königlichen Seehandlungssocietät in Oranienburg schlug er die Produktion von Teerfarbstoffen vor, die jedoch von der Unternehmensleitung nicht weiter verfolgt wurden. Damit waren gleichwohl die Grundlagen für die synthetische Farbstoffherstellung gelegt, die dann in großem Stil in der zweiten Hälfte des 19. Jahrhunderts erfolgte, zunächst in Großbritannien, schließlich in Deutschland, welches vor dem Ersten Weltkrieg zum weltgrößten Synthesefarbstoffproduzenten aufstieg.

Teerfarbstoffe

Von den traditionellen Färbemitteln wie Krapp, Gelbdorn, Ginster oder Waid, den um 1800 in Europa bekannten weiteren Färberdrogen sowie einigen hundert Heildrogen und dem zeitgleichen Übergang zur wissenschaftlichen Erforschung von pflanzlichen Wirkstoffen lassen sich wiederum personelle und institutionelle Verbindungen zur Entstehung der pharmazeutisch-chemischen Industrie ziehen. Friedlieb Ferdinand Runge beschäftigte sich nicht nur mit der Isolierung von Anilin oder Phenol aus Teer, sondern erforschte auch den Wirkstoff Coffein. Der Apotheker Heinrich Emanuel Merck aus Darmstadt, der wiederum mit dem Chemiker Justus Liebig befreundet war, setzte sich mit den Inhaltsstoffen des Opiums auseinander und widmete sich in seiner 1827 gegründeten Fabrik der industriellen Entwicklung von Morphin aus dem Milchsaft von Mohnkapseln. Hier liegt eine der Wurzeln der modernen Pharmaindustrie, die wiederum eng mit der chemischen Industrie verknüpft ist.

Pharmazeutisch-chemische Industrie

Teerfarbenfabriken, aber auch die Düngemittelindustrie sowie die Soda- und Metallindustrie benötigten wiederum beträchtliche Mengen Schwefelsäure. Diese wurde in einem umständlichen Verfahren aus den Rückständen von Vitriolschiefer gewonnen. Als Begründer der industriellen Schwefelsäurefabrikation gilt der schottische Arzt und Chemiker John Roebuck (1718–1794), der Schwefel und Salpeter in Kammern aus Blei verbrannte, wobei so genannte Kammersäure entstand (Schwefelsäure). Die erste größere und kontinuierlich arbeitende Bleikammeranlage wurde im Jahr 1803 in Glasgow in Betrieb genommen.

Die Chemieindustrie und dabei insbesondere die Kohleveredelung, also die Gewinnung von Leuchtgas und Kokereiprodukten, sowie die Untersuchungen zur Teerverwertung schufen schließlich weitere wichtige Querverbindung zur Energiewirtschaft und zum Ausbau der städtischen Infrastruktur.

1.5 „Städtetechnik" und Infrastruktur

Die beiden wesentlichen Pfeiler der sich entwickelnden städtischen Infrastruktur in der ersten Hälfte des 19. Jahrhunderts bildeten neben dem Straßenbau die Versorgungseinrichtungen für Energie und Wasser. Die auf der Verkokungstechnik beruhende Gasversorgung nahm in Deutschland ihren Ausgang bei privaten Industrieunternehmen wie der Essener Maschinenfabrik Dinnendahl oder Friedrich Harkorts Mechanischer Werkstätte auf Burg Wetter, die ihre Anlagen seit 1818/19 mit Gas beleuchteten. Während in den 1820er Jahren in europäischen Großstädten wie Paris, Brüssel oder Amsterdam die Gasversorgung nicht nur zu industriellen Zwecken, sondern z.T. auch schon für Heiz- und Kochzwecke in privaten Haushalten genutzt wurde, verzögerte sich diese Entwicklung in den deutschen Staaten. Bis zur Jahrhundertmitte diente Gas in deutschen Städten vornehmlich Beleuchtungszwecken. Nach den vereinzelten Pioniergründungen von Gaswerken in den 1820er und 1830er Jahren folgten dann weitere Neubauten in den 1830er und 1840er Jahren, so dass zur Jahrhundertmitte in ganz Deutschland 35 Gasversorgungsbetriebe existierten.

Gasversorgung

Neben der Energieversorgung bildete die Wasserversorgung einen zentralen Punkt der Grundversorgung der Bevölkerung im Zeitalter der Frühindustrialisierung und des Städte- bzw. Bevölkerungswachstums. Die Wasserversorgung war bis dahin zumeist aus privaten Brunnen, denen ein oder mehrere Häuser angeschlossen waren, erfolgt. Zu Beginn des 19. Jahrhunderts verfügte Nürnberg über etwa 1000 und im Jahr 1829 München über etwa 2000 Brunnen zur Wasserversorgung der Haushalte. Damit verbunden war ein hohes Risiko durch Verschmutzung, Infektionen, Unfälle und Wassermangel. Qualitativ und quantitativ genügte in verdichteten industrialisierten Städten und Regionen wie dem Ruhrgebiet diese Art der Wasserversorgung nicht mehr den Anforderungen nach Trinkwasser, industriellem Nutzwasser und Löschwasser sowie hinsichtlich der hygienischen Zustände. Gefahren und Gesundheitsrisiken durch Epidemien und Seuchen aufgrund schlechter Wasserqualität gehörten zu den typischen Existenzbedingungen der Menschen vor dem Aufstieg der Lebenserwartung in den letzten hundert Jahren.

Wasserversorgung

Noch bis Mitte des 19. Jahrhunderts gab es in Deutschland nur wenige Einrichtungen zur Wasserversorgung und Abwasserbeseitigung, und selbst zu Beginn des 20. Jahrhunderts verfügte nur die Hälfte der deutschen Städte über 2000 Einwohner über eine zentrale Wasserversorgung, was zu entsprechenden Problemen bei der Trinkwasser-

Probleme bei der Trinkwasser- und Abwasserversorgung

und Abwasserversorgung führte. Zwar war schon seit dem Jahr 1531 in der schlesischen Stadt Bunzlau die Schwemmkanalisation bekannt gewesen, welche die Stadt Jahrhunderte lang vor Seuchen verschonte, doch fand dieses Vorbild in anderen deutschen Städten kaum Nachahmung, so dass auch weiterhin Jauche und Dung an Straßen und Gehwegen lagen und Abortgruben sich in Kellern, nicht weit von öffentlichen Brunnen, befanden. Erst zu Beginn des 19. Jahrhunderts sollte sich dies allmählich ändern, und es waren u. a. auch Ärzte wie der Frankfurter Georg Varrentrapp oder auch Alexander von Humboldt, die sich 1830 als Mitglieder einer Berliner Delegation in westeuropäischen Staaten wie England, Frankreich oder den Niederlanden über die dortige Technik der Wasserversorgung und Abwasserbeseitigung informierten. Hygieneprobleme und Epidemien beschleunigten seit den 1840er Jahren den Druck auf deutsche Kommunen, auf diesem Gebiet tätig zu werden. Mit Hilfe englischen Know-hows wurde das „erste auf neuen Anschauungen beruhende Wasserwerk Deutschlands" (A. Föhl) schließlich 1848 in Hamburg errichtet. Dabei kam einmal mehr die Dampfmaschine zum Einsatz, die Wasser in einen Speicherbehälter pumpte, die wiederum die Hausbehälter der privaten Nutzer versorgten. Das dampfmaschinenbetriebene Wasserwerk Hamburgs zählte Mitte des 19. Jahrhunderts schließlich zu den modernsten Anlagen der Welt. Berlin besaß als erste deutsche Großstadt eine einheitliche Wasserversorgung, Stadtentwässerung und Abwasserbeseitigung. Hamburg und Berlin zählen

„Städtetechnik" somit zu den Vorreitern einer modernen „Städtetechnik", die sich dann ab Mitte des 19. Jahrhunderts flächendeckend in Deutschland ausbreiten sollte.

Der Ausbau von Infrastruktur- und Verkehrseinrichtungen, zunächst ausgehend von privaten Unternehmen und Betreibern, sollte sich im Laufe des 19. Jahrhunderts zunehmend zu einer kommunalen und damit öffentlichen Aufgabe entwickeln. Diese stand damit durchaus in der Tradition des absolutistischen und merkantilistischen Staates, der sich ebenfalls massiv im Bereich des Infrastrukturausbaus engagiert hatte. Dazu gehörten u. a. Flussregulierung und Kanalbauten, die schließlich auch in der Phase der Frühindustrialisierung eine we-

Verkehrstechnische sentliche Voraussetzung zur verkehrstechnischen Erschließung der sich
Erschließung entwickelnden Industrieregionen darstellte. So wurde bereits 1780 die erste Ruhrschleuse in Betrieb genommen und ab 1784 unter dem Freiherren vom Stein die Kanalisierung und Schiffbarmachung der Ruhr mit Hilfe von insgesamt 16 Schleusen vorangetrieben. Das deutsche Kanalnetz umfasste Mitte der 1830er Jahre bereits fast 2000 km. Die Einführung der Dampfmaschine stellte schließlich auch im Bereich der

1. Technische Innovationen in der Frühindustrialisierungsphase

Binnenschifffahrt in diesem Zeitraum eine wichtige Innovation dar, da sie die bisherige Fortbewegungsart der Fluss- und Kanalschiffe mit Segel und Treidelzug ablöste und damit eine wesentliche Beschleunigung des Personen- und Güterverkehrs ermöglichte.

Wasserwege

Wie auf dem Wasserweg so stellte auch auf dem Landweg der Einsatz der Dampfkraft eine entscheidende Verkehrsinnovation dar. Auch hier kamen die Impulse zunächst wieder aus Großbritannien, wo Richard Trevithick im Jahr 1803 eine Dampflokomotive baute, die zunächst auf einer Pferdebahn zum Einsatz kam und die von George Stephenson erfolgreich weiterentwickelt wurde. Infolge des Baus der ersten deutschen Dampfeisenbahnstrecke zwischen Nürnberg und Fürth im Jahr 1835 kam es bis Mitte des 19. Jahrhunderts zu einem raschen Ausbaus des Streckennetzes, das zunächst die traditionellen Handelszentren miteinander verband. Dabei kam allerdings in vielen deutschen Staaten zunächst nicht dem Staat, sondern der privaten Initiative eine Schrittmacherfunktion zu. Bis 1850 ist der größere Teil des Streckennetzes von privaten Eisenbahngesellschaften gebaut worden. Insbesondere beim Lokomotiv- und Waggonbau und beim Ausbau des Streckennetzes zeigen sich die für die Industrialisierung wichtigen Kopplungseffekte der daran beteiligten Industriezweige. Die Nachfrage nach Eisenbahnen stellte eine der Wurzeln für den Erfolg des deutschen Maschinenbaus dar. Dieser war Nachfrager der Eisen- und Stahlindustrie, deren Unternehmen gleichzeitig die Schienen für die Eisenbahn herstellte. Eisenbahn und Stahlindustrie wiederum waren wichtige Kunden des Steinkohlenbergbaus, wobei die Eisenbahn die Kohlen und den Koks (zumindest ab Mitte des 19. Jahrhunderts) zu den Hochöfen beförderte, wo sie zur Roheisenherstellung dienten. Dieser sich gegenseitig beschleunigende Prozess bewirkte schließlich ein sich selbst tragendes Wirtschaftswachstum, welches ein zentrales Merkmal des Industrialisierungsprozesses ab den 1830er Jahren darstellt.

Dampfeisenbahn

Kopplungseffekte

Der in Zusammenhang mit diesen Transportinnovationen rasch anwachsende Austausch von Waren und Personen verlangte nach einer Verbesserung des Informationsaustauschs und der Nachrichtenübermittlung. Bis weit ins 19. Jahrhundert wurden Nachrichten von Boten zu Fuß oder mit Hilfe von Pferden überbracht. Die Innovation im Bereich der Kommunikationstechnik in Form des elektrischen Telegraphen kam seit den 1830er Jahren abermals aus dem führenden Industrieland Großbritannien, wo 1846 die Electric Telegraph Company den dauerhaften nachrichtendienstlichen Betrieb aufnahm. In Deutschland beschleunigte die Revolution von 1848 die Nutzung des elektrischen Telegraphen, der, von Werner Siemens errichtet, in Preußen zunächst

Kommunikationstechnik

vom Militär genutzt wurde. Bereits ein Jahr später wurde in Aachen Reuters Telegraphenbureau gegründet, welches dann wiederum zwei Jahre später seinen Sitz nach London verlegte. Die elektrische Nachrichtenübermittlung wurde in der Folgezeit auch zu zivilen Zwecken, etwa von der Börse, der Presse oder der Eisenbahn genutzt. Die Inbetriebnahme des Transatlantikkabels im Jahr 1866 hatte schließlich weitreichende Folgen für die internationale transatlantische Kommunikation sowie den Handel zwischen den Kontinenten.

Technische Innovationen bewirken vor allem durch den Übergang von der „Hand-Werkzeug-Technik" zur „Maschinen-Werkzeug-Technik" in zahlreichen Gewerbezweigen und mit Hilfe komplexer Kopplungseffekte seit Ende des 18. Jahrhunderts in Deutschland nicht nur den Übergang ins industrielle Zeitalter. Sie bewirken auch eine erhebliche Produktivitätssteigerung, ein sich selbst tragendes Wirtschaftswachstum, eine Beschleunigung und Verdichtung der Produktion, des Transports und der Kommunikation und leiten seit Mitte des 19. Jahrhunderts erste Schritte auf dem Weg zum Informations- und Kommunikationszeitalter ein.

2. Übergang zur Massenproduktion und Großindustrie (1850–1914/18)

2.1 „Economies of scale" und „economies of speed"

Der Übergang von der Protoindustrialisierung zur Frühindustrialisierung in Deutschland Ende des 18. und zu Beginn des 19. Jahrhunderts basierte nicht zuletzt auf der erfolgreichen Übernahme bzw. der Diffusion englischer Technologie. Dabei spielten neben der allmählichen Durchsetzung der „Maschinen-Werkzeug-Technik" Kopplungs- und Verflechtungseffekte eine große Rolle. Diese Entwicklung setzte sich im Zuge der Hochindustrialisierung ab Mitte des 19. Jahrhunderts fort.

Massenproduktion Mit dem Trend zum Großunternehmen und zur Massenproduktion, zum Schnellbetrieb und zur Verbundwirtschaft unter Ausnutzung der „economies of scale" (Größenkostenersparnisse), der „economies of speed" (Ersparnisse durch Beschleunigung der Produktion) und der „economies of scope" (Verbundvorteile) erreichte sie eine neue Qualität. Der „second mover" Deutschland vermochte es, auf der Basis geringer Löhne, vorteilhafter Unternehmensorganisation, technischer Innovationen und institutioneller Verflechtungen den „first mover" Großbritannien auf zahlreichen Gebieten hinter sich zu lassen, zu einer er-

2. Übergang zur Massenproduktion und Großindustrie (1850–1914/18)

folgreichen Exportnation zu avancieren und zu Beginn des 20. Jahrhunderts hinter der nun führenden Industrienation USA eine industrielle Vormachtstellung einzunehmen. Dabei übernahmen die Vereinigten Staaten nicht selten die Leitbildfunktionen, welche die englische Industrie bis in die zweite Hälfte des 19. Jahrhunderts inne gehabt hatten.

Gleichwohl gab es trotz des allgemeinen Trends in Richtung Großindustrie und Massenproduktion weiterhin handwerklich ausgerichtete Industriezweige und Arbeitsformen, die nicht selten innerhalb der Großindustrie überlebten oder, wie die Baubranche oder die Möbelindustrie, zu den Wachstumsbranchen zählten, sich der Massenproduktion und der Mechanisierung jedoch weitgehend entzogen.

Der Übergang zur Massenproduktion, die Ausnutzung der „economies of scale", die Erfolge technischer Innovationen, nicht zuletzt auf dem Gebiet der Verbundwirtschaft, die Überwindung des britischen Technologievorsprungs und eine zunehmende Amerikaorientierung zeigen sich besonders deutlich am Beispiel der Eisen- und Stahlindustrie. Das 19. Jahrhundert gilt schließlich als das „Zeitalter des Stahls". Hatte die Adaption des englischen Puddelverfahrens durch deutsche Unternehmen noch vier Jahrzehnte gedauert, so erfolgte die Einführung des Bessemer-Verfahrens und damit der Einstieg in die Massenproduktion bei Stahl bereits nach wenigen Jahren. Noch spielten in diesem Zusammenhang englische Herstellungsverfahren eine dominierende Rolle. Das von Henry Bessemer entwickelte Verfahren ermöglichte es, die gleiche Menge Stahl, für die man mit Hilfe des Puddelverfahrens 24 Stunden benötigte, in nur noch 20 Minuten herzustellen. Bei diesem seit 1855 so genannten Bessemer-Verfahren wurde flüssiges Roheisen in feuerfesten Gefäßen (Konvertern) mit Hilfe von Luft unter hohem Druck „gefrischt" und dadurch der Kohlenstoffanteil reduziert, so dass der so erzeugte Stahl weiter umgeformt (z. B. zu Schienen gewalzt) werden konnte. Gleichzeitig reduzierte sich dabei der hohe Anteil körperlich-handwerklicher Arbeit. Sechs Jahre nach seiner Entwicklung in Großbritannien wurde das Bessemer-Verfahren in deutschen Unternehmen (Krupp 1861, Hoerder Verein 1864) eingeführt. Allerdings war diese Technologie aus der Perspektive deutscher Unternehmen mit erheblichen Kosten zur Einfuhr phosphorarmer Erze verbunden, die in Deutschland kaum vorhanden waren. Dies änderte sich nach dem deutsch-französischen Krieg 1870/71 und der Annexion Elsass-Lothringens sowie der Einführung des Thomas-Verfahrens Ende der 1870er Jahre, bei welchem die dort vorhandenen „Minette" zur Stahlherstellung genutzt werden konnten. Das von den Engländern Sidney G. Tho-

Bessemer-Verfahren

Thomas-Verfahren

mas und Percey G. Gilchrist entwickelte Thomas-Verfahren ermöglichte den Einsatz der in Elsass-Lothringen vorhandenen phosphorreichen Erze. Der Hoerder Verein und die Rheinischen Stahlwerke übernahmen das Verfahren als erste deutsche Unternehmen und sorgten für dessen industrielle Umsetzung. Der niedrige Preis und die im Vergleich zum Puddelstahl sowie zum wenige Jahre vorher entwickelten Siemens-Martin-Verfahren („Herdfrischverfahren") geringere Qualität machten den Thomasstahl zu einer Massenware u. a. für Schienen und Bleche, die zwar für höhere Qualitäten und Anforderungen wenig geeignet war („bad and cheap"), in Deutschland jedoch sehr erfolgreich Abnehmer fand und damit ein eigenständiges deutsches Profil der Massenstahlherstellung (U. Wengenroth) entwickelte.

Siemens-Martin-Verfahren

Ergänzt wurden diese neuen Massenherstellungstechnologien durch die Einführung des Schnellbetriebs, mit dem sich zunehmend amerikanische Elemente der Stahlherstellung durchsetzten, so dass die Vereinigten Staaten gegen Ende des Jahrhunderts zur führenden „nation of steel" (Th. J. Misa) aufstiegen. Ein zentrales Element des Schnellbetriebs bildete die Verringerung der Pausen und die Optimierung des Reparaturbetriebes sowie der feuerfesten Auskleidung der Stahlkonverter, die von Zeit zu Zeit erneuert werden musste, eine hohe Reparaturanfälligkeit aufwies und deren Wartung somit zeit- und kostenintensiv war. Dem Amerikaner A. C. Holley gelang 1872 zudem eine Vereinfachung und Beschleunigung des Wechsels der Konverterböden, der bis dahin zu längeren Betriebsunterbrechungen geführt hatte. Die Einführung der nach ihm benannten „Wechselböden" brachte eine Verstetigung und Beschleunigung des Frischprozesses und ermöglichte erhebliche Produktivitätsfortschritte. Infolge der Optimierung der Anordnung der Produktionsanlagen (Konverter, Gießkran, Gebläsemaschine) gelang in amerikanischen Unternehmen der Einstieg in den kontinuierlichen bzw. Schnellbetrieb, mit dem die USA die technologische Führungsposition in der Stahlindustrie von Großbritannien übernahmen. An diesen Leitbildern des „amerikanischen Plans" (U. Wengenroth, J. Radkau) orientierten sich seit Beginn der 1870er Jahre dann auch deutsche Unternehmen wie Krupp oder der Bochumer Verein. Dies betrifft u. a. auch innerbetriebliche Transportanlagen wie die Beschickanlagen von Hochöfen (Schrägaufzüge mit automatischer Beschickung), die für deutsche Techniker und Ingenieure eine Vorbildfunktion hatte und schließlich Eingang in deutsche Unternehmen fand.

Amerikanischer Schnellbetrieb

Produktivitätssteigerung

2.2 „Economies of scope" und Verbundwirtschaft

Die technischen und mikroökonomischen Erfolge der „economies of scale" und der „economies of speed" hatten jedoch vor dem Hintergrund der sich wandelnden gesamtwirtschaftlichen Rahmenbedingungen der „Großen Deflation" ab 1873 nicht nur positive Effekte. Die Beschleunigung und Effektivierung, vor allem aber die mit den technischen Innovationen verbundene Produktionsausweitung führte – bei ähnlichen Entwicklungen in anderen Staaten Europas wie den USA – zu einer Marktsättigung und zu Überkapazitätsproblemen, auf die die Eisen- und Stahlindustrie absatzwirtschaftlich mit Exporten und Dumpingpreisen, der Bildung von Kartellen und Syndikaten sowie schließlich der Forderung nach Schutzzöllen reagierte. Organisatorisch zog dies eine vertikale Integration der Unternehmen und damit verbunden technische Innovationen auf dem Gebiet der Verbund- und Wärmewirtschaft nach sich, die schließlich zu deutlichen Kostensenkungen führten und die zugleich eine Spezialität der deutschen Eisen- und Stahlindustrie markierten, welche sie nach den USA zur führenden Stahlnation machte. Die Verbundwirtschaft im Bereich integrierter Hüttenwerke, die von der Rohstoffbasis über die Roheisen- und Stahlherstellung bis hin zu den weiterverarbeitenden Betrieben und darüber hinaus in „gemischten Unternehmen" auch noch den Bergbau und den Maschinenbau umfasste, ermöglichte die Ausnutzung von Synergieeffekten erhebliche Kostensenkungen („economies of scope") über technische Verkoppelung, vor allem auf dem Gebiet der Energiewirtschaft und der Nebenproduktgewinnung. In der Eisen- und Stahlindustrie entwickelte sich die Wärmeökonomie zu einer „Haupttriebkraft der technischen Entwicklung" (J. Radkau). Die Kosten für Wärme und Energie waren in diesem Industriezweig besonders hoch, so dass sich hier aufgrund der Integrations- und Kopplungsanstrengungen erhebliche Kosteneinsparpotentiale ergaben. Seit Mitte des 19. Jahrhunderts hatten sich die meisten Stahlwerke auch Hochofenanlagen zur Roheisenversorgung angegliedert, deren Abfallprodukt Hochofengas als brennbares Schwachgas in anderen Teilen der Produktion zu Heizzwecken genutzt werden konnte. Eine besondere Bedeutung erlangte die Nutzung der Hochofengase mit der Entwicklung der Großgasmaschine, eines mit Hochofengas betriebenen Gasmotors, der erstmals von der Berlin-Anhaltinischen Maschinenbau AG im Jahr 1898 für die Energiezentrale des Hoerder Vereins gebaut wurde und dort für den Antrieb von Hochofengebläsen und in Form von Gasdynamomaschinen zur Stromherstellung genutzt wurde. Zu Beginn des 20. Jahrhunderts entfielen

„Economies of scope"

Wärmeökonomie

46,5% der weltweit durch Großgasmaschinen erzeugten Energie auf Deutschland, davon wiederum auf die Eisen- und Stahlindustrie 84%, auf den Bergbau 6% und auf die Elektrizitätswerke 3%.

Roheisenmischer   Ein wichtiges Bindeglied zwischen dem Schnellbetrieb und der Wärmewirtschaft stellte der Roheisenmischer dar. In ihm spiegelt sich die technische Entwicklung der führenden Stahlnationen Großbritannien, USA und Deutschland, da nach frühen Einsätzen in Großbritannien und Verbesserungsinnovationen in den USA Roheisen in flüssigem Zustand ohne Erkaltung und Neueinschmelzung „in einer Hitze" zum Stahlwerk transportiert werden konnte. Der Mischer diente dabei als Sammelgefäß. Diese Sammelfunktion mit dem Ziel der Beschleunigung und Verstetigung der Produktion unter Vermeidung von Energieverlusten wurde von dem deutschen Ingenieur Gustav Hilgenstock beim Hoerder Verein um die Möglichkeit der Entschwefelung des Roheisens erweitert, was zugleich eine Erhöhung der Stahlqualität mit sich brachte. Die Einbeziehung der von integrierten Hüttenwerken angegliederten Kokereien und deren Nebenprodukt Koksofengas in den Energieverbund sowie der Bau von Gasbehältern zur Speicherung der Gase markiert ein Spezifikum, welches dazu beitrug, die technische Führungsrolle der deutschen Eisen- und Stahlindustrie vor dem Ersten Weltkrieg nach den USA zu festigen. In diesem Zusammenhang wurden in Kokereien zunehmend die Nebenprodukte Teer, Ammoniak und Benzol genutzt. Beim Hochofenprozess fiel Schlacke an, die je nach Beschaffenheit als Gleisschotter beim Eisenbahnbau, als Bergeversatz in Schachtanlagen oder im Bauwesen genutzt wurde. Die phosphorhaltige Thomas-Schlacke der Thomas-Stahlwerke diente als Dünger in der

Nebenprodukt-verwertung   Landwirtschaft. Die rationale Ausnutzung der Nebenprodukte markiert in der Eisen- und Stahlindustrie zugleich den Übergang zu einer wissenschaftlichen Betriebsführung, die u. a. in einer zunehmenden Bedeutung von Forschung und Entwicklung sowie einer systematischen Kostenrechnung bzw. monatlichen Selbstkostenrechnungen bestand. Nach der Einführung wichtiger Basisinnovationen um die Mitte des 19. Jahrhunderts setzten sich im letzten Drittel des Jahrhunderts, nicht zuletzt in Reaktion auf die „Große Deflation" und die Überproduktion

Inkrementale Innovationen   dann vor allem kleinschrittige, inkrementale Innovationen mit dem Effekt von Einsparungen und Kostensenkungen durch. Zusammengenommen lässt sich hier von einer „Rationalisierung vor der Rationalisierung", nämlich der Phase der Rationalisierungsbewegung der Weimarer Republik, sprechen.

Verbundwirtschaft und rationelle Energieausnutzung wiesen schließlich über die Unternehmensgrenzen hinaus, da die in den Unter-

2. Übergang zur Massenproduktion und Großindustrie (1850–1914/18)

nehmen erzeugten Überschussgase in schwerindustriellen Zentren wie dem Ruhrgebiet seit Beginn des 20. Jahrhunderts an benachbarte Kommunen abgegeben wurden. Dies war technisch erst möglich, als die Mannesmann-Röhrenwerke Stahlrohre aus Siemens-Martin-Stahl mit einer entsprechenden Schweißtechnik herstellen konnten, die nicht nur dicht waren, sondern auch eine geringe Brüchigkeit aufwiesen. Die Stadt Mülheim an der Ruhr deckte ihre Gasversorgung durch Bezüge der Koppers-Verbundkoksöfen der Friedrich Wilhelms-Hütte sowie seit 1907 von der Schachtanlage Deutscher Kaiser IV in Duisburg. Von dort wurde die erste Ferngasleitung Deutschlands nach Barmen gebaut. Eine vergleichbare Entwicklung vollzog sich auf dem Gebiet der elektrischen Energie. Die Hüttenwerke waren die größten Erzeuger elektrischer Energie, so dass sie die anfallenden Überschüsse an die benachbarten Kommunen bzw. Elektrizitätsversorgungsunternehmen abgaben.

Die Beleuchtung war eine Art Brückenkopf, von dem aus sich die Elektrizität seit Ende des 19. Jahrhunderts ausbreitete. Die Nutzung der Elektrizität (nicht selten in Konkurrenz zum Gas) als universell einsetzbare Energie war ein „Schlüsselereignis bei der Entstehung der modernen Industriegesellschaft" und wird vielfach als „Zweite Industrielle Revolution" bezeichnet. Elektrizität kam – zunächst in wohlhabenden – Privathaushalten zum Kochen, Bügeln, Waschen, Staubsaugen etc., in Kaufhäusern und Gaststätten, im Verkehrswesen, insbesondere bei der Elektrifizierung der Straßenbahn, im Handwerk und in der Industrie, etwa im Bergbau bei der Wasserhaltung, der Streckenförderung, der Bewetterung und bei Fördermaschinen, in der Eisen- und Stahlindustrie bei Walzwerken und Elektrostahlöfen zum Einsatz. Erzeugung, Anwendung und Verteilung von Elektrizität entwickelten sich seit den 1880er Jahren zu immer umfangreicheren Systemen, so dass, ausgehend von privaten, meist industriellen Zentralen, sich eine zunehmende Zentralisierung in Form von Elektrizitätswerken herausbildete, die schließlich über die kommunalen Grenzen hinaus in komplexe Netzwerke und Verbundsysteme mündete. 1882 wurde in Stuttgart das erste öffentliche Elektrizitätswerk gegründet, 1884 erhielt die Deutsche Edison-Gesellschaft (später AEG) unter Emil Rathenau die Konzession zur Gründung eines Elektrizitätswerks in Berlin. Zwischen der Jahrhundertwende und dem Ersten Weltkrieg verzehnfachte sich die Leistung der Elektrizitätsversorgung, die Anschlussleistung für Glüh- und Bogenlampen, Elektromotoren etc. stieg um ein Hundertfaches.

Die Konzentration der Energieversorgung, die Entstehung von Verbünden und Netzwerken bedeutete das Ende der individuellen, au-

Elektrizität

tarken, auf einen Haushalt oder einen Betrieb bezogenen Energieversorgung, so dass sich auch in diesem Bereich eine arbeitsteilig organisierte Markt- und Verkehrswirtschaft durchzusetzen begann. Die durch die Energiewirtschaft, insbesondere durch die Elektrifizierung eingeleiteten Veränderungen waren unter ökonomischen, technischen und wissenschaftlichen Aspekten die wichtigsten Projekte des 19. Jahrhunderts (Th.P. Hughes), und von keinem gingen größere soziale Effekte aus als von dem System der Elektrizität, welches ein wichtiger Baustein auf dem Weg zu einer komplexen modernen Welt war. Der Aufbau von Ver- und Entsorgungssystemen, nicht zuletzt auf dem Gebiet der Energieversorgung sowie die Bereitstellung einer umfangreichen technischen Infrastruktur schuf als „ursprüngliche Vernetzung" zudem die Voraussetzungen für die konsumorientierte Wachstumsgesellschaft des 20. Jahrhunderts. Private und kommunale Wasser-, Gas- und Elektrizitätszentralen hatten an diesem Prozess regen Anteil. Die Entwicklung der Wasser-, Gas- und Elektrizitätsversorgung zeigte zahlreiche Gemeinsamkeiten. So wie in der ersten Hälfte des 19. Jahrhunderts die zentrale Gasversorgung nach dem Vorbild der Wasserversorgung konzipiert worden war, so diente das System Gasversorgung als Vorbild für die Stromerzeuger.

Zentrale und weiträumige Versorgungseinrichtungen sowie die Bildung von Netzwerken zur Gas- und Elektrizitätsversorgung versprachen eine Senkung der Energiekosten und einen produktiveren Einsatz von Energie. So überzeugend und einfach sich diese Planungen auch anhörten, ihre Umsetzung in den Kommunen war mit einer Vielzahl von Problemen und Fragen verbunden. Dies betraf u.a. die Entscheidungen für Gas oder Strom als Energieträger, für den Bau eigener Gas- oder Elektrizitätswerke bzw. den Abschluss von Konzessionsverträgen mit den großen Energieversorgungsunternehmen wie etwa dem 1898 von Hugo Stinnes gegründeten Rheinisch-Westfälischen Elektrizitätswerk (RWE), welches sich zu einem der größten deutschen Energieversorgungsunternehmen entwickeln sollte. Das RWE war somit Teil eines Konzerns, das von der Rohstoffversorgung über die Schwerindustrie, die Energieversorgung bis hin zum Maschinen- und Anlagenbau und zum Handel reichte und einen Trend in Richtung Großkonzern markierte, der dann vor allem nach dem Ersten Weltkrieg fortgesetzt wurde.

2. Übergang zur Massenproduktion und Großindustrie (1850–1914/18)

2.3 Anfänge wissenschaftlicher Betriebsführung

Die Tendenz zu größeren Betriebseinheiten sowie die Konzernentwicklung lässt sich auch in anderen Industriezweigen wie etwa dem Maschinenbau, der Elektroindustrie, der feinmechanisch-optischen Industrie und der Chemieindustrie beobachten, die neben der Schwerindustrie vor dem Ersten Weltkrieg zu den jungen Wachstumsbranchen zählten. Im Bereich des Maschinen- und Anlagenbaus gab es z.T. enge Verbindungen mit der Schwerindustrie, da Großunternehmen wie Krupp, Phoenix, Thyssen oder die Gutehoffnungshütte als gemischte Unternehmen über eigene Maschinenbauanstalten verfügten oder sich diese vor dem Ersten Weltkrieg angliederten.

Auch im Maschinenbau lassen sich in dieser Zeit Tendenzen in Richtung Massenproduktion und Kontinuisierung des Produktionsablaufs im Sinne einer Fließfertigung feststellen. Bis weit ins 19. Jahrhundert dominierte im Maschinenbau die Einzelfertigung mit einem hohen Anteil an Handarbeit, da Maschinen und Anlagen vor allem als Einzelprodukte für Spezialzwecke von den Kunden nachgefragt wurden. War deshalb der kontinuierliche Betrieb in der Mitte des 19. Jahrhunderts noch weitgehend eine Idealvorstellung, so setzte sich im weiteren Verlauf, zunächst im Kleinmaschinen- und im Werkzeugmaschinenbau sowie im Lokomotivbau die Linienanordnung und die Serienproduktion in großen Stückzahlen durch. Der Bau der Anlagen, die Anordnung der Produktionsstätten und Betriebseinrichtungen wurde entsprechend dem günstigsten Materialfluss ausgerichtet. Dabei wurde zunehmend auf Fertigungsgenauigkeit, Austauschbarkeit und Fließfertigung geachtet. Auch hier setzten sich amerikanische Vorbilder durch, die seit den 1880er Jahren als „American System of Manufacturers" firmierten. Gemeint war damit die Herstellung großer Stückzahlen in Serie, die Normierung, Typisierung, Präzisionsfertigung und der Austauschbau. Dies betraf neben der Herstellung von Schrauben und Muttern u. a. Fahrräder und Registrierkassen, aber auch Waffen sowie Nähmaschinen als eines der frühen Konsumgüter für Privathaushalte.

Die Berliner Werkzeugmaschinenfabrik Ludwig Loewe & Co. gehörte zu den ersten deutschen Unternehmen der Branche, die sich eng an amerikanischen Produktionsmethoden der Normierung und Serienfertigung orientierten. Direktor Ernst Huhn von Ludwig Loewe & Co. gehörte zu den frühen deutschen Rezipienten von Frederick W. Taylors Schriften zum „Scientific Management". Bereits 1907 war dort eine Untersuchung über „Fabrikorganisation, Fabrikbuchführung und Selbstkostenrechnung der Firma Ludwig Loewe & Co. AG" erschie-

Marginalia:
- Kontinuisierung der Produktion
- Normierung, Typisierung
- „Scientific Management"

nen. Taylors Buch „Shop Management" aus dem Jahr 1903 wurde sechs Jahre später zudem von dem Ingenieur Adolf Wallichs ins Deutsche übersetzt. Die „Principles of Scientific Management", quasi Taylors Hauptwerk, wurden dann 1913 mit dem Titel „Grundsätze wissenschaftlicher Betriebsführung" eingedeutscht. Frederick W. Taylor beschäftigte sich zunächst mit Maschinenwerkzeugen, die mit Hilfe von Stahllegierungen höhere Schnittgeschwindigkeiten bei der Verarbeitung des Materials ermöglichten. Daher auch die Bezeichnung „Schnellstahl", die wiederum für die Beschleunigung der Produktion steht. Taylor arbeitete bei der Midvale Steel Company, einem der großen amerikanischen Hütten- und Maschinenbauunternehmen. Dort widmete er sich der Frage der Steigerung der Arbeitsleistung, ausgehend von seinen Beobachtungen als Maschinist und Vorarbeiter über das Bummeln am Arbeitsplatz. Die Untersuchungen und daraus abgeleitete Anweisungen über die entsprechenden Arbeitsabläufe wurden auf Zeitkarten, Arbeitsblätter, Bestellscheine etc. übertragen. Zahlreiche Maßnahmen stießen allerdings nicht nur auf Ablehnung bei den Arbeitern, sondern sein starres und eigenmächtiges Handeln rief auch bei der Unternehmensleitung von Bethlehem Steel Widerstand hervor, so dass er 1901 gekündigt wurde. Taylor glaubte nicht nur, den Schlüssel für die Erhöhung der Arbeitsleistung und Produktivität in der Industrie und für eine wissenschaftliche Betriebsführung schlechthin gefunden zu haben, sondern dabei auch noch den Interessenausgleich zwischen Arbeitgebern und Arbeitnehmern zu fördern.

Die Taylor-Rezeption in Deutschland erfolgte zunächst nur zögerlich und vor allem dort, wo es Anknüpfungspunkte an eigene Vorüberlegungen zur Massenherstellung und zu einer Veränderung der Arbeitsorganisation gab. So orientierte sich beispielsweise die feinmechanisch-optische Industrie, wie etwa Carl Zeiss in Jena, bei der Herstellung von Massenprodukten wie Brillen am Vorbild Taylor. Diese waren anschlussfähig an Überlegungen Ernst Abbes seit Ende der 1860er Jahre, die Herstellung von Mikroskopen oder Feldstechern in großen Stückzahlen mit einem hohen Grad an Arbeitsteilung und möglichst in Serienfertigung zu organisieren. Eine Zusammenarbeit mit der American Optical Company sowie anderen feinmechanisch-optischen Unternehmen in den USA brachte Zeiss nicht nur den Anschluss an das profitable amerikanische Rüstungsgeschäft, sondern führte zu einem intensiven Informationsaustausch über die Herstellung von Massenprodukten, so dass Zeiss auf diesem Gebiet eine führende Stellung einnahm.

Die Massenproduktion in der chemischen Industrie, insbesondere auf dem Gebiet der Teerfarben, wurde ermöglicht durch eine steigende

2. Übergang zur Massenproduktion und Großindustrie (1850–1914/18)

Nachfrage und sinkende Preise bei synthetischen Farben, deren Aufstieg u. a. auf die Nebenproduktgewinnung der Kokereien zurückzuführen ist. Deutsche Unternehmen errangen innerhalb weniger Jahre eine weltweite Vorrangstellung und ließen die bis dahin führenden Anbieter aus Großbritannien hinter sich. 1880 kam die Hälfte der Weltproduktion an Farbstoffen aus Deutschland. Bis zur Mitte des 19. Jahrhunderts wurden Farbstoffe aus tierischen Stoffen sowie Färberpflanzen wie der Färberröte oder Indigo gewonnen. An der Entwicklung synthetischer Farbstoffe waren zunächst Forschungslaboratorien an Hochschulen und Gewerbeinstituten beteiligt, die dann Verträge mit Großunternehmen abschlossen, um die neuen Produkte marktgängig machen zu können. An der Entwicklung von Alizarin arbeiteten neben Adolf von Baeyers (1835–1917) und seinen Mitarbeitern vom Berliner Gewerbeinstitut, Carl Graebe (1841–1927) und Carl Liebermann (1842–1914), die, um aus der Invention eine marktgängige Innovation machen zu können, einen Vertrag mit der Badischen Anilin- & Sodafabrik (BASF) abschlossen. Universitäre Einrichtungen wie etwa in Marburg arbeiteten ebenfalls an der Entwicklung synthetischer Farbstoffe und pflegten dann Kontakte nicht nur zur BASF, sondern auch zu Hoechst, zu den Farbenfabriken Bayer oder zur Berliner Aktiengesellschaft für Anilinfabrikation (Agfa).

Die enge Kooperation zwischen Wissenschaft bzw. Hochschulen und Industrie war ein ganz wesentlicher Faktor für den Aufstieg der deutschen Chemieindustrie sowie deren Überlegenheit und wachsenden Wettbewerbsvorsprung gegenüber den englischen und amerikanischen Konkurrenten. Dabei zeigt sich, dass der Blick auf die technische Entwicklung bzw. technische Innovationen nicht ausreicht, die deutsche Weltmachtstellung auf diesem Gebiet zu erklären. Hier ist vielmehr auch auf die Bedeutung von Institutionen und die Ausbildung von institutionellen und personellen Netzwerken hinzuweisen, die diesen Prozess befördert haben. Deutschland verfügte nicht nur über hervorragende und gut ausgestattete Universitäten, polytechnische Institute und Handelsschulen und damit über hochqualifiziertes Personal, wobei eine enge Kooperation mit den Forschungs- und Entwicklungsabteilungen der führenden Unternehmen bestand. Spätestens ab 1877 sorgte mit der Gründung des kaiserlichen Patentamtes ein effektives Patentwesen dafür, dass die erheblichen Investitionen, die die Unternehmen in neue Produktionsprozesse steckten, eine fünfzehnjährige Monopolstellung gewährten. Insofern ist es kein Zufall, dass die Erfolgsgeschichte der großen Chemieunternehmen wie Bayer, Hoechst oder BASF nach 1877 einsetzte. Neben der Zusammenarbeit mit der Wissenschaft etablierten

Wissenschaft und Hochschulen

Kaiserliches Patentamt

die Großunternehmen um die Jahrhundertwende eigene Abteilungen zur Forschung und Entwicklung, um sich von der universitären Forschung unabhängiger zu machen. Gleichzeitig bestanden die personellen Beziehungen zur Wissenschaft und zu Forschungseinrichtungen wie etwa dem Kaiser-Wilhelm-Institut für Chemie fort und reichten bis hinein ins Parlament, um dort erfolgreiche Lobbyarbeit zu leisten. Es bildeten sich regelrechte Wissensnetzwerke als ein System der „Koevolution von Unternehmen, Technologie und nationalen Institutionen" (J.P. Murmann) heraus, die dem deutschen Modell gegenüber dem englischen und amerikanischen deutliche Vorteile brachten. Insofern ist dies auch ein Beispiel, die vermeintlich einseitige Amerikaorientierung der deutschen Industrie vor dem Ersten Weltkrieg zu relativieren.

Deutsches Modell

2.4 Information, Kommunikation, Mobilität

Eine wesentliche Voraussetzung für Massenproduktion und beschleunigte Produktion bildete der Ausbau der Transport- und Informationseinrichtungen. Und auch dort lassen sich neben dem Prinzip der Beschleunigung (Peter Borscheid) Aspekte des Größenwachstums und der Vernetzung beobachten, die insgesamt zu einer Art „Transportrevolution" führten.

Im Zuge der oben genannten Kopplungseffekte nahm die Eisenbahn eine Schlüsselfunktion im Prozess der Hochindustrialisierung ein. Ab Mitte des 19. Jahrhunderts entstand zunächst ein System wichtiger Städteverbindungen, das anschließend durch Neben- und Kleinbahnen zu einem engmaschigen Netz erweitert wurde, das die Fläche erschloss. Die Gesamtlänge des Eisenbahnnetzes wuchs von 2130 km (1845) auf 63 700 km (1914). Infolge von Korruption und Unregelmäßigkeiten bei der Konzessionsvergabe bei den privaten Bahngesellschaften wurde der Ruf nach einem umfassenden, geschlossenen und volkswirtschaftlich wünschenswerten Staatsbahnsystem laut, der schließlich zur Verstaatlichung der Eisenbahn in Preußen führte und zudem dem Staat als wichtige Einnahmequelle diente. Das Wachstum des Streckennetzes, deutliche Transportkostenreduzierungen aufgrund von Tarifsenkungen und Witterungsunabhängigkeit sowie die Erhöhung der Transportgeschwindigkeit verschafften der Eisenbahn zunehmend Vorteile gegenüber konkurrierenden Transportmitteln wie der Straße oder dem Wasserweg.

Eisenbahnnetz

Technische Voraussetzungen dafür bildeten neben der Entwicklung härterer und längerer Schienen vor allem stabile Dampfkessel, die auch bei höheren Drücken der Explosionsgefahr widerstanden sowie

2. Übergang zur Massenproduktion und Großindustrie (1850–1914/18)

die von Krupp u. a. produzierten nahtlosen und ungeschweißten Radreifen, die höhere Geschwindigkeiten ermöglichten. Teil des vernetzten Systems Eisenbahn waren zudem der gesamte Bereich der Anlagen, zu dem neben dem Schienenoberbau auch Brücken, Tunnels und Bahnhöfe sowie Stellwerkstechnik und Werkstätten gehörten. Außerdem spielte der ab Mitte des 19. Jahrhunderts einsetzende deutsche Lokomotivbau, zu dessen wichtigsten Herstellern u. a. Borsig in Berlin, Henschel in Kassel, Cramer-Klett (später M.A.N.) in Nürnberg und Maffei in München zählten, eine wesentliche Rolle. Bei diesen Unternehmen zeichnete sich dann ebenfalls der Trend zu standardisierten Massenprodukten unter den Bedingungen von Großunternehmen ab.

Der Ausbau von technischen Systemen solchen Ausmaßes war kapitalintensiv. Der Bau von Eisenbahnstrecken erfolgte auf staatlicher wie zunächst auch auf privater Basis. Die Privatbahnen wurden durch die Emission von Aktien und Anleihen finanziert. In diesem Zusammenhang engagierten sich nun auch Banken im Bereich der Industrie. Zuvor betraf deren bevorzugtes Engagement die Finanzierung des überseeischen Handels sowie zahlreicher deutscher Staaten, aber weniger die aus ihrer Sicht riskante Industriefinanzierung. Neben den traditionellen Finanzzentren Frankfurt und Hamburg etablierten sich seit Mitte des 19. Jahrhunderts neue Finanzplätze wie Köln, Berlin, Breslau, Elberfeld oder Leipzig, die zugleich Zentren des frühen Eisenbahnbaus waren. Hier engagierten sich Privatbankiers im Eisenbahnwesen und waren nicht selten auch Gründer von Eisenbahngesellschaften wie Oppenheim, Schaaffhausen oder Bleichröder in Berlin, von der Heydt in Elberfeld oder Heimann in Breslau. Die positiven Erfahrungen der Eisenbahnfinanzierung machten auch in anderen Industriebereichen Schule, so dass die anfängliche Zurückhaltung der Banken auch dort einem zunehmenden Engagement Platz machte. Die Rechtsform der Aktiengesellschaft, mit der man beim Eisenbahnbau gute Erfahrungen gemacht hatte, fand zunehmend Eingang auch in der Eisen- und Stahlindustrie oder im Maschinenbau. Die Banken spielten dann eine wichtige Rolle bei der Unterbringung von Aktien oder bei der Beschaffung von Fremdkapital.

Industriefinanzierung

Der Ausbau des Eisenbahnnetzes hatte schließlich positive Auswirkungen auf die wirtschaftliche Integration und die Handelsentwicklung in Deutschland, ein Phänomen, welches als „Eisenbahneffekt" bezeichnet wird. Dieser besteht darin, dass dieselbe Marktentfernung mit geringeren Transportkosten erreicht wurde bzw. umgekehrt eine Vervielfachung der Marktgröße bei gleichbleibenden Transportkosten entstand. Der preußische Statistiker Engel berechnete im Jahr 1861, dass

„Eisenbahneffekt"

bei den üblichen Kosten für den Chausseetransport die Fuhrkosten den Preis eines Zentners Roggen bei ca. 450–600 km verdoppelten. Die Frachtsätze der Eisenbahn ermöglichten die Versendung von Roggen auf die vierfache Entfernung, ehe sich sein Preis verdoppelte. Außerdem führte der Bahntransport zu einem Ausgleich der Preise zwischen unterschiedlichen Regionen in Deutschland. Zwischen 1816 und 1860 lag der Roggenpreis in Aachen meist am höchsten, in Königsberg am niedrigsten. Mit dem Beginn des Eisenbahnbaus in Deutschland zeigen sich hier deutlich Konvergenzen, und bis zur Jahrhundertwende 1900 waren schließlich kaum noch Unterschiede zu erkennen.

Allerdings blieb auch der Straßenbau in der zweiten Hälfte des 19. Jahrhunderts nicht unwichtig. Straßen dienten als Zubringer für die Eisenbahn und als Ergänzung zum Eisenbahnnetz. Zwischen Mitte der 1830er und Mitte der 1870er Jahre wuchs das Straßennetz von ca. 25 000 km auf 115 000 km. Einen Ausbau, wenn auch auf niedrigerem Niveau, erfuhr auch das Binnenschifffahrtsnetz von etwa 3000 auf 4500 km. Für Massentransporte über längere Strecken blieb zudem die Binnenschifffahrt kostengünstiger als der Eisenbahntransport. Die Straße gewann schließlich zu Beginn des 20. Jahrhunderts mit dem Aufkommen des Automobils an Bedeutung, zunächst jedoch ohne der Bahn und der Binnenschifffahrt auf dem Transportsektor Konkurrenz zu machen. Zugleich kündigte sich mit der Einführung des Explosionsmotors und des Automobils eine Ablösung der Dampfmaschine und eine Hinwendung zum Individualverkehr an, die jedoch vor dem Ersten Weltkrieg auf eine kleine Bevölkerungsgruppe beschränkt blieb. Technischer Ausgangspunkt für den Automobilbau war der Fahrrad- und Kutschenbau, von denen einzelne Elemente wie Stahlrohre, Blechteile oder Speichenräder übernommen und mit einem Explosionsmotor versehen wurden. Hersteller wie die Neckarsulmer Strickmaschinenunion (NSU), die auch Fahrräder produzierte, verweisen auf diese Tradition. Die wichtigste Innovation beim Automobil stellte jedoch die Weiterentwicklung des von dem Franzosen Étienne Lenoir (1822–1900) bereits im Jahr 1860 auf den Markt gebrachten Gasmotors durch Nikolaus Otto (1832–1891) und Eugen Langen (1833–1895) in ihrer Gasmotorenfabrik in Deutz dar. Die Aktivitäten von Gottlieb Daimler (1834–1900), Carl Benz (1844–1929) und Wilhelm Maybach (1846–1929) trugen mit der Einführung der Motorzündung und der Umstellung von Leuchtgas auf flüssigen Brennstoff zur Serienfertigung des Otto-Motors bei, der schließlich als universelles Antriebsmittel für Straßenfahrzeuge, Boote, Pferdekutschen, Sägen und sogar für Feuerwehrspritzen dienen sollte.

2. Übergang zur Massenproduktion und Großindustrie (1850–1914/18)

Tatsächlich kam der Automobilbau in Deutschland nur langsam in Schwung. Automobile blieben lange Zeit Luxusgüter, die in der Freizeit, zu sportlichen oder Prestigezwecken oder als Geschäftsfahrzeug nur von einer kleinen Minderheit wohlhabender Bürger genutzt wurden. Anders als in den USA, wo sich das Automobil bereits vor dem Ersten Weltkrieg zum Massenprodukt entwickelte und nach den Prinzipien von Taylor und Henry Ford mit Hilfe von Spezialmaschinen und seit 1913 sogar nach dem Fließbandsystem (Model „T") serienmäßig in großen Stückzahlen hergestellt wurde, beruhte die deutsche Produktion noch auf handwerklich orientierter Einzelfertigung. Die deutsche Automobilindustrie ist mithin ein Beispiel dafür, dass eine junge Branche aufgrund nationaler ökonomischer und sozialer Rahmenbedingungen und unter den Bedingungen einer geringen Konsumentennachfrage nach traditionellen Fertigungsmethoden produzierte. 1907 waren auf Deutschlands Straßen 16000, kurz vor dem Ersten Weltkrieg 70000 Automobile zugelassen. Damit lag Deutschland deutlich hinter Frankreich, das als „Schrittmacher der Motorisierung" (E. Eckermann) in Europa gelten kann, sowie hinter den USA zurück, die auch auf diesem Gebiet eine Führungsrolle einnahmen und wo 1913 bereits 1,26 Mio. Automobile gezählt wurden. Im Unterschied zu den USA war in Deutschland nicht nur die Massenherstellung des Automobils noch nicht ausgeprägt, auch die dazugehörige Infrastruktur, der Bau von Straßen, das Vorhandensein von Zulieferern, Wartungsstationen, Tankstellen etc., also das technische System Automobil, steckte noch in den Anfängen.

Einzelfertigung

System Automobil

Neben dem Transport von Gütern und Personen gewann die Übermittlung von Daten und Informationen im Zuge der Hochindustrialisierung weiter an Bedeutung. Die zu Großkonzernen zusammengewachsenen Unternehmen der Eisen- und Stahlindustrie, des Maschinenbaus oder der Chemieindustrie, bei denen es um Massenproduktion und Massendistribution ging und die dementsprechend bürokratische Verwaltungsstrukturen ausprägten, waren besonders an den neuen technischen Möglichkeiten eines beschleunigten Kommunikations- und Informationsflusses interessiert. Zu diesen technischen Möglichkeiten zählten u. a. die Schreibmaschine, das Telefon sowie Rechen- und Addiermaschinen. Bereits seit den 1870er Jahren waren in Dänemark Schreibmaschinen hergestellt worden, die dann der amerikanische Rüstungsproduzent Philo Remington, der schließlich 1886 eine eigene Remington Typewriter Company ausgliederte, zur Marktreife weiterentwickelte. Im Zuge der Bürokratisierung der Großunternehmen wuchs der Bedarf nach Schreibmaschinen. Das zog die Ausweitung der Be-

Schreibmaschine

Telefon

schäftigung von (weiblichen) Angestellten innerhalb der Industrie nach sich. In jenem Zusammenhang steht auch das Telefon, das Philipp Reis (1834–1874) bzw. der Amerikaner Graham Bell (1847–1922) entwickelten und damit einmal mehr die deutsche und amerikanische Führungsrolle auf dem Gebiet der Kommunikationstechnologie beweisen. Und auch die Telefontechnologie implizierte den Gedanken der Vernetzung, der unter den gegebenen sozio-ökonomischen Bedingungen Ende des 19. Jahrhunderts in den USA schnell umgesetzt wurde. Bell gründete 1885 ein eigenes Unternehmen, die American Telefone and Telegraph Company (AT&T), die zunächst Geräte vermietete und nicht verkaufte und so einen großen Kundenstamm an sich band. Neben Privatkunden waren dies vor allem Unternehmen. Auch in Deutschland übernahmen die Großunternehmen hier eine Vorreiterfunktion. So löste das Telefon bei Krupp in den 1880er Jahren den Telegraphen als Informationsvermittler zwischen den Werksteilen ab, wobei die Reichspost das Monopol für den Betrieb und die Einrichtung öffentlicher Fernmeldeanlagen besaß. Kurz nach der Jahrhundertwende kamen in den USA auf 100 Einwohner vier Telefone (1905), zehn Jahre später waren es bereits 9,8, so dass statistisch gesehen jeder zehnte Amerikaner bereits über ein Telefon verfügte. In Deutschland kamen zur gleichen Zeit auf 100 Einwohner 0,9 bzw. 2,2 Telefone. Auch auf diesem Gebiet, ähnlich wie beim Automobil, kann dementsprechend noch nicht von einem Massenkonsumgut gesprochen werden.

Rechen- und Addiermaschinen

Parallel zur Schreibmaschine und zum Telefon setzten sich in deutschen Großunternehmen zur Unterstützung des sich allmählich herausbildenden betrieblichen Rechnungswesens bzw. der Statistik Rechen- und Addiermaschinen neuen Typs durch. Auch hier kam die führende Technologie aus den USA, wenn auch über die Person des deutschen Einwanderersohnes Hermann Hollerith (1860–1929). Dieser hatte zunächst für die amerikanischen Volkszählungen Ende des 19. Jahrhunderts Lochkartenmaschinen entwickelt, die dann auch zur Datenerhebung in privaten Unternehmen genutzt wurden. Die amerikanische Hollerith-Gesellschaft, aus der 1924 die International Business Machines Corporation (IBM) hervorging, gründete 1910 eine Tochtergesellschaft in Deutschland, die dann elektromechanische Lochkartenmaschinen für Lohn- und Verkaufsstatistiken und für die Lagerhaltung herstellte, die von Unternehmen der Metall-, Elektro- und Textilindustrie ebenso nachgefragt wurden wie von Kaufhäusern und kommunalen Unternehmen.

Insgesamt gesehen führten noch vor dem Ersten Weltkrieg der Trend zur Reduzierung von Handarbeit hin zur Massenproduktion und

Massendistribution und eine wachsende Konsumorientierung zu Kostenreduzierungen und damit zur Absenkung des Preisniveaus zahlreicher Güter, die es auch privaten, wenn auch vor allem begüterten, Haushalten ermöglichte, Konsumgüter wie Nähmaschinen, Telefone und Automobile zu nutzen. Hier zeichnete sich der Vorläufer der Konsumgesellschaft ab, die sich dann in den 1920er Jahren, in großem Stile jedoch erst in den 1950er Jahren durchsetzen sollte.

Ein wichtiger Konsument neuer Technologie war auch das Militär. Die Massenstahlherstellung lieferte eine wesentliche Basis für die Produktion von Rüstungsgütern und den Flottenbau, die Chemieindustrie produzierte Explosionsstoffe und Materialien für den Gaskrieg, die Maschinen- und Kraftfahrzeugindustrie ermöglichte die Motorisierung der Armee und stellte u. a. Maschinengewehre in großen Stückzahlen her, während die optische und feinmechanischen Unternehmen das Heer mit Feldstechern und Fernrohren belieferte. Auch das Flugzeug, welches seit der Jahrhundertwende eine rasante Entwicklung nahm, erfuhr im Ersten Weltkrieg einen erheblichen Nachfrageschub von Seiten des Militärs und wurde in großen Stückzahlen hergestellt. Serienfertigung, Normung und Typisierung und somit auch Rationalisierung der Produktion wurden in unterschiedlichen Branchen kriegsbedingt vorangetrieben, was sich u. a. an der Gründung des „Normenausschusses der deutschen Industrie" als Institution der überbetrieblichen Rationalisierung im Jahr 1917 ablesen lässt. Dies alles legt den Schluss nahe, Rüstung und Kriegführung hinsichtlich der technischen Entwicklung eine innovationsfördernde Funktion zuzuschreiben. Das sahen z.T. die deutschen Ingenieure auch so. Sie fühlten sich nämlich im Krieg von den Militärs diskriminiert und argumentierten im Sinne einer „Quasi-Dolchstoßlegende", dass die unzureichende Bereitstellung von Mitteln zur Förderung militärtechnischer Neuerungen die deutsche Kriegsniederlage mitverursacht habe. Festzuhalten bleibt, dass rein quantitativ die Kriegsführung zu einer Beschleunigung von Massenproduktion und Typisierung geführt hat, in qualitativer Hinsicht jedoch in zahlreichen Branchen kaum innovationsfördernde Wirkung hatte, diese sogar, wie im Falle der Eisen- und Stahlindustrie oder des Kohlebergbaus vernachlässigt wurde.

Rüstungsproduktion

3. Das Zeitalter der Rationalisierung und Autarkiewirtschaft (1918–1945)

3.1 Voraussetzungen nach dem Ersten Weltkrieg

Die deutsche Wirtschaft sowie die deutschen Unternehmen waren nach dem Ersten Weltkrieg mit erheblichen Problemen konfrontiert, die ein unmittelbares Anknüpfen an den Wachstumstrend der Vorkriegszeit verhinderten. Deutschland hatte u. a. 13% seines Vorkriegsterritoriums, 10% der Bevölkerung und 75% der Eisenerzvorkommen verloren. Zudem verminderten sich die Produktionskapazitäten durch die Abtretung Elsass-Lothringens und Oberschlesiens bei Roheisen und Stahl um 44% bzw. 38% sowie bei Steinkohle um 26%. Hinzu kamen im Rahmen des Versailler Vertrages die Belastungen durch Reparationsleistungen, die Verschiebungen der internationalen Wirtschaftsbeziehungen sowie der kriegsbedingte Aufbau von Produktionskapazitäten unterschiedlicher Branchen im Ausland, die die exportorientierte deutsche Industrie schwer trafen. Neben den externen waren es vor allem auch interne Einflussfaktoren wie die Revolution 1918/19 mit zahlreichen Streiks und Produktionsausfällen, die Demobilmachung und die damit verbundenen staatlichen Interventionen und Regulierungen im Zuge des sich entwickelnden Weimarer Wohlfahrtsstaates, die drohenden Sozialisierungen der Schlüsselindustrien, die Verschiebung des Kräfteverhältnisses zwischen Arbeitgebern und Arbeitnehmern zugunsten Letzterer sowie die Inflation und die Ruhrbesetzung von 1923, die aus Sicht der deutschen Unternehmen die Ausgangsbedingungen in der direkten Nachkriegszeit erschwerten und grundlegende Änderungen in technischer, organisatorischer und sozialer Hinsicht auf Unternehmensebene als notwendig erscheinen ließen. Darüber konnte auch die inflationsbedingte Sonderkonjunktur und der Exportboom der Jahre 1919–1922 nicht hinwegtäuschen, der zumindest Teilen der deutschen Wirtschaft im internationalen Maßstab vorübergehend Konkurrenzvorteile verschaffte. Mit der Währungsstabilisierung waren die Unternehmen schließlich weitgehend der nationalen und internationalen Konkurrenz ausgesetzt. Es zeigte sich, dass die Umstellung von der Kriegs- auf die Friedenswirtschaft in vielen Branchen nur unzureichend bewältigt worden war, dass notwendige Ersatz- und Erweiterungsinvestitionen während der Kriegs- und der direkten Nachkriegszeit aus Zeit- und Kostengründen nicht getätigt worden waren, was wiederum mit einem erheblichen Substanzverlust der Produktionsanlagen, mit Raubbau, Verschleiß und technischen Defiziten einherging, die mittelfristig einen

3. Das Zeitalter der Rationalisierung und Autarkiewirtschaft (1918–1945)

Wiederaufstieg der deutschen Wirtschaft und deren internationale Konkurrenzfähigkeit in Frage stellen mussten.

3.2 Überbetriebliche Rationalisierungsbewegung

Die Tatsache, dass in fast allen Industriezweigen während der Inflationszeit und spätestens mit der Währungsstabilisierung die Notwendigkeit zu umfassenden betrieblichen und überbetrieblichen Rationalisierungsmaßnahmen gesehen wurde, kommt schließlich auch darin zum Ausdruck, dass das Jahr 1925 als das „Geburtsjahr der Rationalisierungsbewegung in Deutschland" (Th.V. Freyberg) gilt. Rationalisierung war kein neues Phänomen. Zeitgenössische Definitionen betrachteten Rationalisierung als eine Strategie, den Produktionsvorgang im Betrieb unter Berücksichtigung der Nachfragegestaltung so zu organisieren, dass damit eine Senkung der Produktionskosten einhergeht (F. v. Gottl-Ottilienfeld). Eine solche zeitlose Definition beschränkt sich nicht allein auf die 1920er Jahre, sondern ist Ziel und Gegenstand ökonomischen Handelns schlechthin. Die Durchsetzung des Begriffs „Rationalisierung" erfolgte dann allerdings erst seit Mitte der 1920er Jahre und bestimmten den industriellen Diskurs. Er entwickelte sich zu einem Schlagwort und zu einer „Formel des sozialen Friedens [...], einer Fahne, unter der man sich versammelte, einer Botschaft, der man glaubte" (Th v. Freyberg). Die ideologische Aufladung und die quasireligiöse Bedeutung, die dem Rationalisierungsbegriff nach dem Ersten Weltkrieg zugeschrieben wurde, hängt mit den Hoffnungen zusammen, die sowohl private Unternehmen als auch staatliche Stellen, Verbände und Gewerkschaften in die Konzeption einer gemeinsamen, planmäßig und rational gestalteten Wirtschaftsstrategie legten. Sie gehen zurück auf Vorstellungen und Ideen des Jahres 1918 und sind verknüpft mit den Namen des AEG-Aufsichtsratsvorsitzenden Walter Rathenau, des Unterstaatsekretärs im Reichswirtschaftsministerium Wichard von Moellendorf und des Gewerkschafters Rudolf Wissell, die von der Notwendigkeit einer staatlich gesteuerten, gemeinwirtschaftlichen Rationalisierungsbewegung ausgingen, an der alle relevanten gesellschaftlichen Gruppen beteiligt sein sollten. Da diese Vorstellungen jedoch am Widerstand der Unternehmen scheiterten, die eine Rationalisierungsbewegung mit starkem staatlichen Einfluss ablehnten, kam es stattdessen im Jahr 1921 zur Gründung des Reichskuratoriums für Wirtschaftlichkeit in Industrie und Handwerk (RKW) unter der Leitung von Carl Friedrich von Siemens (Vorstandsvorsitzender) und Carl Köttgen (stellvertret. Vors.). Im RKW wiederum waren zahlreiche Organisationen

Senkung der Produktionskosten

Schlagwort „Rationalisierung"

„Gemeinwirtschaft"

und Verbände, Handel, Wissenschaft, Städtetage, Parteien sowie die Gewerkschaften vertreten.

Normungsbewegung Eine wichtige Entwicklungslinie, die bis in die Zeit des Ersten Weltkriegs bzw. bis zur Jahrhundertwende zurückreichte, bildete die Normungsbewegung, der es im Rahmen technischer Konstruktionen darum ging, Größen, Abmessungen und Materialzusammensetzungen insbesondere des Apparate- und Maschinenbaus zu normen. Bis 1917 war dies in erster Linie eine Angelegenheit unterschiedlicher Verbände wie des Vereins Deutscher Ingenieure (VDI), des Verbands Deutscher Elektrotechniker (VDE) oder des Vereins deutscher Eisenhüttenleute (VDEh). Im Zuge der Massenherstellung von Rüstungsgütern wurde dann im Jahr 1917 unter dem Einfluss des Waffen- und Munitionsbeschaffungsamtes der Normalienausschuss für den deutschen Maschinenbau ins Leben gerufen, der schließlich als Normenausschuss der deutschen Industrie bzw. ab 1926 als Deutscher Normenausschuss (DNA) firmierte, und der die Normungsarbeiten der deutschen Industrie vereinheitlichen sollte. Normungsarbeiten betrafen neben dem Maschinenbau die Elektrotechnik, das Bauwesen, den Automobil- und Lokomotivbau ebenso wie landwirtschaftliche Geräte, das Krankenhauswesen, hauswirtschaftliche Geräte wie auch die Büroarbeit. Deutschland entwickelte sich in den 1920er Jahren zum führenden Land der Normung (Th. v. Freyberg).

Rationalisierungsausschüsse Eine weitere Keimzelle des RKW bildete der 1918 gegründete Ausschuss für wirtschaftliche Fertigung (AWF), der sich, ebenfalls vor dem Hintergrund der Kriegswirtschaft des Ersten Weltkriegs, mit Fragen der Betriebsorganisation und der technischen Fertigung auseinandersetzte. Innerhalb des AWF gab es weitere Organisationseinheiten wie etwa den Ausschuss für Büroorganisation (ABO, gegr. 1919), den Ausschuss für wirtschaftliche Verwaltung (AWV), den Ausschuss für Förderwesen (gegr. 1920), den Ausschuss für Energieleistung (gegr. 1922) oder den Reichsausschuss für Arbeitszeitermittlung (Refa, gegr. 1924), die in ganz unterschiedlichen Bereichen und Branchen tätig wurden und schließlich im Zuge der Erneuerung des RKW im Jahr 1925 Teil der deutschen Rationalisierungsbewegung wurden. Der Neuanfang des RKW war verbunden mit einer Reise Carl Köttgens in die USA und zahlreichen Anregungen, die er von dort mitbrachte sowie einer Schärfung der Kompetenzabgrenzungen staatlicher und privatwirtschaftlicher Funktionen innerhalb der Organisation bei gleichzeitigen Bemühungen, das RKW als Konsensstifter zwischen den Parteien und Interessengruppen zu etablieren. Diese Konsensorientierung, die den Begriff der Rationalisierung als Gemeinwohlformel und interessen-

3. Das Zeitalter der Rationalisierung und Autarkiewirtschaft (1918–1945)

übergreifendes Gemeinschaftsprojekt darstellte, ist einmal mehr Ausdruck des zwar öffentlichkeitswirksamen, aber zugleich verschwommenen und formelhaften Charakters dieses zentralen Schlagwortes der Zwischenkriegszeit. Die praktische Umsetzung der Rationalisierungsmaßnahmen war schließlich vor allem Sache der Unternehmen und ihrer Entscheidungsträger.

3.3 Betrieblich-technische Rationalisierung

Anknüpfend an die technischen Rationalisierungen der Vorkriegs- und Kriegszeit bestand eine wesentliche Voraussetzung für umfangreiche Investitionen ab Mitte der 1920er Jahre und nach Abschluss des Dawes-Abkommens in der Aufnahme amerikanischer Kredite und Anleihen. Sie leiteten eine Phase expansiver Rationalisierungsstrategien ein, die in vielen Industriezweigen einherging mit einer Ausweitung der Produktionskapazitäten im Sinne der „economies of scale". Diese wurde ergänzt durch eine „produktivitätsorientierte Sparwirtschaft" (Ch. Kleinschmidt), mit der insbesondere kapital- und energieintensive Industrien wie die Schwerindustrie versuchten, Kostensenkungen mit vergleichsweise geringem Aufwand zu erzielen.

„Produktivitätsorientierte Sparwirtschaft"

Ein wesentliches Kennzeichen fast aller Industriezweige war die Durchsetzung der schon vor dem Ersten Weltkrieg in Ansätzen eingeführten Fließfertigung. In der Automobilindustrie hatten amerikanische Produzenten wie Ford hier eine weltweit führende Stellung, die deutschen Herstellern durch eine verstärkte Amerikaorientierung in den 1920er Jahren als Leitbild dienten. Opel übernahm hier mit der Einführung der Großserienproduktion und des Fließbandes und der kompletten Reorganisation des Fertigungsprogramms ab 1924 eine Pionierrolle in Deutschland. Ein Großteil des dazu notwendigen Maschinenbestandes wurde in den USA erworben. Gleichwohl waren die Anfänge der Fließbandfertigung zunächst bescheiden und konzentrierten sich auf eine Schienenbahn von 75 m Länge, die zur Endmontage der Automobile diente. Bis Ende der 1920er Jahre war die Länge der Bänder bei Opel schließlich auf zwei Kilometer angewachsen. Andere Produzenten wie Brennabor, Horch, Hanomag, Adler, Daimler-Benz oder Wanderer folgten im Laufe der zwanziger Jahre, wobei einige Unternehmen zwar das Fertigungsprinzip der Fließarbeit (Motorenbau, Endmontage), nicht jedoch das Fließband als Transportmittel einführten. Da die Nachfrage nach Automobilen in der Weimarer Republik – im Unterschied zu den USA – das Auto noch nicht zu einem Massenkonsumgut werden ließ und zahlreiche Produzenten vornehmlich in kleinen Serien

Fließbandfertigung

produzierten, setzten sich dort Insellösungen in Form von Gruppenfabrikation durch, wobei Arbeitsgruppen einzelne Automobilkomponenten wie Getriebe, Kühler, Motoren, Achsen oder Vergaser herstellten. Ein wichtiges Prinzip der Rationalisierung war auch in der Automobilherstellung die Normung, für die sich im Rahmen des DNA 1925 ein Fachnormenausschuss der Kraftfahrindustrie (FAKRA) gründete.

Gruppenfabrikation

Der Übergang von der Einzel- zur Fließfertigung war auch zentrales Moment technischer Rationalisierung im Werkzeugmaschinenbau und in der Elektroindustrie. Dabei kam es darauf an, die Leistungen der einzelnen Arbeitsgänge aufeinander abzustimmen, Arbeits- und Taktzeiten zu verkürzen sowie Hand- durch Maschinenarbeit zu ersetzen. Die Fertigung zeichnete sich aus durch eine planmäßige Arbeitsvorbereitung, durch Herstellungspläne und durch die Nutzung von Förderbändern oder andere Transporteinrichtungen. Doch ähnlich wie in der Automobilindustrie setzte sich die Fließbandfertigung in der Elektroindustrie nur langsam durch. Bei der Staubsaugerproduktion des Siemens-Elektromotorenwerkes war nur eine Minderheit der Beschäftigten am Fließband tätig. Für andere Haushaltsgeräte wie Wasch- oder Bügelmaschinen war die Nachfrage in der im Unterschied zu den USA noch nicht voll entwickelten Konsumgesellschaft der Weimarer Republik zu gering, als dass hier die Prinzipien der Fließarbeit ökonomisch sinnvoll zum Einsatz hätten kommen können. Um 1930 existierten dementsprechend in der gesamten deutschen Industrie etwa 80 000 Fließ- und Bandarbeitsplätze, was ungefähr 1% der Beschäftigten in Betrieben mit mehr als 50 Personen ausmachte.

Elektroindustrie

In der Eisen- und Stahlindustrie wiederum spielte die fließende Fertigung im Sinne der Abstimmung der einzelnen Produktionszweige der Roheisen, – Stahl- und Walzwerksproduktion und der Einsatz von Transport- und Fördereinrichtungen eine zentrale Rolle der technischen Rationalisierung. Die Innovationen der Vorkriegszeit wie Roheisenmischer, automatisierte Hochofenbegichtung, die Elektrifizierung von Antrieben, Rollengängen und Laufkränen in den Walzwerken setzten sich nun auf breiter Ebene in den Unternehmen durch (Diffusionsphase). Diese zahlreichen kleinen, inkrementalen Innovationen begleiteten den Kapazitätsausbau und die steigende Leistungsfähigkeit der Hochofen- und Stahlwerke. Hatten die in der Zeit des Kaiserreichs errichteten Hochöfen eine Tagesleistung von etwa 100–200 t Roheisen, so erhöhte sich diese bei Neubauten in den 1920er Jahren auf 600–800 t. Dieser Trend setze sich in den Stahlwerken fort. Lag das Fassungsvermögen von Thomas-Stahl-Konvertern vor dem Ersten Weltkrieg bei bis zu 30 t, so stieg es in den 1920er Jahren auf etwa 40 t. Die

Eisen- und Stahlindustrie

3. Das Zeitalter der Rationalisierung und Autarkiewirtschaft (1918–1945)

Produktion je Thomas-Konverter stieg von 87 700 t im Jahr 1913 auf 127 400 t im Jahr 1927. Bei gleichzeitiger Reduzierung des Personaleinsatzes bedeutete dies einen erheblichen Produktivitätsfortschritt. Parallel dazu wurde die Wärme- und Energiewirtschaft weiter ausgebaut, da Kohle, Gas, Dampf und Strom ca. 20–35% der Selbstkosten in der Hüttenindustrie ausmachten. Hier lagen umfangreiche Rationalisierungspotentiale, die mit Hilfe einer verbesserten Abwärmeausnutzung, einer weiter intensivierten Nutzung der Kokerei- und Gichtgase sowie einer effektiveren Betriebsüberwachung in Form einer wissenschaftlichen Betriebsführung und Betriebswirtschaft auch genutzt wurden. Im Zuge dieser „economies of scope" konnte etwa der Kohleverbrauch je Tonne Rohstahl bei Hoesch in der Zeit zwischen 1919 und 1928 deutlich gesenkt werden. Die auf zahlreichen Hüttenwerken zum Zweck der Kostenüberwachung bzw. Kostensenkung eingerichteten Abteilungen für Kraft- und Wärmewirtschaft wurden seit Mitte der 1920er Jahre in Betriebswirtschaftsstellen umgewandelt und bildeten so eine Keimzelle der Betriebswirtschaft und der wissenschaftlichen Betriebsführung in der Eisen- und Stahlindustrie. In diesem Zusammenhang kam es zu einer umfangreichen Erfassung und Kontrolle der Material- und Stoffwirtschaft, zur Anhäufung von Informationen, Zahlen- und Datenmaterial, welches wiederum mit Hilfe von Laufkarten und des Lochkartenverfahrens (Hollerith-Verfahren) ausgewertet wurde. Die Eisen- und Stahlindustrie spielte eine Vorreiterrolle dieser „produktivitätsorientierten Sparwirtschaft", die die kapitalintensiven und expansiven Rationalisierungsanstrengungen ergänzten und schließlich in den „Sog der economies of scale" (J. Radkau) gerieten.

Wärme- und Energiewirtschaft

Im Steinkohlenbergbau mussten nach den Jahren des Raubbaus und der vernachlässigten Investitionen und der Substanzverluste im technischen Bereich in der direkten Nachkriegszeit die Zechen zunächst durch Aus- und Vorrichtungsarbeiten wieder in Stand gesetzt werden. Dies geschah während der Inflationszeit und billiger Arbeitskräfte in Form arbeitsintensiver Rekonstruktionsarbeiten. Mit der Stabilisierung und dem Zwang zur Kostensenkung kam es auch im Steinkohlenbergbau zu umfangreichen Mechanisierungsanstrengungen durch den Einsatz von Abbauhämmern, Schüttelrutschen und Schrämmaschinen sowie den elektrischen Antrieb von Förderbändern und Lokomotiven, wodurch die Mann-Schicht-Leistung sich in den Jahren zwischen 1924 und 1932 deutlich erhöhte.

Steinkohlenbergbau

Neben den schon seit dem 19. Jahrhundert bekannten Schreibmaschinen hielten Hollerith-Maschinen, Buchungs-, Rechen-, Adressier- und Frankiermaschinen nicht nur bei Industrieunternehmen Einzug in die Büros. Damit sorgten sie für einen Technisierungs- und Rationalisierungsschub bei der Büroarbeit, der einherging mit einer Zunahme von Frauenarbeitsplätzen auf diesem Gebiet.

Vor dem Hintergrund traditioneller Rollenverteilung sind auch die Rationalisierungskonzepte der 1920er Jahre im Bereich der privaten Haushalte zu verstehen. Der Einzug der Elektrifizierung und technischer Haushaltsgeräte wie Staubsauger, Herd, Fön oder Bügeleisen sowie Überlegungen zur „rationellen Haushaltsführung" (Ch. Frederick) und zur Ausgestaltung einer vorgefertigten, standardisierten Küche im Massenwohnungsbau („Frankfurter Küche") gegen Ende der 1920er Jahre sind Hinweise für eine Verwissenschaftlichung und Technisierung des Haushalts, die in erster Linie zu einer Entlastung der „Hausfrau" beitragen sollten und die sich in größerem Umfang erst in den 1950er Jahren im Zuge der Massenkonsumgesellschaft der Bundesrepublik durchsetzten.

Technisierung des Haushalts

Dass Rationalisierung nicht nur ein Thema in der Großindustrie war, zeigt die eher mittelständisch geprägte Schneidwarenindustrie des Bergischen Landes. Hier kam es neben der Elektrifizierung und der Mechanisierung auch zur Einführung der Teilarbeit in einer arbeitsintensiven Branche, wobei einige Teiloperationen der Messer- und Scherenherstellung durch Maschinenarbeit ersetzt und zunehmend die noch vorhandene Heimarbeit in Fabrikproduktion überführt wurden.

Schneidwarenindustrie

In der mit dem Kohlenbergbau eng verbundenen Chemieindustrie (Kohlechemie) kam es während und nach dem Ersten Weltkrieg zu bedeutenden Innovationen auf dem Gebiet der Hochdruckhydrierung, wobei die Patente von Friedrich Bergius (1884–1949) von der BASF bzw. der IG Farben AG erworben und weiterentwickelt wurden. Dabei konnte an die Erfahrungen der Ammoniak- und Methanolsynthese angeknüpft werden, die, vor, während und nach dem Ersten Weltkrieg zur Herstellung von Sprengstoffen und Stickstoffdünger bzw. Methanol und Formaldehyd als Vorprodukt der Kunststoffherstellung diente. Mit Hilfe der Hochdrucksynthese ließen sich auch höherwertige Kohlenwasserstoffe gewinnen, die als Benzin oder Dieseltreibstoff genutzt werden konnten. In zwei Stufen wurde dabei ein mit Schweröl vermengter Kohlebrei bei sehr hohem Druck zunächst zu Mittelöl und dann zu Benzin verarbeitet. Nach der Gründung einer Versuchsanlage zur Herstellung synthetischen Treibstoffs wurde im Jahr 1927 in den Leuna-Werken eine Großanlage auf der Basis von Braunkohle in Betrieb genommen. Ebenfalls Mitte der 1920er Jahre entwickelten Franz Fischer (1877–1947) vom Kaiser-Wilhelm-Institut für Kohlenforschung in Mülheim an der Ruhr und Hans Tropsch (1889–1935) ein

Chemieindustrie

konkurrierendes Verfahren (Fischer-Tropsch-Verfahren), mit welchem auf der Basis niedrigerer Drücke und Temperaturen synthetischer Treibstoff aus Kohle hergestellt wurde. Die erste großtechnische Anlage dieser Art ging 1935 in Castrop-Rauxel in Betrieb. Eine weitere wichtige Entwicklung der Kohlechemie, die einen „deutschen Sonderweg in der modernen Chemie" (G. Plumpe) markiert, bildet die Acetylenchemie. Über Acetylen gelangte man in einem mehrstufigen Verfahren zur Kautschuksynthese. Die Produktion von synthetischem Kautschuk und Benzin war für die hiesige Wirtschaft von großer Bedeutung, da Kautschuk und Erdöl als Rohstoffe in Deutschland fehlten und gleichzeitig deren Preise im Zuge der Zunahme von Kraftfahrzeugen stiegen. Wegen der wachsenden Nachfrage nach Treibstoffen und Reifenmaterialien sah man in Benzin und Kautschuk lohnenswerte Produkte der Industriegesellschaft. Tatsächlich spielten diese Synthesestoffe dann vor allem im Rahmen der Autarkie- und Rüstungswirtschaft unter dem Nationalsozialismus ab Mitte der 1930er Jahre eine zentrale Rolle.

Fischer-Tropsch-Verfahren

3.4 Betrieblich-organisatorische Rationalisierung

Ziel organisatorischer Rationalisierungsmaßnahmen war eine Abstimmung der Produktionsprogramme, die Erzielung von Synergieeffekten und der „economies of scope" sowie insgesamt die Senkung der Produktionskosten. Diese Ziele sollten durch den Zusammenschluss von Unternehmen in Form von Fusionen erreicht werden. Dabei konnte an die Entwicklung der Vorkriegszeit angeknüpft werden. Hier hatte es bereits in der Schwerindustrie und in der chemischen Industrie Kooperationen in Form des Zusammenschlusses des Hörder Vereins und der Phoenix AG für Bergbau und Hüttenbetrieb, der Dortmunder Union und der Deutsch-Luxemburgischen Bergwerks- und Hütten AG oder des „Dreibundes" (Agfa, BASF, Farbenfabriken Bayer) bzw. des „Dreierverbandes" (Farbwerke Hoechst-Cassella-Kalle) gegeben, die die Keimzellen der Mitte der zwanziger Jahre ins Leben gerufenen Vereinigte Stahlwerke AG sowie der I.G. Farben bildeten.

Unternehmenszusammenschlüsse

Mit der Gründung der I.G. Farben im Jahr 1925 entstand eines der größten Chemieunternehmen der Welt. Die Unternehmen der I.G. produzierten fast 100% der deutschen Farbstoffe, zwei Drittel des Stickstoffdüngers und des Sprengstoffs sowie den größten Teil der Photo- und Pharmaprodukte. Ein enger Zusammenschluss in Form einer Fusion war notwendig geworden, da auch in der Chemieindustrie der weltweite Kapazitätsausbau zu entsprechenden Anpassungsmaßnah-

I.G. Farben

men zwang. Dazu sollten auch in der deutschen Chemieindustrie Überkapazitäten abgebaut, Produktion, Absatz und Vertrieb zentralisiert und koordiniert werden. Bereits 1924 entließen die ein Jahr später an der I.G. Farben beteiligten Unternehmen fast 20 000 von 90 000 Beschäftigten. Die Fusion bedeutete eine stärkere Koordination der Führungen von Agfa, der BASF, der Chemischen Fabrik Griesheim-Electron, der Chemischen Fabrik vorm. Weiler-ter-Meer, der Farbenfabriken vorm. Friedr. Bayer & Co., der Farbwerke vorm. Meister Lucius & Brüning (Hoechst) inklusive zahlreicher Beteiligungen. Es kam zur Gründung von zwei zentralen Ausschüssen, in denen sich Vorstandsmitglieder mit Fragen der technischen Entwicklung und der Investitionspolitik (Technischer Ausschuss) sowie mit Fragen des Verkaufs (Kaufmännischer Ausschuss). Die 41 Werke dieser Unternehmen wurden in vier Betriebsgesellschaften zusammengefasst, die jeweils autonom über Fragen der Produktion, der Forschung und Entwicklung sowie der Sozialpolitik entschieden. Damit entstand eine moderne Organisationsstruktur, die im Zuge der Weltwirtschaftskrise noch einmal modifiziert und im Sinne der Divisonalisierung bzw. Spartenorganisation (Sparte I: Stickstoff, Mineralölsynthese, Sparte II: Anorganika, Zwischenprodukte, Lösungsmittel, Farbstoffe, Pharmazeutika und Pflanzenschutz; Sparte III: Photo und Kunstfasern) ausgebaut wurde. Die I.G. Farben nahmen damit eine Organisationsentwicklung vorweg, die von vielen deutschen Unternehmen erst 30 bis 40 Jahre später vollzogen wurde.

Vereinigte Stahlwerke

Dies gilt in ähnlicher Weise auch für die Gründung der Vereinigte Stahlwerke AG, dem zweitgrößten Stahlhersteller der Welt. Im Jahr 1926 fusionierte die Montangruppe der Siemens-Rheinelbe-Schuckert-Union (Gelsenkirchener Bergwerks AG, Deutsch-Luxemburgische Bergwerks- und Hütten-AG, Bochumer Verein für Bergbau und Gussstahlfabrikation), die Phoenix AG für Bergbau und Hüttenbetrieb und die Vereinigten Stahlwerke van der Zypen sowie Wissener Eisenhütte AG, die Rheinischen Stahlwerke und die Thyssen-Gruppe mit dem Ziel, ihre Erzeugung auf die bestorganisierten und technisch leistungsfähigsten Anlagen zu konzentrieren, um diese möglichst effektiv auszunutzen und durch weitere technische Vervollkommnung eine Senkung der Selbstkosten zu erzielen. Die Produktionsprogramme der Hochofen-, Stahl- und Walzwerke sowie der zum Konzern gehörenden Zechen und Kokereien wurden aufeinander abgestimmt, unrentable Betriebe und Anlagen stillgelegt. So reduzierte sich etwa die Anzahl der Hochöfen von 79 auf 59. Auch die Anzahl der Warmwalzwerke verringerte sich zwischen 1926 und 1930 um 54 Altanlagen, während zugleich 15 Neuanlagen errichtet wurden. Hier zeigte sich zugleich das

3. Das Zeitalter der Rationalisierung und Autarkiewirtschaft (1918–1945) 41

Dilemma der organisatorischen Rationalisierung, denn trotz des als notwendig betrachteten Kapazitätsabbaus im Zuge der Anpassung an weltweit gestiegene Kapazitäten erhöhte sich beispielsweise die Leistungsfähigkeit der Walzwerksanlagen der Vereinigte Stahlwerke AG um insgesamt 15%.

Hinzu kam, dass auch die nicht an der Fusion beteiligten deutschen Stahlkonzerne wie Hoesch, Krupp, Mannesmann oder die Gutehoffnungshütte ihre eigenen technischen und organisatorischen Rationalisierungsmaßnahmen durchführten, so dass die betriebswirtschaftlich erfolgreichen Maßnahmen aus makroökonomischer Perspektive durch den Aufbau zusätzlicher Kapazitäten konterkariert wurden. Auf die Weltwirtschaftskrise reagierte die Vereinigte Stahlwerke AG mit einer umfangreicher Reorganisation und Sanierung des Konzerns, bei der es zu einer regionalen und produktbezogenen Zusammenfassung bislang noch organisatorisch getrennter Werke kam sowie zu einer Verschmelzung der z.T. formal noch selbstständigen Tochtergesellschaften, wodurch die 1926 eingeleitete Fusion ihren Abschluss fand und auch hier ein moderner, divisional strukturierter Konzern entstand.

Zusammenschlüsse und Konzentrationsentwicklungen lassen sich auch in der Automobilindustrie beobachten. Das bekannteste Beispiel ist die Bildung einer Interessengemeinschaft 1924 und schließlich die Fusion von Daimler und Benz im Jahr 1926, die wesentlich von der Deutschen Bank im Verbund mit zwei befreundeten Regionalbanken vorangetrieben wurde. Ziel der Fusion war die Abstimmung der Produktionsprogramme und die Beseitigung der Typenkonkurrenz der beiden Automobilhersteller sowie die Ausweitung der Serienproduktion. Mittelgroße Personenkraftwagen sollten im Benz-Werk in Mannheim, größere Wagen sowie Sportfahrzeuge im Daimler-Werk Stuttgart produziert werden. Der Karosseriebau ging nach Sindelfingen, der Nutzfahrzeugbau nach Gaggenau und Berlin-Marienfelde. Der Ein- und Verkauf wurde in Stuttgart konzentriert. Ähnlich wie im Bereich der Schwerindustrie scheiterte der Gründungsversuch eines umfassenden Automobiltrusts unter Einbeziehung von BMW, Adler, Opel, NSU, Horch, Brennabor u. a. 1929 wurde Opel von General Motors übernommen, und 1932 schlossen sich Audi, Horch DKW und Wanderer zur Auto-Union zusammen, so dass auch in der Automobilindustrie mehrere größere Konzerne nebeneinander bestanden und sich mit ihrer zwar rationalisierten, aber zugleich wachsenden Produktion Überkapazitäten einstellten, denen in Zeiten der Weltwirtschaftskrise eine stark rückläufige Nachfrage gegenüberstand. Kleinere Hersteller verschwanden schließlich vom Markt, so dass von 27 deutschen Automobilunter-

Daimler-Benz

nehmen im Jahr 1928 noch 20 im Jahr 1933 übrig blieben. Neben der Diskussion über einen deutschen Automobil-Trust gewann seit Ende der 1920er Jahre auch immer stärker die Forderung nach einem „Volks-Wagen" an Bedeutung, die jedoch durch die Weltwirtschaftskrise unterbrochen und ab 1933 dann von den Nationalsozialisten wieder aufgegriffen wurde. Typenbegrenzung im Sinne der Rationalisierung wie auch die Massenmotorisierung nach amerikanischem Vorbild und zugleich als nationalsozialistisches Propagandaprogramm standen dabei im Mittelpunkt. Das in Zusammenarbeit zwischen den Reichsministerien für Verkehr, Wirtschaft und Propaganda sowie dem Reichsverband der Automobilindustrie (RDA) in Kooperation mit unterschiedlichen Herstellern wie Opel oder BMW geplante Volkswagen-Projekt wurde aufgrund wachsender Differenzen der beteiligten Akteure schließlich an die DAF bzw. an Ferdinand Porsche übertragen. Die organisatorische Zusammenarbeit der deutschen Automobilhersteller war damit Mitte der 1930er Jahre gescheitert, ebenso wie die Massenherstellung von Zivilfahrzeugen. Stattdessen produzierte das Volkswagenwerk fortan vor allem militärische Nutzfahrzeuge und andere Rüstungsgüter.

Volkswagen-Projekt

3.5 Betrieblich-soziale Rationalisierung

Zu den umfangreichen und integrativen Rationalisierungsmaßnahmen der Zwischenkriegszeit gehörten neben technischen und organisatorischen Rationalisierungen auch Bemühungen zur Gestaltung des „menschlichen Faktors im Betrieb" (R. Schwenger). Im Sinne einer produktivitätsorientierten betrieblichen Sozialpolitik ging es dabei um die Effektivierung der Arbeitsplatzgestaltung mit dem Ziel der Kontinuisierung und Beschleunigung des Produktionsflusses sowie der gleichzeitig angestrebten Senkung der Arbeits- bzw. Produktionskosten. Dazu zählten Maßnahmen der Arbeitszeit- und Lohngestaltung (Akkord- und Prämiensysteme), Fragen der „psychotechnischen" Begutachtung, der betrieblichen Ausbildung sowie der Unfallverhütung. Insbesondere auf Initiative von Unternehmen und Arbeitsgeberverbänden wurden dazu ab Mitte der 1920er Jahre neben dem schon bestehenden RKW und dem Refa und dem Deutschen Institut für technische Arbeitsschulung (Dinta) u. a. der Ausschuss für Berufsbildung (AfB), die Gesellschaft für Arbeitspädagogik (Gefa) und die Kaiser-Wilhelm-Gesellschaft für Arbeitsphysiologie gegründet. Darüber hinaus existierten zahlreiche Forschungs- und Hochschulinstitute, wie diejenigen von Walter Poppelreuter an der TH Aachen, das Institut für Klinische Psychologie und Berufsberatung in Bonn oder das Institut für Psychotech-

„Psychotechnik"

Dinta

nik unter Georg Schlesinger an der TH Charlottenburg sowie Goetz Briefs Institut für Betriebssoziologie und soziale Betriebslehre, das ebenfalls in Charlottenburg angesiedelt war. Diese Einrichtungen stellten ein frühe Form der Unternehmensberatung zu Fragen der sozialen Rationalisierung und des betrieblichen Personaleinsatzes dar. Die Schwerindustrie orientierte sich dabei vor allem auf das von Carl Arnhold in Düsseldorf geleitete Dinta sowie die in Gelsenkirchen ansässige und von den Vereinigten Stahlwerken gegründete Forschungsstelle für industrielle Schwerarbeit. Auf dem Gebiet der Lehrlingsausbildung wurde mit der Einrichtung von Lehrwerkstätten eine planmäßige, systematische und auf wissenschaftlichen Methoden beruhende Ausbildung angestrebt. Dazu gehörten entsprechende Eignungsprüfungen und „psychotechnische" Auslesemethoden, bei denen die körperliche Leistungsfähigkeit der Kandidaten ebenso untersucht wurde wie deren Geschicklichkeit, Sinnesleistungen sowie die sprachliche und praktische Intelligenz. Der ganzheitliche Charakter der sozialen Rationalisierung kam schließlich auch darin zum Ausdruck, dass es den Unternehmen nicht nur um die Ausbildung praktischer Fähigkeiten der Belegschaften ging, sondern sie auch den „Kampf um die Seele" (P. Osthold) der Arbeiter aufnahmen, sie durch betriebliche Sport- und Freizeitangebote sowie Werkzeitschriften im Sinne der Ideologie der „Werksgemeinschaft" eng an den Betrieb binden wollten.

Schwerpunkte der Arbeitsforschung – nicht zuletzt in Anlehnung an tayloristische Vorbilder – bildeten Arbeits- und Zeitstudien, auf deren Basis eine Reorganisation des Arbeitsplatzes, eine Verbesserung der Körperhaltung, die Beseitigung von Ermüdungserscheinungen, eine Verkürzung der Rohstofftransportzeiten sowie die Verminderung von Stör- und Verlustzeiten angestrebt wurde, was schließlich zu deutlichen Zeit- und Kosteneinsparungen führte. Zur Verminderung von Arbeits- und Produktionsausfällen und zur Vermeidung tiefgreifender staatlicher Interventionen im Rahmen des Maschinenschutzgesetzes widmeten sich die Unternehmen ab Mitte der 1920er Jahre zunehmend dem Thema Arbeitsschutz. Neben dem Baugewerbe waren der Bergbau und die Eisen- und Stahlindustrie die Branchen mit den höchsten Unfallzahlen, die zunehmend auch als Kostenfaktor wahrgenommen wurden. So errichteten die Unternehmen eigene Unfallverhütungsstellen mit leitenden Sicherheitsingenieuren, die neben der statistischen Erhebung und Auswertung auch Aufklärung und Propaganda (Plakate, Filme) betrieben sowie praktische Maßnahmen des Maschinenschutzes bzw. des technischen Unfallschutzes in Form von Sperren, Geländern und Abdeckungen sowie Schutzbekleidung, um auf diesem Wege einen

Arbeitsschutz

kontinuierlichen Produktionsfluss zu garantieren und kostenträchtige Unfälle zu vermeiden.

Betriebliche Ausbildung, Auslese, „Psychotechnik" und Unfallverhütung waren Teil der wissenschaftlichen Betriebsführung und dementsprechend in zahlreichen Großunternehmen den neu errichteten Betriebswirtschaftsstellen zugeordnet, was ihre Bedeutung im Rahmen der betrieblichen Rationalisierung noch einmal untermauert.

Mit dem Übergang zum Nationalsozialismus lassen sich auch auf diesem Gebiet der Rationalisierung Kontinuitäten beobachten, wobei neben die etablierten Institutionen der sozialen Rationalisierung das 1935 von der DAF gegründete Arbeitswissenschaftliche Institut (AWI) trat, welches zwar auch eigene arbeitswissenschaftliche Forschungen betrieb, vor allem jedoch auch ein Instrument nationalsozialistischer Rationalsierungspropaganda darstellte. Im Jahr 1933 übernahm die DAF zudem das Dinta, welches zwei Jahre später zum Amt „Arbeitsführung und Berufserziehung" umorganisiert wurde. Ebenfalls 1935 kam es zu einer Kooperation zwischen dem Amt „Arbeitsführung und Berufserziehung" und dem Refa, so dass auch hier die DAF Einfluss nahm. Zahlreiche Großunternehmen wie etwa Siemens nahmen jedoch die Angebote an arbeitswissenschaftlicher Forschung, an „psychotechnischen" Auslese- und Anlernverfahren von DAF und AWI nicht wahr und konzentrierten sich weiterhin auf ihre eigenen Methoden der sozialen Rationalisierung.

Spezifische nationalsozialistische Elemente der sozialen Rationalisierung kamen im Zweiten Weltkrieg in den Bemühungen zur Leistungssteigerung von „Volksfremden" zum Ausdruck, etwa in der Bekämpfung des „Bummelantentums" ausländischer Arbeitskräfte und Kriegsgefangener sowie in den Ernährungsversuchen im Bereich der Schwerindustrie, die in Zusammenarbeit zwischen dem Kaiser-Wilhelm-Institut für Arbeitsphysiologie, dem Reichsministerien für Ernährung und Landwirtschaft und den Vereinigten Stahlwerken in den Jahren 1943/44 durchgeführt wurden. Dabei wurden Fremdarbeiter und Kriegsgefangene neben „psychotechnischen" Eignungstests in der nach dem Arbeitsgruppenleiter am Kaiser-Wilhelm-Institut für Arbeitsphysiologie, Heinrich Kraut, benannten „Kraut-Aktion" mit erhöhten Nahrungsmittelrationen versorgt, um die Arbeitsleistung zu erhöhen und den Krankenstand sowie die Unfallhäufigkeit bei russischen Kriegsgefangenen und italienischen Militärinternierten zu verringern. Diese Versuche waren auf wenige ausgesuchte Betriebe der Vereinigten Stahlwerke konzentriert. Für einen Großteil der in der nationalsozialistischen Rüstungsindustrie beschäftigten Zwangs- und Sklavenarbeiter bedeutete „Auslese" zugleich „Ausmerzung" und damit „Vernichtung durch Arbeit" und hatte mit sozialer Rationalisierung nichts zu tun bzw. stellte deren Pervertierung dar.

3.6 „Fehlrationalisierung" und „partielle Modernisierungseffekte"

Betriebswirtschaftlich gesehen waren die ab Mitte der 1920er Jahre eingeleiteten technischen Rationalisierungsmaßnahmen durchaus erfolgreich, trugen jedoch aus makroökonomischer Perspektive vor dem Hintergrund geringer Kapazitätsauslastungen schließlich zu einer Verschärfung der krisenhaften Entwicklung gegen Ende der Weimarer Republik bei, so dass im Zuge der Weltwirtschaftskrise der Begriff der „Fehlrationalisierung" den öffentlichen Diskurs prägte.

In der Automobilindustrie war in den Boomjahren 1927 und 1928 die Produktion von Personenkraftwagen im Vergleich zu den Vorjahren um 155% bzw. um 18% gestiegen und zugleich hatte sich die Arbeitsproduktivität zwischen 1925 und 1929 von 1,4 auf 4,4 Einheiten pro Beschäftigtem erhöht. Dieser Trend kehrte sich ab 1929 um. Die Produktionskapazitäten waren im Jahr 1932 schließlich nur noch zu etwa 25% ausgelastet. Auch in der Schwerindustrie zeigten sich ab 1925 zunächst deutliche Rationalisierungserfolge. Die Produktionsleistungen der Hochofen-, Stahl- und Walzwerke sowie der Zechenanlagen stiegen, insbesondere bei den neu errichteten Anlagen, rasch an, und die Arbeitsproduktivität konnte deutlich erhöht werden. Im Bergbau ließen sich auf der Basis erheblicher Modernisierungsinvestitionen die Förderzahlen enorm steigern, während sich die Zahl der untertägigen Abbaubetriebe zwischen 1927 um 1934 um 75% verringerte. Damit erhöhte sich die Arbeitsproduktivität zwischen 1924 und 1931 um das Doppelte.

Doch aufgrund der international stark ausgebauten Produktionskapazitäten bedeutete dies beispielsweise in der Stahlindustrie – bei einer Ausweitung der deutschen Stahlkapazitäten Mitte und Ende der zwanziger Jahre um 33% und gleichzeitig sinkender Nachfrage und rückläufiger Erlössituation –, in der Begrifflichkeit der Zeitgenossen eine „übersteigerte Leistungsfähigkeit" der deutschen Unternehmen. Während die Unternehmen selbst dies als „Selbstkostenkrise" betrachteten, die sie vor allem auf gestiegene Löhne während der 1920er Jahre und den Ausbau des Sozialstaates zurückführten, wurde das Problem rückläufiger Nachfrage und nationaler wie internationaler Überkapazitäten, das auf eine Erlöskrise hindeutete, weitgehend ausgeblendet. Die Krisenlösungsstrategien der Weltwirtschaftskrise bestanden vor allem

Überproduktion

in Lohnsenkungen, Kurzarbeit und Betriebsstilllegungen („negative Rationalisierung") und ermöglichten in einigen Branchen wie etwa dem Maschinenbau eine flexible Anpassung an die krisenhafte Situation. Grundlagen der betrieblichen Krisenüberwindung wurden somit bereits während der Weltwirtschaftskrise gelegt. Die Krise konnte jedoch erst in der Zeit des Nationalsozialismus und mit Hilfe eines Nachfrageschubes nach Produkten der Grundstoff- und Investitionsgüterindustrie, nicht zuletzt auch im Zuge der Aufrüstung, überwunden werden.

„Negative Rationalisierung"

Der in der Weimarer Republik als Schlagwort und Erlösungsformel benutzte Begriff der Rationalisierung war somit spätestens seit der Weltwirtschaftskrise desavouiert, und auch die Nationalsozialisten distanzierten sich von den Folgen der Weimarer „Fehlrationalisierung", der sie ihr Konzept einer „echten Rationalisierung" gegenüberstellten. Das RKW stellte sich dabei ebenso in den Dienst des neuen Regimes wie das Dinta und das 1935 ins Leben gerufene AWI der DAF, die jedoch im Wesentlichen die Methoden der „sozialen Rationalisierung" der Arbeits- und Berufsauslese, der „Psychotechnik", der Berufsbildung, der Leistungssteigerung und Arbeitsplatzgestaltung der 1920er Jahre, nun jedoch vor dem Hintergrund veränderter industrieller Beziehungen und Machtverhältnisse im Rahmen des „Gesetz zur Ordnung der nationalen Arbeit" des Jahres 1934, fortsetzten. Auch im betrieblich-technischen Bereich zeigt sich ein hohes Maß an Kontinuität zwischen den 1920er und 1930er Jahren. Der Werkzeugmaschinenbau knüpfte an die Prinzipien des „Baukastensystems" und der Normierung und Typisierung an, z.T. forciert durch staatliche Lenkungsmaßnahmen. In der Elektro-, Automobil- und Konsumgüterindustrie setzen sich die in der Weimarer Republik begonnenen Maßnahmen der Mechanisierung und Elektrifizierung, die Fließfertigung sowie die Einsparung von Rohstoffen fort. Der Begriff der „Rationalisierung" wurde dabei weitgehend durch den der „Leistungssteigerung" ersetzt. Dabei erzielten die Unternehmen im Zuge der Kriegsvorbereitung und der Kriegswirtschaft mitunter erstaunliche Produktionserfolge.

„Fehlrationalisierung"

Der Rüstungsproduktion kam in der zweiten Hälfte der 1930er Jahre sowie insbesondere nach Kriegsbeginn eine unbedingte Vorrangstellung zu. Walther Funk, seit 1938 Reichswirtschaftsminister und Generalbevollmächtigter für die Kriegswirtschaft, beauftragte im Jahr 1942 den Leiter der Reichsgruppe Industrie und Generaldirektor des Mannesmann-Konzerns, Wilhelm Zangen, weitere umfangreiche Maßnahmen der technischen Rationalisierung, der Normung und Typenbereinigung durchzuführen. Die kriegswichtige Produktion sollte durch

Rüstungsproduktion

3. Das Zeitalter der Rationalisierung und Autarkiewirtschaft (1918–1945)

Zusammenlegungen, Vereinheitlichungen und Vereinfachungen der Produktion effektiviert und kriegsunwichtige Produktionsstätten, etwa der Schmuckwaren- oder Parfümerieherstellung, sollten stillgelegt werden. Erhebliche Beschäftigungseinbußen erlitten zudem die Bau-, die Lebensmittel-, die Leder- und die Textilindustrie.

Die Rüstungsproduktion war auf einigen Gebieten sehr erfolgreich. Daimler-Benz beispielsweise stellte ab Ende 1942 die Flugzeugmotorenherstellung auf Fließbandproduktion um. Damit stieg nicht nur die absolute Produktionszahl, die Herstellungszeiten für einen Flugzeugmotor konnten zudem von 1379 auf 1200 Stunden gesenkt werden. Die Flugzeugindustrie ist ein gutes Beispiel dafür, wie erfolgreich einige Unternehmen im Bereich der Massenproduktion waren, ohne jedoch letztendlich die kriegswirtschaftlichen Ziele zu erreichen. Der Flugzeughersteller Junkers entwickelte sich während des Zweiten Weltkriegs zu einem der fünf größten deutschen Industrieunternehmen überhaupt. In Orientierung an amerikanischen Produktionsmethoden stellte das Unternehmen Flugzeuge am Fließband her. Gleichwohl erreichte die Anzahl der gebauten Maschinen kaum die geplanten Soll-Zahlen. Trotz dieser Massenproduktion kann man in diesem Falle nicht von Rationalisierungserfolgen sprechen, weil es sich vornehmlich um ein extensives Wachstum handelte, nicht zuletzt bedingt durch den Einsatz von Fremdarbeitern und KZ-Häftlingen, die hier – wie auch in anderen Branchen – aufgrund mangelnder Qualifikation und schlechter körperlicher Verfassung, kaum zu einer Produktivitätssteigerung beitrugen. Fertigungstechnisch gesehen brachte der Einsatz von Häftlingen und Sklavenarbeitern keine Rationalisierungsfortschritte. Dies gilt schließlich auch für die durch alliierte Luftangriffe erzwungene Untertageverlagerung der Produktion, die nicht zu einer Intensivierung der Produktion beitrug.

Trotz der Anwendung moderner Produktionsmethoden, der Orientierung an amerikanischen Vorbildern sowie der erfolgreichen Massenproduktion bietet die Flugzeugindustrie ein Beispiel für NS-spezifische Charakteristika, wie den Zwangsarbeitereinsatz und die Höhlenproduktion, die einer wirklichen Rationalisierung und Intensivierung der Produktion entgegenstanden (L. Budraß), so dass hier wie auch in anderen Industriezweigen im Zuge der Diskussion um die Modernität des Nationalsozialismus angemessen von einem „reactionary modernism" (J. Herf), bestenfalls von „partiellen Modernisierungseffekten" (H. Mommsen) gesprochen werden kann. Es gab in einzelnen Bereichen erhebliche Lieferengpässe und Pannen, so dass ein Teil der Produktion halbfertig auf Halde produziert wurde. Mangelnde Koordina-

Marginalia: Flugzeugherstellung; Fremdarbeiter und KZ-Häftlinge; „Reactionary modernism"

tion und Abstimmungsprobleme mit dem Militär, das ständige Verwerfen von Programmen und technischen Anforderungen erschwerten eine schnelle Produktionssteigerung. So muss z.T. von einer „chaotischen Ineffizienz, kurzfristiger Improvisation und dürftiger Produktivität" gesprochen werden (N. Gregor). Auch nach 1942 und in der Hochphase des Krieges verlief die Produktion häufig nur sehr schleppend und blieb deutlich hinter den Erwartungen zurück. Erst ab 1944 kam es zu deutlichen Produktionssteigerungen. Doch in vielen kriegswichtigen Industrien begannen diese „Früchte zu tragen, als Deutschland bereits so viele militärische Rückschläge erlitten hatte, dass die militärischen Vorteile, die man damit zu gewinnen erhofft hatte, gar nicht mehr eintreten konnten" (N. Gregor).

3.7 Autarkiewirtschaft

Die Rohstoffversorgung bildete einen Engpass der deutschen Rüstungsproduktion. Nachdem die Rohstoffpreise in der Weltwirtschaftskrise gefallen waren, stiegen sie seit Beginn der 1930er Jahre wieder an und belasteten den deutschen Devisenhaushalt. So kam es neben außenwirtschaftlichen Regelungen der Devisenbewirtschaftung durch

„Neuer Plan" Hjalmar Schachts „Neuen Plan" zu umfangreichen Maßnahmen auf dem Gebiet der Rohstoff- und Nahrungsmittelversorgung, um mit Hilfe von Ersatzstoffen die Importabhängigkeit der deutschen Wirtschaft zu reduzieren. In diesem Zusammenhang kam es zur Gründung neuer Institutionen wie etwa dem Rohstoff- und Devisenstab, der 1936 zur

Vierjahresplan Vierjahresplan-Organisation ausgebaut wurde, der Hermann Göring als Generalbevollmächtigter vorstand. Ziel war es, die deutsche Wirtschaft mit Instrumenten der Investitionslenkung und Rohstoffzuteilung innerhalb von vier Jahren „kriegsfähig" zu machen. Dabei spielten auch die Erfahrungen des Ersten Weltkriegs eine Rolle. Das betrifft die internationale Rohstoffabhängigkeit Deutschlands ebenso wie die Notwendigkeit einer deutschen Ersatzstoffproduktion und Wirtschaftslenkung.

Autarkiepolitik   Im Mittelpunkt der nationalsozialistischen Autarkiepolitik stand die Chemieindustrie, insbesondere die Kohlechemie zur Herstellung von Synthesetreibstoff für Kraftfahrzeuge und Flugzeuge sowie zur Produktion synthetischen Kunststoffs (u. a. für Reifen). Das Ziel der schwerindustriellen Autarkiebestrebungen bestand in der größtmöglichen Unabhängigkeit von ausländischen Erzimporten. Weniger wichtige Industriezweige wie die Textilindustrie, insbesondere die Herstellung von Baumwolle, Wolle und Jute, sahen sich mit umfassenden Maßnahmen der Textilbewirtschaftung im Rahmen der Devisen-

3. Das Zeitalter der Rationalisierung und Autarkiewirtschaft (1918–1945)

zwangswirtschaft und z.T. mit Investitionsverboten konfrontiert. Gleichzeitig bildete das Nationale Faserstoffprogramm des Jahres 1934 als Teilbereich der Chemieindustrie eine Art Vorläufer des Vierjahresplans. Die deutsche Chemiefaserindustrie gehörte mit der amerikanischen zur führenden in der Welt. In Deutschland hatten sich Hermann Staudinger von der Universität Freiburg und Paul Schlack von der I.G. Farben parallel zu den Forschungsarbeiten von Wallace H. Carothers von DuPont (Nylon) mit der Herstellung vollsynthetischer Fasern auseinandergesetzt, die 1934 in die Produktion der ersten synthetischen Spinnfaser namens „Pe-Ce-Faser" mündete, die einige Jahre später als „Perlon" auf den Markt kam.

„Perlon"

Technologisch und ökonomisch ging es für die in die Rüstungs- und Autarkiewirtschaftsbestrebungen der Nationalsozialisten eingebundenen Unternehmen darum, in der Übergangszeit zwischen Weltwirtschaftkrise und dem Wirtschaftsaufschwung ab 1933 sowie in der Zeit der forcierten Rüstungsproduktion, also in einer Situation erheblicher Entscheidungsunsicherheiten teilweise noch unausgereifte Technologien zum Einsatz bringen zu müssen, deren längerfristiger Nutzen oder Nachteil aus Unternehmensperspektive kaum absehbar war. Unter den Bedingungen fallender Rohölpreise auf dem Weltmarkt war etwa für die I.G. Farben die Fortsetzung der seit Mitte der zwanziger Jahre durchgeführten Versuche zur synthetischen Treibstoffherstellung aus marktwirtschaftlichen Überlegungen heraus wenig sinnvoll. Dass diese Versuche sowohl nach dem I.G.-Verfahren der Kohlehydrierung als auch von anderen Unternehmen nach der Fischer-Tropsch-Synthese unter vermeintlich unwirtschaftlichen Bedingungen doch weitergeführt wurden, hat im Wesentlichen drei Gründe: 1. Im Sinne des „technologischen Momentums" (Th.P. Hughes) gibt es technologische Pfadabhängigkeiten und Traditionen, nach denen die Unternehmen ihren einmal eingeschlagenen Weg der Forschung und Entwicklung sowie deren produktionstechnische Umsetzung über Jahre oder Jahrzehnte weiterverfolgen. 2. Im Rahmen des „Primats der Politik" und der militärischen Nachfrage sorgten Maßnahmen der staatlichen Regulierung und Lenkung, wie etwa der Benzinvertrag mit der I.G. Farben aus dem Jahr 1933 und die von Schacht ins Leben gerufene Pflichtgemeinschaft der Braunkohle-Benzin AG (Brabag) ein Jahr später, für die Herstellung synthetischer Treibstoffe und Schweröle. Preis- und Absatzgarantien, günstige Abschreibungsmodalitäten, Kredite und Subventionen erleichterten der Privatwirtschaft die staatlichen Interventionen und Regulierungen. 3. Die Unternehmen versuchten selbst auf dem Wege chemietechnischer Verbundverfahren („economies of scope") und Diversi-

Synthetischer Treibstoff

„Technologisches Momentum"

„Primat der Politik"

fikationsstrategien langfristige und auch unter marktwirtschaftlichen Bedingungen erfolgreiche Produktionsstrategien zu entwickeln, indem sie neben den Primärprodukten synthetischer Treibstoffe auch Sekundär- und Koppelprodukte herstellten, mit denen sich zusätzliche Erlöse erzielen ließen. Die Erfolge der synthetischen Treibstoffherstellung waren recht beeindruckend. Immerhin lieferten die zwölf bis zum Jahre 1943 errichteten Produktionsstätten mit 32,8% knapp ein Drittel der deutschen Treibstoffversorgung. Neben etwa 16% aus eigener Ölförderung blieb das Deutsche Reich aber trotzdem zum größten Teil auf Ölimporte angewiesen, so dass das angestrebte Ziel, einen Naturrohstoff durch ein Syntheseprodukt weitgehend zu ersetzen, nicht erreicht werden konnte.

Synthetischer Kunststoff   Das sah bei der synthetischen Kunststoffherstellung anders aus. Hier konnte die deutsche Kautschukversorgung aus eigener Produktion sichergestellt und zudem noch ein Teil exportiert werden. Neben der Treibstoffsynthese entwickelte sich die Kautschuksynthese zu „einem der größten und spektakulärsten Industrieprojekte der 30er Jahre" (G. Plumpe). Auch hier kam es auf staatliches Drängen zu einer Forcierung der synthetischen Kautschukproduktion, die vor allem auf dem Reifensektor von Bedeutung war. Und auch hier bot sich die I.G. Farben als Kooperationspartner an. Die technischen Voraussetzungen dazu basierten auf Entwicklungen, die sich bis zur Jahrhundertwende zurückverfolgen lassen und die dann verstärkt nach Gründung der I.G. Farbenindustrie ab 1925 in Deutschland sowie etwa zeitgleich in den USA und der UdSSR betrieben wurden. Zwischen 1928 und 1935 kam es dabei zu einer engen Zusammenarbeit zwischen der I.G. Farben und dem amerikanischen Chemiekonzern Standard Oil in Baton Rouge, wobei auf der Basis des so genannten Lichtbogenverfahrens eine innovative Methode der Kautschuksynthese erprobt wurde. In einem mehrstufigen Verfahren wurde über Acetylen und Acetaldehyd schließlich Butadien erzeugt, welches als Ausgangsprodukt für synthetischen Kautschuk na-

Buna mens Buna (Butadien-Natrium) diente. Das in Ludwigshafen bzw. Oppau sowie später in Leuna erprobte Lichtbogenverfahren kam dann in größerem Umfang nach der Gründung der Chemischen Werke Hüls in Marl unter Führung Paul Baumanns zur Anwendung und besaß und den Vorteil, dass der beim Lichtbogenverfahren als Nebenprodukt freiwerdende Wasserstoff von den benachbarten Hydrierwerken in Scholven im Sinne einer Verbundwirtschaft genutzt werden konnte, während Scholven die notwendigen Hydriergase zur Acetylengewinnung über eine Ferngasleitung zu den Chemischen Werken nach Hüls transportierte. Es hatte allerdings bis zum Jahr 1937 gedauert, bis ein grundlegender Vertrag über den Bau einer Kautschukanlage zwischen dem Reich und der I.G. Farben geschlossen wurde. Auch hier spielten Absatzgarantien und Subventionen eine wichtige Rolle. Eine erste Anlage wurde in Schkopau errichtet, wobei man den Synthesekautschuk auf der Basis von Calciumcarbid-Acetylen hergestellte, da das Lichtbogenverfahren erst ab 1938 betriebsreif war. Dem Bunawerk II Hüls, welches dann mit der neuen Lichtbogentechnologie arbeitete, folgte im Jahr 1943 das Bunawerk III in Oppau, während ein geplantes viertes Werk in Auschwitz aufgrund von Luftangriffen nicht fertiggestellt werden konnte. Zwischen 1936 und 1944 wurden insgesamt 466 900 t synthetischen Kautschuks produziert, dessen technische Eigenschaften dem Naturkautschuk teilweise sogar überlegen waren. Trotz vorübergehender Engpässe konnte die von Naturkautschukimporten abgeschnittene deutsche Wirtschaft während des Krieges die Gummiversorgung weitgehend sicherstellen.

Die Schwerindustrie war in doppelter Hinsicht in die Vier-Jahres-Plan- und Autarkiewirtschaft eingebunden. Zum einen über die Treibstoffsynthese, die neben der Braunkohlenverwertung zunehmend auch mit Hilfe von Steinkohle bewerkstelligt wurde, wobei u.a. die Hibernia, die Vereinigten Stahlwerke, Krupp und Hoesch involviert waren. Zum anderen gab es von staatlicher Seite Druck auf die Eisen- und Stahlindustrie mit dem Ziel der Verhüttung einheimischer Erze zur Roheisenherstellung. Mit der Gründung der Überwachungsstelle für Eisen und Stahl sowie der Ernennung des Obersten von Hanneke aus dem Heereswaffenamt zu deren Generalbevollmächtigtem und mit der Gründung des Rohstoffamtes unter Paul Pleiger kam es auch in der Eisen- und Stahlindustrie zu erheblichen staatlichen Eingriffen, die mitunter weit über diejenigen in anderen Industriezweigen hinausreichten, weshalb hier durchaus von einer „Befehlswirtschaft" (G. Mollin) gesprochen werden kann. Göring und Pleiger drängten die deutschen Stahlunternehmen zur Reduzierung ausländischer Erzimporte und zum verstärkten Einsatz qualitativ minderwertiger deutscher Eisenerze. Abgesehen von Hermann Röchling, der diese Form der Autarkiewirtschaft unterstützte, versuchten Unternehmen wie die Vereinigten Stahlwerke, die Gutehoffnungshütte, Mannesmann, Krupp und Hoesch aus betriebswirtschaftlichen und Rentabilitätsgründen sich diesen für sie nachteiligen Vorgaben zu widersetzen, zumal sie befürchteten, dadurch aus ihren internationalen Wirtschaftsbeziehungen herausgelöst und isoliert zu werden. Dieser Interessenkonflikt zwischen nationalsozialistischem Staat und Privatwirtschaft wurde auf Initiative Görings und Pleigers im Sinne der Befehlswirtschaft durch den Bau eines komplett

Schwerindustrie

neuen Unternehmens (Reichswerke AG Hermann Göring für Erzbergbau und Eisenhütten/HGW Salzgitter) und auf dem Wege der Enteignung von Erzgruben im Salzgittergebiet gelöst. Mit dem Bau der HGW, die vor allem die heimischen Salzgitter-Erze verhütten sollten, wurden die Kapazitäten des Bergbaus, der Roheisen-, Stahl- und Walzwerksproduktion schlagartig erhöht. Zudem stieg der staatliche Anteil an der Roheisen- und Stahlproduktion von 0,4% bzw. 0,8% im Jahr 1938 auf 15,4% bzw. 11,8% im Jahr 1943. Zur Aufbereitung der qualitativ minderwertigen deutschen Eisenerze wurden für die HGW spezielle Rennöfen bzw. Rösteranlagen mit Drehöfen errichtet. Die Herstellung einer Tonne Roheisen aus Fe-armen Erzen zog jedoch einen erheblichen Mehrverbrauch an Koks mit sich, so dass die Selbstkosten der HGW mit 170 RM ca. 100 RM über dem Marktpreis von Roheisen lagen. Die so entstandenen Verluste wurden vom Reich übernommen.

„NS-Produktionswunder"

„Ausschüsse und Ringe"

Mit Blick auf die Kriegswirtschaft und die staatlichen Interventionen des NS-Regimes wird nicht selten von einem „Produktionswunder" gesprochen, welches vor allem auf die Reorganisation der Kriegswirtschaft unter Speer zurückgeführt wird. Dabei sollten Maßnahmen zur Rationalisierung und Koordination der einzelnen Industriezweige durchgeführt werden. Zu diesem Zweck wurde ein System von „Ausschüssen und Ringen" installiert, welches zugleich die Selbstverantwortung der Rüstungsindustrie stärkte und deren unternehmerische Kompetenz und Erfahrung nutzte, um Auftragsverteilung, Kapazitätsausnutzung und Arbeitskräfteeinsatz zu optimieren. So gab es etwa den „Hauptausschuss Maschinenbau", den HA Feinmechanik, den HA Munition, den HA Kraftfahrzeuge etc. Diesen Hauptausschüssen waren dann wiederum einzelne Sonderausschüsse zugeordnet, im Bereich der Kraftfahrzeugproduktion z.B. der „Sonderausschuss 3-Tonnen-Lastwagen". Neben diesen Ausschüssen gab es noch so genannte „Ringe", in denen die Zulieferer und Ersatzteilproduzenten zusammengeschlossen waren, etwa der „Hauptring Schmieden", den „Hauptring Maschinenteile" etc. Bei aller staatlichen Lenkung und Intervention sahen die Unternehmen in dieser Form der Rüstungsorganisation eine beruhigende Abkehr von der Befehlswirtschaft und eine zunehmende, wenn auch nach wie vor begrenzte Autonomie der Wirtschaft.

Trotz erheblicher Produktionssteigerungen, auch auf der Basis technischer Innovationen (die allerdings marktwirtschaftlich z.T. kaum konkurrenzfähig waren) und organisatorischer Veränderungen, konnte ein wesentliches Ziel der NS-Wirtschaftspolitik, nämlich eine größtmögliche Unabhängigkeit von ausländischen Rohstoffen im Rahmen der Autarkiewirtschaft, nur ansatzweise erreicht werden. Zur Deckung der Versorgungslücken musste die NS-Wirtschaft auf die Ausbeutung der besetzten Gebiete vor allem in Ost- und Südosteuropa sowie in Skandinavien im Rahmen der „Großraumwirtschaft" zurückgreifen. Aus den besetzten Gebieten stammten im Jahr 1943 u. a. 22% der Steinkohleförderung, 14% der Roheisenerzeugung und 40% der Nickelgewinnung. Im Übrigen bedeutete die Rüstungs- und Autarkiewirtschaft eine einseitige Förderung der Produktionsmittelindustrien zuungunsten der Konsumgüterindustrie. Das wiederum sollte in der Nachkriegszeit den Wiederaufbau der Schwerindustrie insbesondere in Westdeutschland erleichtern, erwies sich jedoch langfristig als schwere Hypothek des Strukturwandels der deutschen Industrie.

„Großraumwirtschaft"

4. Technisierung und großtechnische Systeme (1945–2000)

4.1 Wirtschaftliche und technologische Rekonstruktion

Der Zweite Weltkrieg hatte der deutschen Wirtschaft und den Produktionsanlagen erhebliche Zerstörungen zugefügt. In den westlichen Besatzungszonen waren etwa 22%, in der Ostzone 15% der Industrieanlagen zerstört. Anderseits lag das Bruttoanlagevermögen im späteren Vereinigten Wirtschaftsgebiet für das Jahr 1945 trotz dieser Zerstörungen um 20 Prozentpunkte über demjenigen des Jahres 1936, bedingt durch die umfangreichen Investitionen im Rahmen der Autarkie- und Rüstungswirtschaft. Neben den wirtschaftlichen sorgten auch die Humanressourcen in Form hochqualifizierter Arbeitskräfte für vergleichsweise günstige Ausgangsbedingungen zur Rekonstruktion der deutschen Wirtschaft. Als Engpassfaktor erwiesen sich demgegenüber die Zerstörungen im Bereich des Verkehrs- und Energiesektors, die einen rascheren Wirtschaftsaufschwung verzögerten. Wachstumshemmend wirkten in der direkten Nachkriegszeit zudem die alliierten Eingriffe in Form von Produktionsverboten, Demontagen und Reparationen sowie die Beschlagnahme von Produktionsanlagen und Patenten sowie der Abzug führender Wissenschaftler durch die USA („Projekt paperclip") und die Sowjetunion.

Demontagen und Reparationen

In einem ersten Industrieplan legte der Alliierte Kontrollrat neben der Demontage von Industrieanlagen Produktionszahlen fest, nach denen die gesamte deutsche industrielle Tätigkeit 70–75% der Produktion des Jahres 1936 ausmachen sollte. In den folgenden Jahren setzte sich dann bei den westlichen Alliierten unter amerikanischer Führung eine konstruktivere Besatzungspolitik durch. 1947 wurde für die Bizone in einem zweiten Industrieplan das industrielle Produktionsniveau auf 90–95% des Jahres 1936 angehoben. Parallel dazu wurden die Demontagen und die Produktionsverbote gelockert, und mit der Währungsreform und dem European Recovery Program (ERP/Marshall-Plan) kam es schließlich zu einer massiven Unterstützung der wirtschaftlichen Rekonstruktion in den westlichen Besatzungszonen, verbunden mit entsprechenden Maßnahmen zur Einführung einer marktwirtschaftlich ausgerichteten Wirtschaftsordnung. Die USA unterstützten schließlich im Zuge des Marshall-Plans und des US Technical and Productivity Program (USTA&P) Wiederaufbauprojekte mit dem Ziel des Technologie- und Managementtransfers in zahlreichen europäischen Staaten und schließlich auch in der Bundesrepublik Deutschland. Auch das USTA&P hatte das Ziel, in Zusammenarbeit mit den nationalen Produktivitätszentren – in der Bundesrepublik war dies das Rationalisierungskuratorium der Wirtschaft (RKW) – die notwendige Produktions- und Produktivitätsförderung durch finanzielle Unterstützung und Bereitstellung von Know-how in eine liberale und offene Weltwirtschaft einzugliedern.

ERP

Im Mittelpunkt der wirtschaftlichen und technologischen Rekonstruktion in den Westzonen standen zunächst die traditionellen Industriezweige des Bergbaus und der Energiewirtschaft, die wiederum die Basis für wirtschaftliches Wachstum bildeten, sowie die Eisen- und Stahlindustrie, die Chemie- und die Textilindustrie. Die Mobilisierung der industriellen Reserven Westdeutschlands infolge des Korea-Krieges zu Beginn der 1950er Jahre führte schließlich zur Verabschiedung des Investitionshilfegesetzes 1951, was ebenfalls eine massive Ausweitung der Grundstoffindustrien mit sich brachte. 43% der Investitionshilfemittel von etwa 1,2 Mrd. DM flossen in den Energiebereich, 30% in die Eisen- und Stahlindustrie und 23% in den Bergbau, wovon vor allem auch das Ruhrgebiet als „Kraftzentrum für die übrigen Industrien" (D. Petzina) profitierte.

Investitionshilfegesetz

Die technische Umgestaltung des Bergbaus konzentrierte sich in der Nachkriegszeit auf die weitere Mechanisierung, die u. a. durch den Einsatz von kombinierten Gewinnungsmaschinen und Strebladern, die Mechanisierung des Wagenumlaufs sowie den endgültigen Übergang vom Holz- zum Stahlausbau gekennzeichnet war. Mit dem Einsatz des Kohlehobels um 1950 und dem Walzenschrämlader ab 1956 konnten weitere Mechanisierungsschritte beim Lösen und Abtransportieren der Kohle gemacht werden, so dass die 1950er und 1960er Jahre den Übergang von der Teil- zur Vollmechanisierung im Steinkohlenbergbau

Mechanisierung

markieren. Während der deutsche im Unterschied zum europäischen Steinkohlenbergbau hinsichtlich der Produktivität und der Mechanisierung zu Beginn der 1950er Jahre noch deutlich hinterherhinkte und selbst 1957 nur 27% der Anlagen voll mechanisiert waren, stieg diese Zahl bis zum Jahr 1962 auf 56% an. *Steinkohlenbergbau*

Die Steinkohle war bis zu Beginn der 1950er Jahre wichtigster Grundstoff der deutschen Chemieindustrie (Kohlechemie) und zudem wichtigster Energieträger. Seitdem vollzog sich der dramatische Übergang von der Kohle- zur Petrochemie. 1957 wurden noch mehr als drei Viertel aller Chemikalien in Westdeutschland aus Kohle hergestellt, vier Jahre später waren es nur noch 50% und im Jahr 1963 sogar nur noch 37%. Schon im Rahmen des Marshall-Plans hatten Ölimporte eine wichtige Rolle gespielt, die zudem den Interessen der amerikanischen Ölindustrie entgegenkamen. Mit der wachsenden Einfuhr von Rohöl und dem Übergang zur Petrochemie wurden auch die bestehenden Treibstoff-Synthesewerke umgestellt, wobei die früheren Hydrieranlagen noch 1954 40% des in der Bundesrepublik hergestellten Treibstoffs produzierten. Mit dem Mineralölsteuergesetz von 1953 und der Liberalisierung der Schlüsselindustrien wurden im Jahrzehnt zwischen Mitte der 1950er und Mitte der 1960er Jahre der Übergang von der Kohle- auf die Erdölbasis forciert und damit zugleich „die letzten Reste von Protektionismus und Autarkiebestrebungen abgeschafft" (R.G. Stokes). *Übergang zur Petrochemie*

Dies hatte auch Auswirkungen auf die im Zuge der Autarkiewirtschaft ausgebaute Kunststoffindustrie. Kunststofferzeuger wie die Hüls AG in Marl stellten die Rohstoffbasis bei der Produktion von Buna auf Erdöl um und orientierten sich an den neuesten technologischen Standards aus den USA. Dort waren die gemeinsamen Forschungen zwischen der I.G. Farben und Standard Oil aus den späten 1920er und frühen 1930er Jahren zur so genannten Kaltkautschuksynthese weiterentwickelt worden („Cold-Rubber"-Verfahren), welches qualitative Vorteile gegenüber dem im Zweiten Weltkrieg in Deutschland produzierten Buna aufwies. In der Nachkriegszeit orientierten sich die Bunawerke in Hüls nach der Aufhebung der alliierten Produktionsverbote unter der Führung Paul Baumanns sowie in Kooperation mit der deutschen Chemie- und Reifenindustrie am amerikanischen „Cold-Rubber"-Verfahren und knüpften dementsprechend Kontakte zu amerikanischen Unternehmen wie etwa Firestone, von dem das entsprechende Know-how erworben wurde. Über die technischen Leitbilder hinaus bildete die Entwicklung der amerikanischen Konsumgesellschaft und des amerikanischen Marktes, in diesem Fall der Automobilindustrie inklusive der *Kunststoffindustrie*

Reifenhersteller, eine Orientierungsgröße für den Ausbau deutscher Unternehmen. Ähnliches lässt sich auch für die Kunststoff verarbeitende Industrie feststellen, wobei sich deutsche Hersteller von Kunstfasern wie Perlon oder Nylon nicht nur am amerikanischen Absatzmarkt, sondern auch an amerikanischen Produktionsmethoden und Technologien orientierten. Gleichzeitig beschritten deutsche Chemieunternehmen zu Beginn der 1950er Jahre den Weg der technologischen Kooperation mit dem nachgelagerten Sektor der Kunststoffverarbeitung, wenn beispielsweise die Kunstrohstoffabteilung der BASF neben der Kundenberatung und Kundenausbildung auch Maschinen wie die Schneckenspritzgussmaschine zusammen mit den Nürnberger Ankerwerken entwickelten und als erfolgreiche Innovation auf den Markt brachten.

Eisen- und Stahlindustrie

Die Roheisenherstellung zeichnete sich nach dem Zweiten Weltkrieg weniger durch technische Innovationen als durch eine ständige Vergrößerung der Produktionsanlagen und die Ausweitung der Kapazitäten aus. Der leistungsfähigste westdeutsche Hochofen der Thyssen AG in Duisburg produzierte Mitte der 1970er Jahre am Tag in etwa so viel Roheisen, wie im gesamten Deutschen Reich einhundert Jahre zuvor hergestellt wurde. Auf dem Gebiet der Stahlherstellung hatten sich bundesdeutsche Unternehmen im Zuge einer raschen Rekonstruktion nach 1945 zunächst der bekannten Thomas- und Siemens-Martin-Verfahren zur Stahlherstellung bedient. Aber spätestens seit den 1960er Jahren bestand aufgrund der Nachfrage nach höheren Stahlqualitäten und des internationalen Wettbewerbs ein erheblicher Anpassungsdruck, der die westdeutschen Unternehmen zwang, das in Österreich zur Betriebsreife entwickelte Sauerstoffaufblasverfahren (Linz-Donawitz-Verfahren oder auch Oxygenverfahren) einzuführen. Nachdem im Linzer Stahlwerk der Vereinigten Österreichischen Stahlindustrie (VÖEST) der Durchbruch in der Sauerstoffaufblastechnologie (Oxygenverfahren) im Jahr 1949 gelungen war, versuchten die deutschen Produzenten nun, dieses auf die Thomasstahl-Technologie anzuwenden. Als schließlich das Oxygenverfahren im Zuge österreichisch-luxemburgischer Forschungszusammenarbeit auch auf das Thomas-Verfahren übertragbar war, führten dann seit den 1960er Jahren nach und nach auch bundesdeutsche Stahlerzeuger in Lizenz das Oxygenverfahren ein. Höchste Stahlqualitäten wurden seit Beginn der 1960er Jahre zunehmend mit Hilfe des Elektrostahlverfahrens hergestellt. Dies war zwar schon seit der Jahrhundertwende bekannt, erlangte aber erst in der Zeit nach 1960 zunehmende wirtschaftliche Bedeutung, so dass der Marktanteil von 6% auf etwa 20% zwei Jahrzehnte später anstieg. Bei

4. Technisierung und großtechnische Systeme (1945–2000)   57

der Weiterverarbeitung setzte sich das Stranggießverfahren (erstmals 1950 zu Versuchszwecken bei Mannesmann) als technische Innovation weitgehend durch. Im Unterschied zum Vergießen des Stahls in Kokillen und der anschließenden Weiterverarbeitung im Walzwerk zu Blöcken oder Brammen erlaubte das Stranggießverfahren den Stahl direkt in einem Endlosstrang zu vergießen und damit den Zwischenschritt des Walzens von Halbzeug zu überspringen.

Die technische Entwicklung unterschiedlicher Industriezweige der Bundesrepublik zeigt für den Zeitraum nach 1945 eine zunehmende internationale und interindustrielle technologische Kooperation (u. a. im Rahmen der Europäischen Gemeinschaft für Kohle und Stahl bzw. der Europäischen Wirtschaftsgemeinschaft), die mit der internationalen Ausrichtung der westdeutschen Wirtschafts- und Technikentwicklung seit Beginn der 1950er Jahre einherging. Parallel dazu setzten sich Mechanisierungs- und Automatisierungsprozesse in Kontinuität zur Vorkriegszeit unter dem Aspekt der „economies of scale" und der „economies of scope" und stark beeinflusst durch amerikanische Leitbilder fort. Insofern bewegte sich die Entwicklung auf bekannten Technologiepfaden und „das Neue in der Technikgeschichte der 1950er Jahre besteht in typischen Fällen in der breiten und effektiven Anwendung von Innovationen aus dem frühen 20. Jahrhundert" (J. Radkau). EGKS

Die wirtschaftliche und technische Rekonstruktion in der sowjetischen Besatzungszone (SBZ) konnte sich nach 1945 trotz erheblicher Zerstörungen auf ein im Vergleich zum Jahr 1936 um 23 Prozentpunkte höheres Bruttoanlagevermögen stützen, litt jedoch in den Jahren der sowjetischen Besatzung unter massiven Demontagen, die in einzelnen Industriezweigen 75–80% der vorhandenen Kapazitäten (Büro- und Werkzeugmaschinenbau, Eisenerzeugung, Kraftfahrzeugindustrie) ausmachten. Die Reparationsleistungen an die Sowjetunion beliefen sich 1946 auf 48,8% des Bruttosozialproduktes der SBZ, um 1949 auf 19,95 und 1953 auf 12,9% zu fallen, wobei auch diese Werte jedoch eine erhebliche Belastung des Wiederaufbaus der Wirtschaft in der SBZ/DDR bedeuteten. Ungünstige Ausgangsbedingungen ergaben sich darüber hinaus aus der wirtschaftlichen Trennung der Besatzungsgebiete bzw. der Teilung Deutschlands, da dem in Kriegszeiten ausgebauten mitteldeutschen Industriegebiet mit den Schwerpunkten im Maschinen- und Fahrzeugbau, der Feinmechanik/Optik sowie der Elektro- und der chemischen Industrie wichtige Rohstoffe und Vormaterialien des Steinkohlenbergbaus und der Eisen- und Stahlerzeugung fehlten, die in den Folgejahren einen strukturellen Schwachpunkt der DDR-Wirtschaft darstellten. Vor diesem Hintergrund stand auch beim Wiederauf- SBZ/DDR

Demontagen und Reparationen

bau der Wirtschaft in der SBZ/DDR der Auf- und Ausbau der Schwer- und Grundstoffindustrien zunächst im Mittelpunkt. In der Eisen- und Stahlindustrie („Schwarzmetallurgie") musste neben der Roheisenbasis auch die Stahlherstellung ausgebaut werden, um dem Maschinen- und Fahrzeugbau sowie der Elektroindustrie die notwendigen Vormaterialien liefern zu können. Dabei setzte die SBZ/DDR zunächst auf die traditionellen Methoden der Thomas- und Siemens-Martin-Produktion. Die Einführung technischer Innovationen in Form des Oxygenverfahrens verlief in der DDR wesentlich langsamer als in der Bundesrepublik und anderen westeuropäischen Staaten, was vor allem auf das politische System der Planwirtschaft zurückzuführen ist. Aufgrund wirtschaftspolitischer Prioritäten kam es trotz der Notwendigkeit des Ausbaus der „Schwarzmetallurgie„, in den 1950er Jahren zu einer Schwerpunktverlagerung der ökonomischen Kapazitäten und Ressourcen in Richtung Brennstoff- und Energiewirtschaft. So dauerte es bis weit in die 1980er Jahre, bis die DDR mit der Einführung des Oxygenverfahrens mit Hilfe der österreichischen VÖEST internationale Qualitätsstandards erreichte. Gleichwohl entwickelte sich die „Schwarzmetallurgie" der DDR, abgeschirmt vom Weltmarkt, im Rahmen des Wirtschaftssystems des Rates für gegenseitige Wirtschaftshilfe (RGW) und in enger Anbindung zur sowjetischen Eisen- und Stahlindustrie zu einer der führenden Branchen in Osteuropa.

Auch auf dem Gebiet der chemischen und der Kunststoff herstellenden Industrie verliefen die technischen Innovationen in der DDR, trotz struktureller Kontinuitäten zur Zeit vor 1945, deutlicher langsamer als in der Bundesrepublik Deutschland. So konnte die DDR auf dem Gebiet der Kautschuksynthese zwar an die Entwicklung de I.G. Farben im Werk Schkopau anknüpfen, konzentrierte sich aber zunächst auf das traditionelle Verfahren der Warmkautschukherstellung. Die Umstellung auf die Kaltkautschuksynthese erfolgte in Reaktion auf amerikanische Innovationen, ohne dass, wie im Falle bundesdeutscher Unternehmen, auf diese Technologie bzw. auf amerikanisches Knowhow zurückgegriffen werden konnte. Die eigenen Forschungs- und Entwicklungsarbeiten auf diesem Gebiet wurden dann zum einen durch den Weggang führender Wissenschaftler, zum anderen durch die Entscheidung der staatlichen Plankommission zur vordringlichen Förderung der PVC-Produktion auf Kosten der Kautschukherstellung zurückgestellt und kamen bis in die 1960er Jahre nicht über das Versuchsstadium hinaus. Die Umstellung auf die Kaltkautschuksynthese und damit der Anschluss an internationale Qualitätsstandards gelang dann erst Mitte der 1960er Jahre.

4. Technisierung und großtechnische Systeme (1945–2000)

Auch die Energiewirtschaft gehörte neben der Schwerindustrie und der chemischen Industrie zu den wichtigsten Zentren der Industrieplanung in den 1950er Jahren. Ziel war es, auf dem Gebiet der Energieversorgung weitgehende Autarkie zu erreichen und die noch bis in die 1950er Jahre bestehenden Abhängigkeiten vom westdeutschen Kraftwerksbau zu überwinden. Dementsprechend kam es ab Mitte der 1950er Jahre im Rahmen des Kohlen- und Energieprogramms zum Bau von Großkraftwerken auf der Basis der heimischen Braunkohle. Im Braunkohlenbergbau kamen leistungsfähige Abbau- und Fördergeräte zum Einsatz, die vom heimischen Maschinen- und Anlagenbau geliefert wurden. Der Turbinen- und Generatorenbau in der DDR verharrte jedoch in den 1950er Jahren auf dem Niveau der Vorkriegszeit und musste durch Importe aus dem Westen kompensiert werden. Dieser technologische Rückstand ist u. a. auf die Reparationsleistungen an die Sowjetunion, durch die Abwanderung von Wissenschaftlern in den Westen, aber auch durch die Vernachlässigung notwendiger Entwicklungsarbeiten zu erklären, die wiederum auf politische Entscheidungen zurückzuführen sind, die erst in den 1960er Jahren korrigiert wurden.

Energiewirtschaft

Insgesamt gesehen zeichnete sich, bedingt durch das Fehlen eines internationalen Wettbewerbsdrucks und eines Preissystems, welches die Funktion der Informationsvermittlung über Knappheiten erfüllt, das DDR-Wirtschaftssystem durch ein hohes Maß an Wirtschaftsbürokratie, asymmetrischer Informationsverteilung sowie durch Anreizprobleme aus, die als „Systemimmanente Innovationsschwächen" (A. Steiner) bezeichnet werden können. Neben diesen strukturellen, durch das System der Planwirtschaft bedingten Defiziten litt die DDR-Wirtschaft und Technologieentwicklung zudem an hohen Verschleißquoten, an einer hohen Altersstruktur der Produktionsanlagen, an oftmals fehlenden Materialien und Hilfsstoffen sowie Lieferengpässen durch den mangelnden Ausbau der Infrastruktur, die als zusätzliche Hemmnisse einer effektiven wirtschaftlichen und technischen Entwicklung betrachtet werden müssen.

„Systemimmanente Innovationsschwächen"

4.2 Technisierung und „kleine Verbrauchertechnik"

Nachdem die Rekonstruktion in der direkten Nachkriegszeit sowohl in der Bundesrepublik als auch in der DDR zunächst zu einer Konzentration auf die Schwer- und Grundstoffindustrie mit sich brachte, kam es im Zuge der sich entwickelnden Massenkonsumgesellschaft zum Ausbau der Konsumgüterindustrie. Dabei wird deutlich, dass sich Technik und ihre Anwendung über den Bereich der Industrie und des Gewerbes

Massenkonsumgesellschaft

nun in großem Umfang auch auf den Bereich der Privathaushalte, den Alltag und die Freizeitsphäre ausbreitete. Tendenzen der Technisierung lassen sich zwar bereits für die Zeit vor dem Ersten Weltkrieg beobachten, doch kann man dort ebenso wenig wie für die Weimarer Republik oder den Nationalsozialismus bereits von einer entfalteten Konsumgesellschaft sprechen. Erst seit Mitte der 1950er Jahre setzte sich die Nutzung von elektrischen Waschmaschinen, Unterhaltungselektronik und Kraftfahrzeugen massenhaft durch, auch wenn es dabei schichtenspezifisch unterschiedliche Ausprägungen ebenso gab wie unterschiedliche Entwicklungen in beiden deutschen Staaten. Insgesamt gesehen verdeutlicht der Prozess der Technisierung eine bis dahin nicht vorhandene gesellschaftliche Durchdringung und Diffusion von Technik, in die „ökonomische Interessen, politische Machtkonstellationen und kulturelle Wertvorstellungen hineinreichen und gleichzeitig dadurch verändert werden" (W. Rammert). Der Begriff der Technisierung überwindet die traditionelle Vorstellung einer Trennung zwischen Technik und Gesellschaft und macht deutlich, dass es eine enge Verflechtung von Technik, Alltag und konsumgesellschaftlicher Entwicklung gibt, so dass man von einer „Technisierung des Alltags" und zugleich von einer „Veralltäglichung von Technik" sprechen kann, die vor allem in der Durchsetzung der „kleinen Verbrauchertechnik" (B. Joerges) ihren Ausdruck findet.

Der Einsatz von Haushaltsgeräten und Unterhaltungselektronik führte seit den 1950er Jahren zu einer regelrechten „Haushalts-Industrialisierung" und zur Entstehung von „Haushaltsmaschinenparks" (I. Braun). Die Waschmaschine nahm dabei eine zentrale Rolle ein. Elektrische Waschmaschinen waren in der ersten Hälfte der 1950er Jahre nur in jedem zehnten bundesdeutschen Haushalt vorhanden, 1960 bereits in jedem vierten und Ende der 1980er Jahre in 86% der bundesdeutschen Haushalte. Eine technische Innovation stellte die 1951 nach amerikanischem Vorbild von der Firma Constructa auf den Markt gebrachte Trommelwaschmaschine dar, die, von einer Programmscheibe gesteuert, die bislang einzeln auszuführenden Arbeitsschritte vom Vorwaschen über das Kochen bis hin zum Schleudern integrierte und damit auch im Bereich der Hausarbeit zu einer Kontinuisierung, Automatisierung und Rationalisierung der Arbeit beitrug. Der Einzug der Trommelwaschmaschine bzw. des Waschvollautomaten reduzierte das Wäschewaschen jedoch nicht auf einen bloßen Knopfdruck, sondern setzte wiederum Kenntnisse über Textilien, Waschmittel und die Pflege der Waschmaschine voraus. Das Wäschewaschen war somit Teil eines komplexen technischen Systems, welches zudem auch die Produzenten

4. Technisierung und großtechnische Systeme (1945–2000) 61

der Textilien und der Waschmittel umfasste. Führende Waschmittelproduzenten nahmen deshalb in den 1950er Jahren Kontakte zu den Waschmaschinenherstellern auf und berücksichtigten die neuesten technischen Entwicklungen auf dem Gerätemarkt bei ihrer eigenen Produkt- und Absatzpolitik. Gleichzeitig boten sich technische Anschlussmöglichkeiten an das Wäschewaschen in Form elektrischer Bügeleisen und Wäschetrockner, die sich dann ebenfalls nach und nach in den Haushalten durchsetzten und zu einer Ausbreitung von Haushaltstechnik beitrugen, die mit dem Begriff der „Technik-Spiralen" (I. Braun) beschrieben werden kann.

Der Einzug von Kühlschränken in Privathaushalten vollzog sich in noch rascherem Tempo als derjenige von Waschmaschinen. Bereits Anfang der 1960er Jahre verfügte jeder zweite bundesdeutsche Haushalt über einen Kühlschrank. Ende des Jahrzehnts waren es bereits 90% der Haushalte. Die Kühltechnik und die Entwicklung von Kältemaschinen zu industriellen Zwecken hatte in Deutschland nicht zuletzt infolge der Entwicklungen Carl Lindes (1842–1934) eine lange Tradition. Doch auf dem Gebiet der Haushaltsgeräte setze sich General Electric 1925 mit seinem Kompressormodell (das Kühlmittel wird verdampft und fließt durch das Innere des Kühlschranks, wobei Wärmeentzogen wird) sowie ein Jahr später die schwedische Firma Elektrolux mit dem Absorbermodell (das Kühlmittel wird mit einer Ammoniak-Wassermischung erhitzt, der Ammoniak-Dampf kondensiert im Verflüssiger aufgrund steigenden Drucks, wobei das inzwischen wieder flüssige Kältemittel dem Kühlschrank Wärme entzieht) zunächst durch. Der massenhafte Einsatz von Kühlschränken in deutschen Hauhalten erfolgte dann jedoch erst in den 1950er Jahren und zog weitreichende Konsequenzen sowohl für die Nahrungsgewohnheiten als auch für den Einzelhandel nach sich, so dass man auch hier von einem komplexen sozio-technischen bzw. technisch-ökonomischen System sprechen kann. Industrielle Kühltechnik und Haushalts-Kühltechnik in Form von Kühlschränken, die zunehmend auch mit einem Gefrierfach ausgestattet waren, ermöglichten den Konsum von zur Konservierung eingefrorenen Lebensmitteln, die als Tiefkühlware nach dem amerikanischen Vorbild der „frozen foods" seit den 1950er Jahren auch den deutschen Verbraucher erreichten, und die bei der zeitgleich erfolgenden Umstellung des Einzelhandels auf das Selbstbedienungsprinzip – ebenfalls nach amerikanischem Vorbild – in entsprechenden Kühltheken und Gefrierschränken der neuen „supermarkets" angeboten wurden. Da amerikanische Unternehmen bei der Herstellung von Tiefkühlmöbeln für Supermärkte führend waren, orientierten sich auch deutsche Unternehmen wie Linde

Kühlschrank

an amerikanischen Vorbildern und schlossen Lizenzverträge mit amerikanischen Herstellern ab, während die Haushalts-Kühlschränke für den westdeutschen Markt vornehmlich von deutschen Herstellern wie Linde selbst, aber auch von AEG, Bosch oder Küppersbusch in Gelsenkirchen hergestellt wurden.

Unterhaltungselektronik   Westdeutsche Produzenten wie Siemens, AEG, Loewe, Grundig oder Telefunken waren zu dieser Zeit auch in der Unterhaltungselektronik, die ein zunehmend wichtiger Zweig der Konsumgüterindustrie war, auf dem deutschen Markt führend. Hinsichtlich der technischen Entwicklung bildeten Röhren einen zentralen Baustein für Radio- wie auch für Fernsehgeräte. Der 1948 entwickelte Transistor, der seit den 1950er Jahren in den USA als Massenprodukt hergestellt wurde, setzte sich dann auch zunehmend in deutschen Geräten durch. Eine tiefgreifende Innovation stellte dann der Einsatz integrierter Schaltkreise durch die amerikanischen Hersteller Texas Instruments und Fairchild im Jahr 1960 dar, die aus einer Vielzahl elektronischer Komponenten bestehend in einem Chip zusammen gefasst waren. Die Einführung integrierter Schaltkreise bedeutete für die Herstellung elektronischer Konsumgüter neben der Erhöhung der Produktion und der Produktivität auch eine deutliche Qualitätsverbesserung der Produkte.

Radio   Radiogeräte waren zwar bereits seit Mitte der zwanziger Jahre in größeren Stückzahlen hergestellt worden. Mit Hilfe integrierter Schaltkreise, der Verbesserung der Empfangsqualität durch neue Antennentechnik und eine luxuriösere Ausstattung durch moderne Tastaturen und Design sowie separate Lautsprecher für Höhen und Tiefen konnten in den 1950er Jahren neue Märkte erschlossen werden. Ihren Durchbruch feierte auch die bereits in den 1930er Jahren in Deutschland entwickelte Fernsehtechnik. 1952 gelangten die ersten Fernsehgeräte in die bundesdeutschen Haushalte, wobei auch hier die Röhren nach und nach durch integrierte Schaltkreise ersetzt wurden. Eine weitere Innovation stellt gegen Ende der 1960er Jahre die Einführung des Farbfernsehens dar. AEG-Telefunken konnte zunächst wenig erfolgreiche amerikanische Entwicklungsarbeiten zum PAL-Farbfernsehsystem weiterentwickeln, das sich schließlich auch gegenüber dem französischen SECAM-System in den meisten Staaten durchsetzte.

Fernsehen

Geändertes Alltags- und Konsumverhalten   Mit dem Einzug der Unterhaltungselektronik in den Privathaushalten änderte sich auch das Alltags- und Konsumverhalten der Menschen. Die mit dem Radio einsetzende Privatisierung des Medienkonsums setzte sich mit dem Fernsehen („Heimkino") fort und führte zu einem erheblichen Rückgang des öffentlichen Medienkonsums in den Kinos. Die Nutzungsdauer der Fernsehgeräte stieg von einer Stunde und zehn Minuten Mitte der 1960er Jahre auf zwei Stunden und 15 Minuten im Jahr 1990. Die Tages- und Wochenzeiteinteilung sowie die Ausgestaltung der Privatwohnungen richteten sich zunehmend am Fernsehen aus. Das Fernsehen wurde zum „Zeitgeber für den Alltag" (K. Hickethier).

Die Haushalts- und Alltagstechnik sowie die Konsumgüterindustrie insgesamt entwickelten sich zu einem wesentlichen Wirtschaftsfaktor. Insbesondere nach dem Ausklingen des Korea-Booms und der politisch gewollten zwischenzeitlichen Förderung der Grundstoffindustrien wuchs die Elektroindustrie bereits im Jahr 1953 mit 20,3% überproportional stark. Einen zusätzlichen Schub erhielt die Konsumgüterindustrie u.a. durch die von der Bundesregierung verabschiedeten Maßnahmen zur Absatzförderung von Kühlschränken sowie über das Teilzahlungsgeschäft, auf dessen Basis in den 1950er Jahren 75% aller Kühlschränke erworben wurden. Innerhalb weniger Jahre stieg der Absatz von Kühlschränken von 350 000 (1953) auf 620 000 (1955). Ein starkes Wachstum erzielte ab Mitte der 1950er Jahre auch der Radio- und Fernsehgerätemarkt, wobei deren Anteil an der elektrotechnischen Produktion zwischen 1955 und 1960 von 10 auf 15% zunahm. Die wachsende Nachfrage der Konsumenten zog eine entsprechende Erweiterung der Fertigungskapazitäten sowie einen zunehmenden, auch internationalen, Wettbewerb auf Seiten der Produzenten nach sich, auf den diese wiederum mit einer verstärkten Kooperation und schließlich auch mit Fusionen reagierten. Siemens und Bosch arbeiteten dabei ab Mitte der 1960er Jahre ebenso zusammen wie AEG und BBC. AEG beteiligte sich an der Küppersbusch & Söhne AG und erwarb Anteile an der Linde AG, während Bosch kleinere Konsumgüterproduzenten aufkaufte. Insgesamt zeigten sich bereits in den 1960er Jahren dann erste Abschwächungen auf dem Konsumgütermarkt. Produktionswachstum und Nachfrage lagen Ende des Jahrzehnts bereits deutlich unter dem Niveau der 1950er Jahre.

Deutlich langsamer und mit einiger Verzögerung entwickelte sich die Konsumgüterindustrie in der DDR. Dies hing wiederum zum einen mit politischen Vorgaben und staatlicher Planung zusammen, zum anderen entwickelte sich die Konsumgüterindustrie wie die gesamte Konsumgesellschaft der DDR in Reaktion auf die Entwicklungen im Westen, insbesondere in der Bundesrepublik Deutschland, so dass diese eine Art „Referenzgesellschaft der DDR" (A. Steiner) war. Die Attraktivität der Bundesrepublik wirkte sich nicht nur in der Form der Abwanderung aus der DDR aus, sondern auch hinsichtlich der technischen Entwicklung im Konsumgüterbereich. Die DDR-Planwirtschaft rea-

DDR-Konsumgesellschaft

gierte darauf situativ, indem etwa nach dem 17. Juni 1953 die zunächst bevorzugt ausgebaute Grundstoff- und Schwermaschinenindustrie zugunsten der Konsumgüterindustrie zurückgefahren wurde. In dem nur drei Jahre später verabschiedeten Fünfjahresplan wurde die Gewichtung der Konsumgüterindustrie mit 40% gegenüber der nun wieder vorrangig geförderten Produktionsmittelindustrie zurückgenommen, um in den 1960er Jahren wieder an Bedeutung zuzulegen.

Zwar setzten sich in DDR-Haushalten auch zunehmend elektrische Haushaltsgeräte und Unterhaltungselektronik durch, doch waren diese Produkte hinsichtlich der Qualität und der Preisgestaltung kaum mit den westlichen Geräten zu vergleichen. Moderne und auf westlichem Niveau der Technologie befindliche Waschmaschinen und Kühlschränke waren noch Mitte der 1950er Jahre in der DDR kaum zu kaufen, und während sich zu dieser Zeit in der Bundesrepublik allmählich der Waschvollautomat durchsetzte, warb der DDR-Handel noch für einen Waschtopf mit Handkurbel, der gleichwohl in der Statistik als „Waschmaschine" geführt wurde. Nicht selten mussten DDR-Haushalte beim Erwerb einer Waschmaschine oder eines Kühlschranks mehrere Wochen auf die Zustellung des Gerätes warten, und wenn Ersatzteile fehlten, dauerte die Lieferung noch länger. Qualität und Bedienungskomfort waren gegenüber den westlichen Produkten ebenfalls kaum vergleichbar. Hinzu kam, dass der Preis für Kühlschränke und Waschmaschinen diese zu einem Luxusobjekt machte. Vergleichbar zur westlichen Entwicklung erleichterte das Teilzahlungsgeschäft jedoch auch in der DDR den Erwerb teurer Haushaltsgeräte.

Haushaltsgeräte als Luxusobjekt

Im Bereich der Unterhaltungselektronik zählte das Radio auch in der DDR frühzeitig zum Alltagsgegenstand. Während noch 1950 nur jeder zweite Haushalt über ein Radiogerät verfügte, waren es zehn Jahre später bereits 90%. Doch während sich in der Bundesrepublik in den 1950er Jahren die Transistortechnik bei Rundfunkgeräten durchsetzte, machten zum Ende des Jahrzehnts die Röhrengeräte noch 80% des Bestandes in der DDR aus. Gleichwohl erhöhte sich in den 1960er Jahren auch in der DDR die Anzahl und Verbreitung elektrischer Haushaltsgeräte sehr schnell. Bei Kühlschränken und Waschmaschinen stieg die Ausstattung der Haushalte von etwa 6% im Jahr 1960 auf weit über 50% im Jahr 1970, bei Fernsehgeräten von 18,5% auf 74,6% im gleichen Zeitraum. Zwar lässt sich also auch für die DDR-Konsumgüterindustrie und die Versorgung der Haushalte mit Elektrogeräten eine Entwicklung vom Luxusgegenstand zum alltäglichen Gebrauchsgut feststellen, doch vollzog sich diese Entwicklung deutlich langsamer als im Westen bei gleichzeitig schlechteren Preis-Leistungs-Relationen.

Das Ziel der DDR-Wirtschaft, die Bundesrepublik im Konsumgüterbereich und schließlich auch hinsichtlich des Lebensstandards zu überflügeln, wurde nicht erreicht. Bei den meisten Produkten blieb das Angebot hinter der Nachfrage deutlich zurück, so dass die DDR-Wirtschaft zugleich Merkmale einer Konsum- wie auch Mangelwirtschaft aufwies.

4.3 Großtechnische Systeme

Bei großtechnischen Systemen handelt es sich um komplexe und expansive Technologien, die über das technische Artefakt im engeren Sinne hinausreichen und durch Interaktion ökonomischer, politischer und technisch-wissenschaftlicher Systeme gekennzeichnet sind (P. Weingart). Hinsichtlich des systemischen Charakters weisen sie Ähnlichkeiten mit der „kleinen Verbrauchertechnik" auf. Die Existenz großtechnischer Systeme ist nicht auf die Zeit nach 1945 konzentriert, wie etwa die Entwicklung des Eisenbahnsystems, der Schwer- und Grundstoffindustrie oder der Städtetechnik im 19. Jahrhundert zeigen, doch breiteten sie sich nach dem Zweiten Weltkrieg weiter aus, erfassten u. a. auch große Teile der Konsumgüterindustrie und waren Teil der Konsumgesellschaft insgesamt. Insofern sind die Technisierung des Alltags und die Entwicklung großtechnischer Systeme eng miteinander verknüpft. Das System Automobil etwa umfasst neben dem engeren Bereich der Automobiltechnik und der Produktion auch die Zulieferindustrie von der Stahl- über die Kunststoff- bis hin zur Elektroindustrie, die automobile Infrastruktur, vom Straßenbau über die Treibstoffherstellung und -verteilung bis hin zum Tankstellennetz, Service- und Reparatureinrichtungen, die Verkehrs- und Umweltpolitik sowie die Verkehrsteilnehmer. Dieses komplexe System entwickelte sich im Zuge der Massenmotorisierung und der Konsumgesellschaft seit den 1950er Jahren zu einem wesentlichen Faktor der wirtschaftlichen und gesellschaftlichen Entwicklung in der Bundesrepublik und in der DDR. Die Automobilindustrie ist seitdem einer der wichtigsten Industriezweige in Deutschland. Wurden in der Bundesrepublik 1950 etwa 214 000 Automobile hergestellt, so waren es 20 Jahre später etwa 3,4 Millionen. Die Bundesrepublik entwickelte sich damit nach den USA zum zweitgrößten Automobilhersteller weltweit. Gemessen am Umsatz zählten im Jahr 2002 von den fünf größten deutschen Unternehmen mit DaimlerChrysler, Volkswagen und BMW drei zur Automobilbranche. Mit 365 000 bzw. 325 000 Mitarbeitern (2002) lagen DaimlerChrysler und Volkswagen zudem mit an der Spitze der Beschäftigtenzahlen.

System Automobil

Der Übergang zur Massenproduktion in der Automobilproduktion vollzog sich trotz der bereits vor dem Zweiten Weltkrieg praktizierten Serien- und Fließfertigung erst in den 1950er Jahren. Bis dahin erfolgte noch ein großer Teil der Produktion in Einzelfertigung. Mit Hilfe amerikanischer Technologie und dem Einsatz von Spezialmaschinen setzte dann innerhalb weniger Jahre die Automatisierung der Produktion sowie, ebenfalls in Anlehnung an amerikanische Leitbilder, in den 1970er Jahren der Einsatz von Industrierobotern ein. Diese „Amerikanisierungstendenzen" lassen sich zeitgleich auch bei den Automobilzulieferern, den Kunststoffherstellern (Hüls/Kaltkautschuksysnthese), den Kunststoffverarbeitern (Vereinigte Glanzstoff Fabriken AG/Reifencord aus Nylon) sowie den Reifenherstellern (Continental AG/Diagonal-Reifen-Technologie) beobachten, deren Produktion sowohl untereinander als auch mit Blick auf die Automobilhersteller einer engeren Koordination bedurfte. Der führende Hersteller von Haushaltstechnik, die Robert Bosch AG, entwickelte sich durch die Herstellung von Zündungen, Batterien sowie Einspritztechnik auf dem Gebiet der Automobilelektronik zu einem der weltweit größten Automobilzulieferer.

Amerikanische Leitbilder

Die Durchsetzung des Automobils als Massenkonsumgut wurde seit den 1950er Jahren verkehrspolitisch durch die Senkung der Kraftfahrzeugsteuern (1955), die Erleichterung von Mineralöleinfuhren sowie den massiven Ausbau des Straßen- und Autobahnnetzes mit Unterstützung von Verbänden und Automobilclubs wie dem ADAC befördert. Die zunehmende Konkurrenz auf dem Automobilmarkt und die wachsende Kaufkraft der deutschen Konsumenten brachte einen Umschlag von Verkäufer- zu Käufermärkten, so dass der „technology push" auf der Angebotsseite von einem „market pull" auf der Nachfrageseite ergänzt wurde, was sich nicht nur auf die Quantität der Automobilproduktion auswirkte, sondern auch auf die Vielfalt der Modelle, das Design und die Ausstattung der Kraftfahrzeuge. Das Automobil entwickelte sich nicht allein vom „Luxusgut zum Gebrauchsgegenstand" (H. Edelmann), gleichzeitig wurde der Gebrauchsgegenstand Automobil auch immer luxuriöser. Bequeme Polstermöbel, Heizungen, Autoradios, beheizbare Heckscheiben und verstellbare Außenspiegel gehörten seit den 1960er Jahren zunehmend zur Serienausstattung nicht nur von Fahrzeugen der Luxusklasse. Parallel dazu tauchten infolge wachsender Unfallzahlen und zunehmender Umweltbelastung durch den Schadstoffausstoß der Automobile kritische Fragen hinsichtlich der Sicherheitsstandards und des Umweltschutzes auf. Auch diese kamen, nicht zuletzt in der Person Ralph Naders und seiner Publikationen („Unsafe

Umweltbelastung

Sicherheitsproblematik

at any speed. The Designed-In Dangers of the American Automobile", New York 1966), zunächst aus den USA.

Zwischen 1950 und 1956 starben auf bundesdeutschen Straßen 71 000 Menschen, im „Rekordjahr" 1970 allein knapp 20 000. Zudem zählte das Automobil zu den größten Energieverbrauchern und Umweltverschmutzern. Eine zunehmend öffentlich geführte Diskussion und der Ölpreisschock zu Beginn der 1970er Jahre sowie staatliche Interventionen in Form gesetzlicher Vorgaben (u. a. Gurtpflicht, Abgasnormen) – zunehmend auch auf europäischer Ebene – zwangen die Produzenten zu entsprechenden Reaktionen wie der stärkeren Berücksichtigung von Sicherheitstechnik oder dem Einbau von Katalysatoren in den 1980er Jahren.

Von einem großtechnischen „System Automobil" lässt sich auch mit Blick auf die DDR sprechen, auch wenn die Konstellationen der Teilsysteme, die beteiligten Institutionen und Akteure sich deutlich von der westdeutschen Entwicklung unterschieden. Ausgehend von der zunächst geringen Bedeutung der Konsumgüterindustrie auf der Basis der Planwirtschaft der DDR und der entsprechenden Vorgaben für den Kraftfahrzeugbau nach politisch definierten Dringlichkeiten kam der individuellen Motorisierung bis in die 1960er Jahre hinein nur geringe Bedeutung zu. Während auf das Gebiet der DDR vor 1945 ca. 25% der deutschen Automobilherstellung entfielen, waren es 1975 nur noch 6%, was allerdings auch auf die umfangreichen Demontagen der Sowjetunion nach Kriegsende zurückzuführen ist. Die DDR-Kraftfahrzeugproduktion konzentrierte sich schließlich auf die Standorte der VEB Automobilfabrik Eisenach („Wartburg") sowie der VEB Sachsenring Zwickau („Trabant"), dessen Karosseriebau und technische Ausstattung sich seit Beginn der 1960er Jahre kaum veränderten. Diese technische Stagnation und die mangelnde Innovationsfähigkeit waren Ausdruck der planwirtschaftlichen Vorgaben, fehlender Konkurrenz und nicht vorhandener ökonomischer Anreize, die die Spezifik des großtechnischen „Systems Automobil" in der DDR ausmachten. Dies setzte sich im Bereich der Zulieferer etwa in Form von zeitweiligem Stahlmangel, Engpässen bei Ersatzteilen, unzureichenden Service- und Infrastruktureinrichtungen, hohen Kraftstoffpreisen und geringen Produktqualitäten weiter fort. Fragen der Automobilsicherheit und des Umweltschutzes spielten keine Rolle und fanden in der Automobiltechnik kaum Berücksichtigung. Gleichwohl stieg die Nachfrage nach Automobilen in der DDR kontinuierlich an und übertraf regelmäßig das Angebot. Innerhalb des RGW erreichte die DDR den höchsten Motorisierungsgrad. Aufgrund des geringen Angebots kam es jedoch in den

Marginalia: DDR-Fahrzeugbau; Technische Stagnation

1980er Jahren zu 10–15-jährigen Lieferzeiten. Damit blieb das Automobil in der Konsumgesellschaft der DDR nach wie vor ein Luxusgut.

Energiewirtschaft — Im Bereich der Energiewirtschaft haben großtechnische Systeme eine lange Tradition. Diese stützten sich seit Ende des 19. Jahrhunderts vornehmlich auf die Verbundwirtschaft aus Stein- und Braunkohle, Gas und Elektrizität und wurden nach dem Zweiten Weltkrieg um die Energieträger Mineralöl und Atomkraft ergänzt. Bei einigen großen Energieunternehmen wie den RWE führten Pfadabhängigkeiten infolge umfangreicher Braunkohlebeteiligungen und dem Ausbau von Wasserkraftwerken im west- und südwestdeutschen Raum dazu, dem Wandel hin zu neuen Energieträgern zurückhaltend und zögernd zu begegnen.

Bis zur Souveränität der Bundesrepublik im Jahr 1955 war ein westdeutsches Engagement auf dem Gebiet der Atomkraft aufgrund alliierter Verbote ausgeschlossen. Die Initiative in Richtung Atomenergienutzung wurde dann zunächst von politischer Seite ergriffen, da die Bundesregierung in Anlehnung an amerikanische Leitbilder die Großforschung fördern wollte. Staatliche Förderung sowie die Beteiligung der Industrie führte dann 1956 zur Gründung des Kernforschungszentrums Karlsruhe. Ebenfalls in Anlehnung an amerikanische Technologie setzten sich dann mit der Inbetriebnahme der ersten deutschen Forschungsreaktoren ab 1957 Leichtwasser-Reaktoren (als Druck- oder Siedewasser-Reaktoren; „leichtes" Wasser dient als Moderator und Kühlmittel) amerikanischer Bauart in der Bundesrepublik durch. Druckwasser-Reaktoren verfügen über zwei Wasserkreisläufe, wobei zunächst die bei der Kernspaltung freigesetzte Wärme im Primärkreislauf an das Kühlmittel übertragen und in einem Sekundärkreislauf Kreislauf mit Kühlschleifen umgewälzt wird, die mit einem Dampferzeuger in Verbindung stehen. Das verdampfte Wasser wird anschließend einer Turbine zur Stromerzeugung zugeführt. Beim Siedewasser-Reaktor gibt es nur einen Kreislauf, wobei der radioaktive Dampf direkt eine Turbine antreibt. Die Nachfrage nach immer größeren und leistungsfähigeren Turbinen bzw. Turbogeneratoren stellte hohe Anforderungen an die Werkstofftechnik und veranlasste Hersteller wie Siemens, intensivere physikalische und chemische Grundlagenforschung zu betreiben und eng mit anderen Zulieferern der Elektro- und Stahlindustrie zusammenzuarbeiten. Eine enge Kooperation ergab sich, bedingt durch den amerikanischen technischen Vorsprung im Bereich der Atomtechnologie auch zwischen amerikanischen und deutschen Unternehmen wie etwa AEG und General Electric sowie Siemens und Westinghouse. General Electric lieferte schließlich im Jahr 1959 einen Siedewasser-Reaktor für das erste kommerziell betriebene Atomkraftwerk in der Bundesrepublik in

4. Technisierung und großtechnische Systeme (1945–2000)

Gundremmingen, welches im Jahr 1961 unter Verwendung von ERP-Mitteln fertiggestellt wurde.

Nach anfänglicher Zurückhaltung und vor dem Hintergrund massiver staatlicher Förderung engagierten sich die RWE und andere Stromanbieter auf dem Gebiet der Atomkraft. In den späten 1950er und frühen 1960er Jahren lässt sich in Politik und Wirtschaft eine regelrechte „Atomeuphorie" und ein stark zukunftsorientierter Glauben an den Anbruch an das „Atomzeitalters" beobachten, der nicht allein die Unternehmen der Energiewirtschaft betraf. Im Auftrag der RWE errichtete die gemeinsam von AEG und Siemens gegründete Kraftwerk Union AG (KWU) Mitte der 1970er Jahre mit dem Bau von „Biblis A" und „Biblis B" das größte Atomkraftwerk außerhalb der USA.

„Atomeuphorie"

Etwa zeitgleich geriet jedoch die Nutzung der Atomkraft immer stärker in die öffentliche Kritik. Durch den Einsatz der Atombombe im Zweiten Weltkrieg war das Thema zunächst negativ belastet, jedoch gewann die Atomenergie in den 1950er Jahren unter der Parole der „friedlichen Nutzung der Atomenergie" eine breitere Akzeptanz, bevor die Kritik in den 1970er Jahren sich sowohl gegen die Krebs erregende Wirkung insbesondere der Wiederaufbereitung von Plutonium als auch gegen die militärische Nutzung der Atomkraft richtete und als Teil der sich neu formierenden Ökologiebewegung auch politisch rasch an Bedeutung zunahm. Zusätzliche Nahrung erhielt diese Kritik durch Unfälle in Atomkraftwerken in den USA, Frankreich und Großbritannien, vor allem jedoch durch die Katastrophe in Tschernobyl im Jahr 1986, die Tausende von Opfern forderte, die Atomkraftbefürworter für mehrere Jahre in die Defensive drängte und die Diskussion um die Reaktorsicherheit sowie um die Nutzung „alternativer Energiequellen" (Solar-, Wasser-, Windenergie) vorantrieb. Gleichzeitig wurden die Atomkraftkapazitäten weltweit weiter ausgebaut. In der Bundesrepublik stagnierte die Energiegewinnung aus Atomkraft und pendelte sich anteilig bei etwa einem Drittel des gesamten Stromerzeugung ein.

Ökologiebewegung

In der DDR war dieser Anteil deutlich geringer. Auch dort begann der Einstieg in die Atomwirtschaft Mitte der 1950er Jahre. Zentrum der Forschung und Entwicklung war das Zentralinstitut für Kernforschung in Rossendorf bei Dresden. Dort wurden mit sowjetischer Unterstützung 1957 und 1962 Forschungsreaktoren in Betrieb genommen. Das erste Atomkraftwerk wurde in den Jahren 1957 bis 1966 in Rheinsberg errichtet und erzielte eine Leistung von 70 MW. Es war zugleich Ausbildungs- und Forschungseinrichtung. Das erste rein industriell genutzte Atomkraftwerk in der DDR war die Anlage in Lubmin bei Greifswald, die 1973 ihren Betrieb aufnahm. Die technischen Anlagen

DDR-Atomwirtschaft

des Druckwasser-Reaktors stammten ebenso aus der Sowjetunion wie der Uranbrennstoff. Seit Mitte der 1970er Jahre stieg der Anteil der Atomenergie an der Stromversorgung von 3,2% (1975) auf 11,7% (1983) und lag damit deutlich unter den Vergleichszahlen der Bundesrepublik, was nicht zuletzt auf die Verschiebung der Prioritäten zugunsten der Braunkohle zurückzuführen ist, die zu einem verzögerten Ausbau der Atomkraft in der DDR beitrug. Eine der Bundesrepublik vergleichbare öffentliche Diskussion um die Gefahren der Atomkraft fand in der DDR nicht statt.

Nicht nur die Atomenergie, sondern die gesamte Stromerzeugung der DDR blieb deutlich hinter der bundesrepublikanischen Entwicklung zurück. So zeichnete sich auch beim Kraftmaschinen- und Kraftwerksanlagenbau ein technologischer Rückstand der DDR ab. Während in den 1950er Jahren bundesdeutsche Unternehmen wie die AEG und Siemens zum Großturbinenbau übergingen, erreichte die Leistung der in der DDR gebauten Turbinen gerade einmal den Stand der Vorkriegszeit. Auch hier sorgten mangelndes Know-how, ein veralteter Maschinenpark, Lieferengpässe, die Vernachlässigung der Forschung und Entwicklung sowie fehlender Wettbewerbsdruck und politische Interventionen dafür, dass das großtechnische System der Elektroenergie nur unzureichend, ineffektiv und unwirtschaftlich funktionierte.

„Energiemix" Im wiedervereinigten Deutschland spielte die Atomkraft im Rahmen eines „Energiemix" neben anderen Energieträgern wie Braun- und Steinkohle, Gas und Erdöl weiterhin eine wichtige, wenn auch keine dominierende Rolle. Mit dem Übergang zu einer von SPD und den Grünen geführten Bundesregierung im Jahr 1998 wurde der langfristige Ausstieg aus der Atomenergie beschlossen, der den bestehenden Anlagen festgelegte Restlaufzeiten zusichert. Dieser mit der Wirtschaft

„Atomkonsens" ausgehandelte „Atomkonsens" stößt seit Beginn des neuen Jahrtausends in der Wirtschaft zunehmend auf Kritik (ebenso wie die staatliche Subventionierung alternativer Energiequellen wie der Windenergie), so dass die weitere Entwicklung der Atomenergie in Deutschland ungewiss bleibt.

Zu dramatischen Veränderungen in Wirtschaft und Gesellschaft haben seit den 1950er Jahren auch Innovationen im Bereich der Infor-

Mikroelektronik mationstechnologien und der Mikroelektronik beigetragen. Dies betrifft in erster Linie die Computerindustrie, deren Wurzeln einerseits auf das Hollerith-Verfahren zurückzuführen sind, andererseits in Deutschland auch mit dem Namen Konrad Zuse in Verbindung gebracht werden. Zuse hatte während des Zweiten Weltkriegs für die Henschel-Flugzeugwerke Rechenmaschinen zu aerodynamischen

Zwecken eingesetzt. Die frühe Computertechnik ist dementsprechend eng mit der militärischen Anwendung verknüpft. Der in den letzten Kriegsjahren entwickelte Rechner Z4 kam in der ersten Hälfte der 1950er Jahre schließlich auch zur Berechnung ziviler physikalischer und ingenieurwissenschaftlicher Fragen zum Einsatz. Zuse gründete mit der Zuse KG ein eigenes Unternehmen, welches sich jedoch langfristig nicht am Markt behaupten konnte und im Jahr 1967 von Siemens übernommen wurde. Siemens wiederum wie auch andere deutsche Produzenten, die auf dem Gebiet der Elektro- und Nachrichtentechnik engagiert waren, orientierte sich seit Mitte der 1950er Jahre an führenden amerikanischen Herstellern wie IBM, das mit einem Marktanteil von mehr als 50% in den 1960er Jahren den Markt in der Bundesrepublik beherrschte. IBM hatte Mitte der 1950er Jahre mit dem Typ IBM 650 die ersten mit Magnetbandspeichern gekoppelte Elektronenrechner auf den Markt gebracht, die von zahlreichen deutschen Großunternehmen aus Kostengründen zunächst nicht gekauft, sondern gemietet wurden. [Computer]

Die Entscheidung für die amerikanische IBM oder Remington-Rand-Technologie resultierte nicht allein aus deren technischer Überlegenheit, sondern auch aufgrund langjähriger, z.T. bis in die 1920er Jahre zurückreichender, traditioneller Geschäftsbeziehungen zu amerikanischen Elektro- und Büromaschinenherstellern. Die Einsatzmöglichkeiten umfassten zunächst die Bereiche Lohn- und Gehaltsrechnung, die Kostenrechnung, die Buchhaltung und den Versand sowie die Lagerhaltung und drangen zunehmend in den Bereich der Produktion vor. Auf dem Gebiet der NC-Technik (NC = Numerical Control) und insbesondere der CNC-Technik (CNC = Computerized Numerical Control) sowie seit den 1960er Jahren im Rahmen der CAD/CAM-Techniken (CAD = Computer Aided Design; CAM = Computer Aided Manufacturing) ergaben sich im Werkzeugmaschinenbau seit den 1970er/80er Jahren neue Möglichkeiten der Steuerung von Werkzeugmaschinen, die über unterschiedliche Systemprogramme flexibel an entsprechende Anwendungsfelder und Bearbeitungsverfahren angepasst werden können (z.B. computertechnologische Grundlagen zur Modellierung und Strukturierung von Produktionsprozessen in unterschiedlichen Branchen). Die Speicherung der Arbeitsprogramme und die Verarbeitung umfangreicher Datenbestände eröffnete damit Möglichkeiten, die weit über diejenigen von externen Datenspeichern wie Lochstreifen oder Magnetbändern hinausreichten und ein hohes Maß an Flexibilität, Zuverlässigkeit, Leistungssteigerung sowie Kostensenkungen ermöglichten. Der Einsatz und die Gestaltung von Computertechnologie, NC- und CNC-Maschinen hängt wiederum von national [NC-CNC-CAD/CAM] sehr unterschiedlichen technischen und nichttechnischen Bedingungen, ökonomischen, politischen, organisatorischen und institutionellen Faktoren ab, so dass man hier von „nationalen Technikstilen" (J. Radkau) bzw. „nationalspezifischen Entwicklungspfaden" (H. Hirsch-Kreiensen) sprechen kann. Während etwa die Entwicklerkonstellation in den USA sehr stark von einem Verbund aus Großunternehmen, Großforschung und Militär gekennzeichnet war, dominierte in der Bundesrepublik die Kooperation zwischen elektrotechnischer Industrie, Werkzeugmaschinenbau und ingenieurwissenschaftlichen Institutionen sowie Universitäten.

Die Entwicklung in der DDR nahm – einmal mehr – einen völlig anderen Verlauf als in der Bundesrepublik. Dies betrifft die für ein planwirtschaftliches System bereits in anderen Zusammenhängen erwähnten Merkmale und Unzulänglichkeiten, insbesondere die mit dem Primat der Politik verbundenen systemimmanenten Innovationsschwächen, den Kapitalmangel wie auch die unzureichende internationale Zusammenarbeit. Zur Erforschung und Entwicklung von Halbleitertechnik wurde Ende der 1950er Jahre das Institut für Halbleitertechnik in Teltow ins Leben gerufen, und im Jahr 1961 nahm der VEB Halbleiterwerk in Frankfurt/Oder seinen Betrieb auf. Ein Beschluss des Ministerrates 1963 über das „Programm zur Entwicklung der elektrotechnischen Bauelemente und Geräte" (1963) sowie die Entscheidung der SED Mitte der 1970er Jahre zur Konzentration von Investitionsschwerpunkten im Bereich der Mikroelektronik forcierte deren Ausbau u. a. beim bedeutendsten Hersteller von Mikroprozessoren und Rechnern, dem VEB Kombinat Robotron in Dresden. Zusammen mit dem VEB Zentrum für Forschung und Technik Mikroelektronik Dresden mit 7000 Beschäftigten und den Aktivitäten der Dresdner Ingenieurhochschule entwickelte sich Dresden zum Zentrum für Mikroelektronik in der DDR. Trotz der Übernahme amerikanischen und japanischen Know-hows in den 1970er und 1980er Jahren und trotz zwischenzeitlicher Erfolge bei der Herstellung eines 64-kDRAM-Speicherschaltkreises gelang der DDR-Industrie allerdings weder die Bedarfsdeckung der eigenen Anwender noch der Anschluss an westliche Standards der Computertechnologie.

Die kaum zu überschätzende wirtschaftliche und gesellschaftliche Bedeutung des Computers als Informationstechnologie kommt in Deutschland insbesondere seit den 1980er und 1990er Jahren neben der kommerziellen vor allem auch durch die private Nutzung von Personal-Computern und des Internet (World Wide Web) zum Ausdruck. Während 1985 etwa 13% der bundesdeutschen Privathaushalte über einen

4. Technisierung und großtechnische Systeme (1945–2000)

PC verfügten, waren es 1990 bereits 32%, und allein zwischen 2001 und 2003 stieg diese Zahl von 53,4% auf 61%. Im Jahr 2004 wurde das Internet von mehr als 50% der gesamten deutschen Bevölkerung genutzt. Die Einführung der neuen Informationstechnologien ist mit den dramatischen Veränderungen bei der Einführung des Telefons und des Fernsehen vergleichbar. Das betrifft insbesondere die internationale Dimension im Zuge der Globalisierung, die wiederum eng mit diesen Basisinnovationen in Verbindung steht.

Wie am Beispiel der Mikroelektronik, der Computerherstellung sowie an Beispielen anderer Industriezweige gezeigt, war die Unfähigkeit des planwirtschaftlichen Systems, technisch-innovatorischen Wandel systemimmanent hervorzubringen, eine „entscheidende Ursache für die wirtschaftliche Schwäche der DDR in ihrem letzten Jahrzehnt" (A. Steiner). Ebenso hat die Unfähigkeit, den Konsumwünschen der Bevölkerung zu entsprechen, zum Niedergang der DDR beigetragen. Nach der Wiedervereinigung wurden dann im Zuge der Privatisierung und Sanierung durch die Treuhandanstalt bzw. durch die Übernahme von DDR-Betrieben durch westdeutsche und europäische Unternehmen – begleitet von Finanztransfers in Milliardenhöhe – die technisch veralteten und unproduktiven Produktionsanlagen stillgelegt, was mit einem erheblichen Abbau von Arbeitsplätzen verbunden war. Die deutsche Wirtschaft ist seither mit einem doppelten Strukturwandel in West- und Ostdeutschland konfrontiert. Die Arbeitslosenquote ist in Ostdeutschland doppelt so hoch wie im Westen. Im Jahr 2004 wurde in der Bundesrepublik erstmals die Marke von 5 Mio. Arbeitslosen überschritten.

<small>Innovationsschwäche der DDR</small>

Im Rahmen des Strukturwandels bestimmen seit Ende des 20. Jahrhunderts neben den bislang dominierenden traditionellen Industriezweigen der Schwerindustrie, der chemischen Industrie, des Maschinenbaus, der Automobil- und Elektroindustrie zunehmend „neue Technologien", zu denen neben der Mikroelektronik auch die Bio- und Gentechnologie zählen, die wirtschaftliche und technische Entwicklung und Diskussion in Deutschland. Frühe Pioniere waren die in der Chemie und Mikrobiologie gemachten Anstrengungen im 19. Jahrhundert bei der Bekämpfung pathogener Mikroorganismen zu Gunsten der Lebensmittelindustrie und des medizinischen Fortschritts. Spätestens mit der 1973 erstmals gelungenen Übertragung fremder Gene in einen Wirtsorganismus eröffneten sich dann ganz neue Dimensionen und Chancen auf den Gebieten des Tier- und Pflanzenschutzes, der Pharma- und Pflanzenschutzherstellung, der medizinischen Entwicklung, der Nahrungsmittelproduktion, des Umweltschutzes sowie schließlich auch der Embryonen- und Stammzellenforschung.

<small>Strukturwandel</small>

<small>„Neue Technologien"</small>

<small>Bio- und Gentechnologie</small>

Neben den Chancen, die diese „neuen Technologien" bieten, werden auf breiter politischer und gesellschaftlicher Ebene auch die Risiken der Bio- und Gentechnologie diskutiert, ein Phänomen, welches die neue Qualität dieser Technologien sowie großtechnischer Systeme wie die Atomkraft oder die verkehrstechnischen Systeme seit der zweiten Hälfte des 20. Jahrhunderts auszeichnet und als Ausdruck einer „reflexiven Moderne" (U. Beck, W. Bonß) verstanden wird. Im Falle der Bio- und Gentechnologie zeigt sich dies vor allem an der Auseinandersetzung mit den Chancen und Risiken sowie den nichtintendierten Folgen der neuen Technologien wie dem möglichen Auftreten von Viren und anderen Krankheitserregern bei gentechnisch verändertem Pflanzenbau, bislang unbekannten Einflüsse auf den menschlichen Organismus, an moralischen und ethischen Fragen der Menschenwürde etc. Neben den Produzenten, den Konsumenten und dem Staat sind an diesen Entwicklungen sowie an den sie begleitenden Diskussionen fast alle gesellschaftlichen Gruppen, Parteien, Verbände, Kirchen sowie zahlreiche Institutionen wie etwa das Robert-Koch-Institut, das Biologische Bundesamt für Land- und Forstwirtschaft, das Umweltbundesamt, eingebunden, wobei der gesellschaftliche Technikdiskurs nicht nur auf nationaler Ebene zu entsprechenden Regeln und Regulierungen (Gentechnikgesetz 1993) und Reaktionen des Verbraucherschutzes führt, sondern im Zuge der EU auch auf europäischer Ebene Richtlinien (Novel-Food-Verordnung 1997) nach sich zieht.

Im Zuge der Europäisierung, der Globalisierung und steigender Flexibilität sowie der ebenfalls rasant wachsenden Kommunikationstechnologien und der Vernetzung internationaler Unternehmen stellt sich bei gleichzeitig zunehmender internationaler Konkurrenz sowie den politischen und gesellschaftlichen Diskussion und Regulierungen für viele Forscher und Produzenten in Deutschland die Frage nach den weltweit günstigsten Möglichkeiten für Forschung, Entwicklung und Produktion und damit nach dem „Standort Deutschland", die wiederum selbst politisch und ökonomisch instrumentalisiert werden kann. Dies kennzeichnet – neben der Überwindung der Folgen der Wiedervereinigung – den Stand der technischen und ökonomischen Herausforderungen der Bundesrepublik Deutschland am Beginn des 21. Jahrhunderts.

II. Grundprobleme und Tendenzen der Forschung

1. Technikgenese, Technikrisiken, Technikfolgen

Die Technikgeneseforschung, in deren Mittelpunkt die Frage nach der Entstehung neuer Techniken steht, ist ein junger Forschungszweig der in den 1980er Jahren zunächst im Bereich der sozialwissenschaftlichen Technikforschung, der Technik- und Industriesoziologie rezipiert wurde [37: M. DIERKES, Technikgenese als Gegenstand; 61: W. RAMMERT, Technikgenese] und schließlich auch die Technikgeschichte beeinflusste. Der Ansatz führte nicht nur zu einer „Soziologisierung der Technikgeschichte, sondern auch zu einer Historisierung der Techniksoziologie" (J. WEYER). Die Technikgeneseforschung geht davon aus, dass wechselnde Akteurskonstellationen den Prozess technischer Innovationen tragen, der idealtypisch in drei Phasen, die Entstehung, die Stabilisierung und die Durchsetzung zu untergliedern ist und dabei einen kontingenten Prozess beschreibt. Als Phasenmodell erinnert die Technikgeneseforschung an die historische Innovationsforschung, die die Entwicklung neuer Technologien in Anlehnung an Joseph A. Schumpeter (1883–1950) in einem engen Verhältnis von Technik und Wirtschaft analysiert. Schumpeter sah in Innovationen den eigentlichen Motor wirtschaftlichen Wachstums und im „dynamischen Unternehmer" den wichtigsten Akteur bei der Durchsetzung „neuer Kombinationen", die wiederum die Entwicklung neuer Produkte und Verfahren in einem Dreischritt von der Invention über die Innovation bis zur Diffusion nach sich zog [63: J. SCHUMPETER, Theorie].

<small>Historische Innovationsforschung</small>

<small>Joseph A. Schumpeter</small>

Bis in die 1970er Jahre hinein war die deutsche Technikgeschichte vor allem Innovationsgeschichte, bei der die Erfindung und der Erfinder im Mittelpunkt standen. Die Innovationsgeschichte in Anlehnung an Schumpeter konzentrierte sich dann ab den 70er Jahren auf Fragen der technischen Entwicklung, auf Verbesserungsinnovationen, auf die Diffusion und den Transfer von Technik zunächst mit Blick auf den Zeitraum der Industrialisierung [19: J. RADKAU, Technik, 66 ff., 115 ff.; 69: W. WEBER, Innovationen; 59: F. R. PFETSCH, Innovationsforschung]. Die Bedeutung technischer Innovationen und die Tatsache, dass diese an vorausgegangene Entwicklungen anknüpften, durch historische Konstellationen und soziale Milieus geprägt waren, hat TH. P. HUGHES mit dem Begriff des „technologischen Momentum" zum Ausdruck gebracht (48: Das „technologische Momentum"]. Hughes war es schließlich auch, der am Beispiel der Energieversorgung den Begriff des Netzwerks und der großtechnischen Systeme in die deutsche Technikgeschichtsschreibung einführte und damit die Verbindungen zur Techniksoziologie und Technikgeneseforschung enger knüpfte [49: TH. P. HUGHES, Networks of Power].

Großtechnische Systeme

Während die historische Innovationsforschung in den 1970er Jahren einen Schub durch die wirtschaftliche Rezession 1966/67 und ein vermeintliches Innovationsdefizit der Wirtschaft erfuhr, wirkte die Strukturkrise ab Mitte der 1970er Jahre auf die Diskussion über gesamtgesellschaftliche Probleme des technischen Wandels in Form neuer methodischer und interpretativer Ansätze ein, wobei das Konzept der Technikgenese im Verbund von Forschungs- und Hochschulinstitutionen sowie den Bundesministerien für Bildung und Forschung sowie für Forschung und Technologie rezipiert wurde. Sozialwissenschaftliche Forschungen über Verkehrs- und Kommunikationstechnologien bezogen historische Erklärungsansätze in Form der Technikgeneseforschung in ihre Überlegungen mit ein, wobei sie besonders die Funktion von Leitbildern als „kognitive Aktivatoren" und „individuelle Mobilisatoren" betonen [39: M. DIERKES/U. HOFFMANN/L. MARZ, Leitbild und Technik].

Die Technikgeneseforschung setzte sich neben Fragen zur Entstehung und Entwicklung von Technik auch mit technischen Risiken, Mängeln und Defiziten in Anlehnung an die anglo-amerikanische Technology-Assessment-Forschung auseinander. Die sozialwissenschaftliche Technikfolgenabschätzung ging in den 1980er und 1990er Jahren davon aus, die technische Entwicklung in der Vorausschau analysieren und unerwünschte Auswirkungen vermeiden zu können. Dabei spielten auch Aspekte der Ethik in der Technikgestaltung eine Rolle, wenn etwa nach der Verantwortung von Ingenieuren und Unternehmern im Rahmen der Technikgestaltung im Rahmen der Gentechnik oder der Biotechnologie gefragt wird. Historische Aspekte spielten in diesem Zusammenhang nur eine untergeordnete Rolle. Bestenfalls wurde hier die Geschichte der Institutionalisierung der Technikfolgenabschätzung erwähnt, deren Entstehung in den 1960er Jahren sowie die Behandlung des Themas im Bundestag nachgezeichnet [35: H. J. BULLINGER, Technikfolgenabschätzung; 43: A. GRUNWALD, Rationale Tech-

Technology-Assessment-Forschung

1. Technikgenese, Technikrisiken, Technikfolgen

nikfolgenbeurteilung; 44: A. GRUNWALD/S. SAUPE, Ethik in der Technikgestaltung]. Die historische Auseinandersetzung mit dem Thema ist marginal. Andersens Darstellung zur historischen Technikfolgenabschätzung konzentriert sich vor allem auf die ökologischen und sozialen Folgen der Industrialisierung am Beispiel des Metallhüttenwesens und der Chemieindustrie, wobei der erste Teil im Wesentlichen als umweltgeschichtliche Untersuchung zu werten ist. Grundsätzlich geht es der historischen Technikfolgenabschätzung weniger um Zukunftsprognosen als um die Darstellung des zeitgenössischen Wissensstands und der zeitgenössischen Diskussion der Risikowahrnehmung und deren Rückwirkungen auf die Technik [27: A. ANDERSEN, Historische Technikfolgenabschätzung]. Für die Zeit nach dem Zweiten Weltkrieg wird dies etwa am Beispiel der Entwicklung der passiven Sicherheit im Automobilbau untersucht, wobei, ausgehend von steigenden Unfallzahlen im Straßenverkehr und einer in den 1960er Jahren in den USA angestoßenen Diskussion über Fragen der Verkehrssicherheit und Unfallforschung, die deutsche Automobilindustrie mit entsprechenden technischen Innovationen ebenso aktiv wurde wie der Gesetzgeber, der neue Sicherheitsstandards vorschrieb [50: H. NIEMANN/A. HERRMANN, Straßenverkehrssicherheit]. Auch die historische Risikoforschung als Teil der Technikgeneseforschung bzw. der Historischen Technikfolgenabschätzung blieb ein randständiges Forschungsthema und lässt sich eher der sozialwissenschaftlichen Risikoforschung zuordnen [31: U. BECK, Risikogesellschaft; 56: W. KROHN/G. KRÜCKEN (Hrsg.), Riskante Technologien; 66: TECHNIK UND GESELLSCHAFT]. Die historische Risikoforschung findet sich zum größten Teil in Untersuchungen zum Verhältnis von Technik und Arbeit (s. Kapitel II.9) sowie in der historischen Umweltforschung (s. Kapitel II.11).

    Die sozialwissenschaftliche Technikgeneseforschung stieß zunächst bei der Technikgeschichte auf Vorbehalte und Kritik. Neben der Frage, ob es sich um einen „sozialwissenschaftlichen Modebegriff" handle, der möglicherweise nur den altbekannten Dreischritt von Forschung-Entwicklung-Innovation widerspiegle [34: H.-J. BRAUN, Technikgenese, 181] wurden mit Bezug auf konkrete Forschungsprojekte auch methodische Defizite, Fehlinterpretationen und die Nicht-Berücksichtigung technikhistorischer Erkenntnisse sowie Unzulänglichkeiten etwa des Leitbildansatzes moniert [46: H. D. HELLIGE, Technikgeneseforschung; 55: W. KÖNIG, Kritik]. Der vermeintliche „Konservatismus" der Technik aus Sicht der Technikgeneseforschung übersieht die in technikhistorischen Untersuchungen bereits dargestellten Phänomene, dass Innovationen auf bekannte Wissensbestände zurückgreifen und

Historische Technikfolgenabschätzung

Technikgeneseforschung ein Modebegriff?

bei „genauer Betrachtung immer viel Altes und wenig Neues" enthalten [55: W. KÖNIG, Kritik, 248; 33: H.-J. BRAUN, Gas] sowie die Tatsache, dass es keine lineare bzw. kontinuierliche und bruchlose Entwicklung von traditionellen zu neuen Technologien gibt, wie der „lange Fortschritt der Dampfmaschine" zeigt [19: J. RADKAU, Technik, 11–20]. Seit der zweiten Hälfte der 1990er Jahre setzte die sozialwissenschaftliche Technikgeneseforschung unter Berücksichtigung von konstruktivistischen und Netzwerktheorien neue Akzente, die mit einer inzwischen stärker sozial- und kulturhistorisch orientierten Technikgeschichte und einer neuen Innovationsökonomik korrespondierten. Im Mittelpunkt der sozialwissenschaftlich-empirischen Technikgeneseforschung stehen dabei neue Technologien wie der Personal-Computer, die Magnetbahn Transrapid oder das Satellitenfernsehen, bei deren Entwicklung und Durchsetzung soziale Netzwerke eine wichtige Rolle spielen [25: J. ABEL, Von der Vision; 51: U. KIRCHNER, Airbus-Projekt; 62: J. F. K. SCHMIDT, Personal-Computer; 52: U. KIRCHNER/J. WEYER, Magnetbahn Transrapid; 61: L. RIEDL, Satellitenfernsehen]. Im Schnittpunkt der wirtschafts- und technikhistorischen Forschung wird die traditionelle historische Innovationsforschung ebenfalls ergänzt um zentrale Aspekte der Netzwerkanalyse, die davon ausgeht, dass es zu wechselseitigen Abhängigkeiten zwischen Branchenentwicklungen – auch im internationalen Maßstab – kommt, die die jeweiligen Akteure zu ihren Gunsten nutzen. Aus der evolutorischen Ökonomik werden Fragen nach der Wahrnehmung, den Wissensbeständen und -veränderungen und somit nach Lernprozessen unternehmerischer Entscheidungen unter Unsicherheit, die sich schließlich in Form neuer Produktions- und Organisationstechniken, durchaus auch im Rahmen „nationaler Innovationsstile", niederschlagen, übernommen [58: R. R. NELSON/S. G. WINTER, An Evolutionary Theory; 36: R. M. CYERT/J. G. MARCH, A Behavioral Theory]. Technik- und wirtschaftshistorisch-empirische Studien analysieren in einer langfristigen und zwischenstaatlichen Perspektive auf der Basis neuerer theoretischer Ansätze etwa den Aufstieg der deutschen Chemieindustrie vor 1914 zum Weltmarktführer [57: J. P. MURMANN, Knowledge] oder zeigen, dass der Druckmaschinenbau in beiden deutschen Staaten nicht nur in der Druckmaschinenindustrie selbst, sondern auch in benachbarten Branchen wie der Papier- und Papiermaschinenindustrie sowie der Chemieindustrie einen Prozess innovativer Dynamik und Konkurrenz ausgelöst hat [41: E. S. FRANKE, Netzwerke]. Als Reaktion auf die Wiedervereinigung spielte auch die Untersuchung von Innovationen, Technikpolitik und die Herausbildung unterschiedlicher Innovationskulturen in beiden deutschen Staaten sowohl in der Technik- als auch in der Wirtschaftsgeschichte eine wichtige Rolle [26: J. Abele/G. Barkleit/Th. Hänseroth, Innovationskulturen; 29: J. Bähr/ D. Petzina, Innovationsverhalten; 68: St. Unger, Eisen].

Mit Blick auf die Rekonstruktion und den wirtschaftlichen Wiederaufstieg der Bundesrepublik finden im Rahmen wirtschafts- und technikhistorischer Untersuchungen personenorientiertes Wissen und subjektive Wahrnehmungen, internationale Orientierungen, der Aufbau von institutionellen und personellen Netzwerken, unternehmerische Lernprozesse und die Orientierung an amerikanischen Leitbildern als wichtiges Innovationspotential zunehmende Berücksichtigung [65: J. Streb, Staatliche Technologiepolitik, 79–89; 54: Ch. Kleinschmidt, Der produktive Blick; 47: S. Hilger, „Amerikanisierung"]. Gleichzeitig wird deutlich, dass Wahrnehmungsdefizite, mangelnde Offenheit, eine geringe Lernbereitschaft, Traditionen und Routinen zu Innovationsblockaden führen können, die etwa zum Abstieg einstmals führender deutscher Industrien beitrugen [65: J. Streb, Staatliche Technologiepolitik, 90–96; 54: Ch. Kleinschmidt, Der produktive Blick, 343 ff.]. Amerikanische Leitbilder

Die Institutionalisierung kulturell geprägten Wissens sowie Fragen zur Rolle der Technikwissenschaften im Innovationsprozess im Rahmen der „Reflexiven Moderne" [71: U. Wengenroth/M. Heymann, Bedeutung; 70: U. Wengenroth, Innovationssystem] sind weitere Themenbereiche der aktuellen Technikgeschichtsschreibung, die zusammen mit der Technikgeneseforschung, der neue Innovationsökonomik und der evolutorischen Ökonomik seit den 1990er Jahren innovative Ansätze einer integrierten Technik- und Wirtschaftsgeschichte markieren.

2. Technik und Staat, Technikpolitik

Bei der Durchsetzung neuer Technologien spielt der Staat in Deutschland bis in die Gegenwart hinein eine wichtige Rolle. Das hat eine Tradition, die bis in die Zeit des Merkantilismus/Kameralismus und dessen Gewerbeförderung zurückreicht. Diese setzte sich schließlich im 19. Jahrhundert auch nach der Einführung der Gewerbefreiheit fort, wobei es deutliche Unterschiede zwischen den einzelnen deutschen Staaten und auch zwischen den unterschiedlichen Gewerbezweigen gab. Dabei lassen sich für das 19. Jahrhundert Maßnahmen der direkten Gewerbeförderung wie die finanzielle Unterstützung in Form von Darlehen und Subventionen, die zollfreie Einfuhr von Maschinen oder die Merkantilismus/ Kameralismus

Schenkung von Maschinen und technischen Ausrüstungen einerseits und indirekte Maßnahmen der Gewerbeförderung wie die Durchsetzung technischer Bildungseinrichtungen durch den Staat (s. Kap. II. 4), die Unterstützung von Gewerbe- und Industrieausstellungen sowie die Bereitstellung von technischer Infrastruktur andererseits unterscheiden. Vor dem Hintergrund wechselnder politischer Systeme im 20. Jahrhundert werden Akzentverschiebungen zwischen Staat und Technik bzw. auf dem Gebiet der Technikpolitik zwischen Weimarer Republik, Nationalsozialismus und den beiden deutschen Staaten nach 1945 deutlich. Über die Bereitstellung von Infrastruktur hinaus soll der Staat in marktwirtschaftlichen Systemen innovationsfreundliche Rahmenbedingungen schaffen und die für die private Wirtschaft vorhandenen (finanziellen) Risiken minimieren. Während für das 19. und die erste Hälfte des 20. Jahrhunderts im Rahmen der Industrialisierungs- und Gewerbeforschung die Wirtschafts- und Technikgeschichte recht umfangreich vertreten ist, wird die Zeit nach 1945 noch vornehmlich von sozial- und politikwissenschaftlichen Arbeiten dominiert.

Gewerbeförderung — In Preußen wurde die Gewerbeförderung im Zuge der Reformen ab 1818 von der Abteilung für Handel und Gewerbe des Finanz- und Innenministeriums durch Peter Christian Beuth (1781–1853) vorangetrieben. Als Direktor der „Technischen Deputation für Gewerbe" gründete Beuth zudem den „Verein zur Beförderung des Gewerbefleißes", der bei Unternehmern und Kaufleuten das Interesse an Technik und rationeller Betriebsführung wecken sollte. Die genannten Institutionen förderten die Beschaffung von Informationen über neue Technologien u. a. durch Auslandsreisen von Unternehmern und Ingenieuren oder stellten die Maschinen den Unternehmen direkt zur Verfügung. Finanzielle Unterstützung bei industriellen Investitionen leistete die preußische *Preußische Seehandlung* „Seehandlung", die in den 1830er und 1840er Jahren selbst zum größten Gewerbetreibenden aufstieg und etwa 10% aller industriellen Investitionen in Preußen tätigte. Insgesamt stiegen die staatlichen Ausgaben für Handel und Gewerbe zwischen den 1820er und 1840er Jahren von 3,1% auf 7,5% [116: I. MIECK, Preußische Gewerbepolitik].

Anhand neuerer technik- und wirtschaftshistorischer Untersuchungen, die vor dem Hintergrund vergleichender Studien den regionalen Charakter der Industrialisierung betonen wird deutlich, dass Preußen und Sachsen im Bereich der Technologie- und Wirtschaftsförderung eine führende Rolle einnahmen [94, 95: R. FORBERGER, Industrielle Revolution; 104: H. KIESEWETTER, Staat, 5; 105: DERS. Region; 76: H. BERGHOFF/D. ZIEGLER, Pionier], während die süddeutschen Staaten wie

Bayern, Württemberg und Baden mit einer zeitlichen Verzögerung von ein bis zwei Jahrzehnten in diesem Bereich aktiv wurden [115: H. MAUERSBERG, Bayerische Entwicklungspolitik; 104: H. KIESEWETTER, Staat]. Was die zeitliche Einordnung der staatlichen Technologie- und Gewerbeförderung anbelangt, so gelten die 1840er Jahre als eine „Epochenscheide". Bis dahin werden die staatlichen Interventionen und deren Wirkungen auf die Industrialisierung der Regionen größtenteils als positiv beurteilt. Im Zuge der Revolution und dem sich nicht nur bei Unternehmern und Kaufleuten, sondern auch in der Beamtenschaft durchsetzenden liberalen Gedankengut, wurden staatliche Eingriffe und Regulierungen zunehmend als Fesseln der wirtschaftlichen Entwicklung betrachtet [81: E. D. BROSE, Politics of Technological Change; 78: R. BOCH, Grenzenloses Wachstum?]. Dies wird insbesondere am preußischen Bergbau deutlich, der in der Form des staatlichen Direktionsprinzips bis in die 1850er Jahre geführt wird, bis die Bergrechtsreformen der 1850er und 1860er Jahre auch hier eine Liberalisierung der Wirtschaft bringen [93: W. FISCHER, Bedeutung]. Liberalisierung

Trotz dieser Liberalisierungstendenzen und dem sukzessiven Rückzug des Staates aus der direkten Gewerbeförderung gab es auch in der zweiten Hälfte des 19. Jahrhunderts zahlreiche staatliche Interventionen im Bereich Technik und Wirtschaft. So engagierte sich der Staat insbesondere im Bereich des Verkehrswesens und beim Ausbau technischer Infrastrukturen. Nachdem das Thema Infrastrukturentwicklung in den 1960er und 1970er Jahren in der sozial- und wirtschaftswissenschaftlichen Diskussion eine Rolle spielte, wird es seit kurzem auch in der Wirtschafts- und Technikgeschichte wieder rezipiert. Die historische Infrastrukturdiskussion umfasst dabei ebenso Fragen der staatlichen Verantwortung, des staatlichen Pflichtengagements und des Marktversagens sowie der Sozialpolitik und der zunehmenden Bedeutung von „public private partnerships" [112: D. VAN LAAK, Infra-Strukturgeschichte; 77: D. BLEIDICK, Technische Infrastrukturen]. Die technische Infrastruktur betrifft aber auch das Patentwesen, Normregelungen, Aspekte der Materialprüfung und der Sicherheitstechnik, wobei die entsprechenden Zuständigkeiten zunächst bei den deutschen Staaten, ab 1871 dann beim Deutschen Reich und zunehmend auch bei Verbänden lagen. Das Patentgesetz des Jahres 1877 war nicht zuletzt eine Reaktion auf die mit der Liberalisierung einhergehenden Enteignung von Erfindern, die im Bereich des Patentschutzes Handlungsbedarf erzwang und eine grundsätzliche Diskussion über Geheimhaltung und Veröffentlichung technischer Neuerungen evozierte [19: J. RADKAU, Technik, 160 ff.; 143: W. WEBER, Verkürzung, 121 ff.; 79: E. BOLENZ,

Technische Normung]. Ein wichtiger Bereich des Infrastrukturausbaus stellte der Bau von Wegen und Kunststraßen (Chausseen) seit Beginn des 19. Jahrhunderts und ab Mitte des Jahrhunderts der Ausbau des Eisenbahnwesens dar. Mit dem Ankauf privater Bahnlinien und der Gründung der Königlich Preußischen Eisenbahnverwaltung (KPEV) engagierte sich der Staat in einem Bereich, der ihm erhebliche wirtschaftliche Einnahmen versprach [150: D. ZIEGLER, Eisenbahnen und Staat; 143: W. WEBER, Verkürzung, 209 ff.]. Über den engeren Bereich des Eisenbahnwesens und die mit dem Werkstoff Eisen und Stahl verbundenen Risiken beim Bau von Schienen, Kesseln, Achsen oder Brücken engagierte sich der Staat schließlich auch auf dem Gebiet der Materialprüfung. Er übernahm damit Aufgaben, die von Seiten der Eisenbahnverwaltungen an die Produzenten wie die Stahlindustrie gestellt, von diesen aber nicht wahrgenommen wurden. Somit war das Eisenbahnwesen schließlich gegen Ende des 19. Jahrhunderts „so sehr zu einem festen technischen Strukturelement geworden, dass es fast den Charakter einer sozialen Grundversorgung erhalten hatte" [143: W. WEBER, Verkürzung, 213].

Ähnliches gilt für den Bereich der Telegraphie und der Postverwaltung. Hier kam es vor dem Hintergrund des staatlichen Monopols zu einer engen Zusammenarbeit mit privaten Unternehmen wie Felten & Guilleaume und Siemens [143: W. WEBER, Verkürzung, 214 ff.]. Eine soziale Grundversorgung im Bereich der technischen Infrastruktur übernahm die öffentliche Hand in Form der Kommunen auch bei der Versorgung mit Wasser, Gas und Elektrizität. Hier gab es einerseits Kooperationen, andererseits aber auch Konfrontationen zwischen den Kommunen und der privaten Wirtschaft beim Auf- und Ausbau städtischer Versorgungseinrichtungen, die sich als gewinnträchtige Einnahmequellen der Versorger erweisen sollten. Das Thema „städtische Daseinsvorsorge" war lange Zeit ein Domäne der Festschriftenliteratur von Stadtwerken, die damit eine Selbstdarstellung der Leistungsverwaltung verbanden. Seit den 1980er Jahren geriet die Wasser- und Energieversorgung zunehmend in den Blick der Technik- und Wirtschaftsgeschichte, die sich damit Fragen der Kommunalisierung und des „Munizipalsozialismus", der Regulierung und Deregulierung, der Frage nach fiskalischen und politischen Motiven und der Effizienz öffentlicher Unternehmen ebenso widmete wie der Förderung neuer und konkurrierender Technologien, Aspekten energiewirtschaftlicher Vernetzung und der Entwicklung der Konsumgesellschaft [110: W. KRABBE, Stadt; 136: D. SCHOTT, Vernetzung; 106: CH. KLEINSCHMIDT, Stadtwerke Gelsenkirchen; 33: H.-J. BRAUN, Gas].

2. Technik und Staat, Technikpolitik

Neben dem zivilen Bereich nahm der Staat auch Einfluss auf dem Gebiet der Rüstung. Bis weit ins 19. Jahrhundert hinein ist allerdings ein geringes Verständnis für technische Belange in der staatlichen Militärverwaltung zu unterstellen. Die Impulse zu technischen Neuerungen gingen vor allem von der Großindustrie, etwa der Stahl- und Chemieindustrie aus. Das Fehlen technisch-wissenschaftlicher Fachleute in der Heeresverwaltung führte dementsprechend zu Verzögerung bei der Einführung neuer Technologien wie etwa dem Gussstahl-Kanonenrohr von Krupp. Im Zuge der Flottenrüstung und schließlich des Ersten Weltkriegs war der Staat Auftraggeber für die Massenproduktion von Geschützen, Schiffen, Motorfahrzeugen etc. Dabei spielten schließlich auch Fragen der Normung und Typisierung eine Rolle. Die Frage nach dem „schöpferischen Effekt von Rüstung und Krieg" (J. Radkau) wird jedoch dahingehend zu beantworten sein, dass der Krieg die „Erneuerung und das Wachstum sowohl befördert als auch behindert [16: D.S. LANDES, Prometheus, 391] und dass den technischen Innovationen etwa bei der Sprengstoffproduktion, beim Flugzeug- oder U-Boot-Bau oder des drahtlosen Funks einerseits auch Versäumnisse und Verzögerungen andererseits gegenüberstehen, so dass insgesamt von einer „unvollkommenen Technisierung" gesprochen werden kann [19: J. RADKAU, Technik, 239–253;151: P. ZIMMERMANN, Wehrtechnik, 358–361].

Rüstung

Der Übergang vom Kaiserreich und der Kriegswirtschaft des Ersten Weltkriegs zur Weimarer Republik markiert einen tendenziellen Rückzug des Staates aus dem Bereich der Technikpolitik. Die staatlichen Aktivitäten konzentrierten sich in den 1920er Jahren auf die Sozialpolitik und den Ausbau des Wohlfahrtsstaates, weniger auf die Technikpolitik, auch wenn es bei Kriegsende im Sinne des Gemeinwirtschaftskonzeptes von Walter Rathenau (1867–1922), Rudolf Wissell (1869–1962) und Wichard von Moellendorff (1881–1937) dezidierte Vorstellungen einer staatlich geplanten und gesteuerten Rationalisierungsbewegung gab, die im Jahr 1921 in die Gründung des RKW mündete. Doch selbst wenn das Reichswirtschaftsministerium an diesen Überlegungen maßgeblich beteiligt war, so wurde der staatliche Einfluss bereits bei der Gründung des RKW zugunsten der Privatwirtschaft und der Verbände zurückgedrängt, so dass man hier bestenfalls von einer korporatistischen Form der Technikpolitik sprechen kann [98: TH. VON FREYBERG, Industrielle Rationalisierung, 288 f.]. Letztlich konzentrierte sich der Weimarer Staat auf die Schaffung von Rahmenbedingungen zur Technikförderung. Dabei wurde er vor allem im Bereich der technischen Bildung (s. Kap. II. 4) und der Steuerpolitik sowie beim

Rationalisierungsbewegung

Ausbau der Infrastruktur und der gesetzlichen Regelung des Gesundheitsschutzes tätig.

Als Ausdruck des Weimarer Sozialstaates und des gewachsenen gewerkschaftlichen Einflusses, zugleich auch in der Tradition „sozialtechnischer" Bestrebungen der Wirtschaft und der Verbände zur Lösung gesellschaftlicher, medizinischer und gewerbehygienischer Probleme müssen die Initiativen der Weimarer Regierungen im Bereich der Gewerbeaufsicht und der Arbeitsschutzgesetzgebung gesehen werden [142: W. WEBER, Arbeitssicherheit, 122–161].

Sozialtechnik

Steuerliche Unterstützung der unternehmerischen Rationalisierungsbestrebungen brachten die Steuerminderungsgesetze Mitte der 1920er Jahre, die u. a. die Gründung der Vereinigte Stahlwerke AG begünstigten [324: CH. KLEINSCHMIDT, Rationalisierung, 198f.].

Technische Infrastrukturförderung

Technische Infrastrukturförderung leistete der Staat bei der Modernisierung der Eisenbahn. Die im Jahr 1920 aus acht Staatsbahnen hervorgegangene Deutsche Reichsbahn konnte jedoch auch aufgrund ihrer Einbindung in die Reparationszahlungen kaum wachstumsfördernde Impulse setzen [100: A. GOTTWALD, Deutsche Reichsbahn; 99: L. GALL/H. POHL, Eisenbahn; 96: R. FREMDLING, Eisenbahnen, 432]. Im Zuge der Vermehrung des Automobilbestandes und der wachsenden individuellen Mobilität kam es 1921 mit staatlicher Unterstützung zur Gründung des Deutschen Straßenbauverbandes, der nicht zuletzt mit Hilfe der neu eingeführten Kraftfahrzeugsteuer zum Ausbau des Straßennetzes beitrug, während die Steuerbelastung zugleich ein Hemmnis für die weitere Motorisierung darstellte [88: U. BURGHARDT, Straßenverkehr, 408; 109: C. KOPPER, Handel, 11]. Die ebenfalls mit staatlicher Unterstützung gegründete Lufthansa AG bedeutete einen Schub für den zivilen Luftverkehr in der Weimarer Republik, wobei die technischen Innovationen im Flugzeugbau, wie etwa das erste, von Hugo Junkers konzipierte, Ganzmetallflugzeug, von der Privatwirtschaft ausgingen [148: M. K. WUSTRAK, Luftfahrt, 447].

Informations- und Nachrichtentechnologie

Auf dem Gebiet der Informations- und Nachrichtentechnologie spielte der Weimarer Staat über das Reichspostministerium eine zentrale Rolle. Der Rundfunk als Fortsetzung der drahtlosen Telegraphie gehörte zum Monopol des Staates, welches durch die Reichspost ausgeübt wurde. Unter der Leitung des Ingenieurs Hans Bredow (1879–1959) war diese auch für die Rundfunktechnik zuständig, die dann von der 1926 gegründeten Reichs-Rundfunk-Gesellschaft (RRG) übernommen wurde [144: U. WENGENROTH, Informationsübermittlung, 468ff.; 382: W. KÖNIG, Geschichte der Konsumgesellschaft, 358f.; 132: H. RINDFLEISCH, Technik im Rundfunk]. Die Vorstellung, zentrale Stellen in Wirtschaft und Verwaltung mit Technikern und Ingenieuren zu besetzen und schließlich auch ein Technikministerium ins Leben zu rufen, setzten sich in den 1920er Jahren ausgehend von den USA auch in der Weimarer Republik in Form der Technokratiebewegung durch, die vor allem aber standespolitische Interessen vertrat [H.-P. Sang, Technik und Staat in der Wilhelminischen Zeit und der Weimarer Republik, in: 135: 112 ff.; ausführlicher dazu s. Kap. II.5].

Während das staatliche Engagement in der Weimarer Republik auf dem Gebiet der Rüstungspolitik vor dem Hintergrund der Bestimmungen des Versailler Vertrages zurückhaltend war, bildete dies eines der wichtigsten staatlichen Betätigungsfelder unter dem Nationalsozialismus. Technikhistorische Handbücher und Überblicksartikel konzentrieren sich mit Blick auf das Thema „Technik und Staat" dementsprechend auf die Darstellung technischer Rüstung sowie technischer Organisationen und die Rolle der Ingenieure im Nationalsozialismus [135: H.-P. Sang, Technik und Staat]. Tatsächlich war im Bereich der Rüstung der Einfluss des nationalsozialistischen Staates auf die Organisation und Gestaltung technischer Entwicklungen insbesondere bei Artilleriewaffen, bei Panzerwaffen, beim Schiffs- und Flugzeugbau offensichtlich. Als Zentralstellen für die technische Gestaltung und Fertigung dienten das Heereswaffenamt, das Technische Amt der Luftwaffe sowie das Marinewaffenamt. Über Waffenprüfämter und Forschungsabteilungen mit Verbindungen zu Hochschulen und Unternehmen erfolgte die Konzeption und Entwicklung neuer Waffen. Doch nicht nur im Bereich der Rüstung, auch auf zivilem Gebiet schoben sich nationalsozialistische Organisationen zwischen Staat und Produzenten bzw. Unternehmen und nahmen Einfluss auf die Technikpolitik. Dazu gehörten neben der Deutschen Arbeitsfront (DAF) unter Robert Ley (1890–1945) insbesondere der von Gottfried Feder (1883–1941) geleitete Reichsbund Deutscher Techniker (RDT) sowie die von Fritz Todt (1891–1942) geführten Organisationen Nationalsozialistischer Bund Deutscher Technik (NSBDT) sowie die Reichsgemeinschaft der technisch-wissenschaftlichen Arbeit (RTA) [Ebd., 137–143].

Rüstungspolitik

DAF

RDT

NSBDT

Zentrale Fragen des Verhältnisses von Staat und Technik, nach der Machtverteilung unterschiedlicher Organisationen und Institutionen innerhalb des Systems, nach dem „Primat" der Politik oder der Ökonomie sowie nach der modernisierenden Wirkung und der Effizienz nationalsozialistischer Technikpolitik sind bislang vornehmlich von der Politik- und der Wirtschaftsgeschichte beantwortet worden. Die in den 1960er bis 1980er Jahren geführte „Primat"-Diskussion unter massiver Beteiligung der DDR-Wirtschaftsgeschichte wurde inzwischen

„Primat"-Diskussion

zugunsten des „Primats der Politik" beantwortet [113: T. MASON, Primat der Politik; 91: E. CZICHON, Primat der Industrie; 75: G. AMBROSIUS, Staat, 90 ff.]. Dieser konnte anhand zahlreicher Einzelstudien unterschiedlicher Branchen und mit Blick auf wirtschafts- und technikhistorische Aspekte belegt werden. Dabei wurde deutlich, dass staatliche Zielvorgaben und daraus resultierende technische Umsetzungen auch gegen die zögernde und widerständige Haltung privater Unternehmen durchgesetzt wurden. Dies gilt für die im Zusammenhang der synthetischen Treibstoffherstellung gegründete Brabag, für das im Zusammenhang mit der Idee der „Volksmotorisierung" gegründete Volkswagenwerk ebenso wie für die im Rahmen des Vier-Jahres-Plans verfügten Auflagen zur Verhüttung heimischer fe-armer Eisenerze und die Herstellung synthetischen Kautschuks. Die aus kosten- bzw. technisch-qualitativen Gesichtspunkten für die Privatwirtschaft inakzeptablen Produktionsverfahren und Technologien wurden schließlich von staatlicher Seite mit Hilfe von Subventionen, Krediten, Absatzgarantien und Steuererleichterungen zur Abfederung des unternehmerischen Risikos durchgesetzt. Im Falle stärkerer Differenzen zwischen Staat und Privatwirtschaft kam es zur Gründung staatlicher Unternehmen wie den Hermann-Göring-Werken oder dem Volkswagenwerk, die die von den Nationalsozialisten gewünschten Produkte, Produktionsverfahren und Technologien zur Anwendung brachten [126: G. PLUMPE, I.G. Farbenindustrie; 85:L. BUDRASS, Flugzeugindustrie; 117: G. MOLLIN, Montankonzerne; 119: H. MOMMSEN/M. GRIEGER, Volkswagenwerk; 140: J. STREB, Technologiepolitik]. Anhand dieser Beispiele zeigt sich, dass im Falle des nationalsozialistischen Wirtschaftssystems weder von einer Zwangs- oder Kommandowirtschaft, noch von einer Lenkungs- oder Zentralplanwirtschaft gesprochen werden kann, sondern dass von wenigen Ausnahmen abgesehen, selbst auf dem Gebiet der Ersatzstoff- und Rüstungswirtschaft das Verhältnis zwischen Staat, Wirtschaft und Technikpolitik im Rahmen vertraglicher Vereinbarungen geregelt wurde, die eher für die Charakterisierung des NS-Systems als „gelenkter Marktwirtschaft" denn als Zwangswirtschaft sprechen [84: C. BUCHHEIM/J. SCHERNER, Anmerkungen].

„Gelenkte Marktwirtschaft"

Wie das Verhältnis zwischen Staat und Wirtschaft, Technik und Politik im Einzelnen ausgestaltet war, lässt sich nur mit Blick auf die jeweiligen Branchen, z.T. auch nur auf der Mikroebene der Unternehmen zeigen. Gegen die Vorstellung eines geschlossenen Zwangssystems oder einer erzwungenen Interessenidentität zwischen Wirtschaft, Technik und Politik sprechen zahlreiche Konflikte innerhalb des Systems, die die Schwerindustrie ebenso betreffen [117: G. MOLLIN, Montankon-

2. Technik und Staat, Technikpolitik 87

zerne] wie das Verhältnis der DAF zur Konsumgüterindustrie, zur Automobilindustrie oder zu technischen Organisationen wie der RTA [119: H. MOMMSEN/M. GRIEGER, Volkswagenwerk; 383: W. KÖNIG, Volkswagen, 150] sowie das Verhältnis zwischen Reichsbahn und Straßenverkehr [109: C. KOPPER, Handel, 29], so dass von einer strukturellen Kompetenzzersplitterung und polykratischen Machtverhältnissen ausgegangen werden muß, die auch das Verhältnis von Staat und Technik beeinflussten. Dies wirkte sich schließlich auf die Modernisierung und die Effizienz der Technik im zivilen wie im militärischen bzw. kriegswirtschaftlichen Bereich aus. Mit Blick auf rüstungsrelevante Branchen und Unternehmen wie die Automobil- oder Flugzeugindustrie wird deutlich, dass es zwar in einzelnen Bereichen zu technischen Modernisierungen mit z.T. beachtlichen Produktions- und Produktivitätserfolgen kam, dass jedoch durch Engpässe, Kompetenzstreitigkeiten, hektische Improvisationen, Fehlinvestitionen und die Bindung von Kapazitäten die angestrebten Ziele verfehlt und ein Zurückbleiben in anderen Bereichen zu verzeichnen war. Es zeigt sich auch, dass zwischen Rationalisierungs- und Modernisierungsanspruch und -wirklichkeit bzw. zwischen der Technikbegeisterung des Regimes und der eigentlichen Innovationsfähigkeit eine erhebliche Lücke klaffte. Insofern wird in der Forschung von „partiellen Modernisierungsprojekten" oder dysfunktionaler Modernisierung" gesprochen [118: H. MOMMSEN, Mythos; 119: H. MOMMSEN/M. GRIEGER, Volkswagenwerk; 85: L. BUDRASS, Flugzeugindustrie].

Polykratiethese

Die zivile Produktion ist dabei insofern betroffen, als es im Bereich der Radio- und Fernsehtechnologie einerseits zu massiven Interventionen des nationalsozialistischen Staates, andererseits zu Interessenkonflikten zwischen Staat und Privatwirtschaft kam, die zusammen mit der im Rahmen der Kriegswirtschaft sich verschiebenden Prioritäten zur Einstellung der Entwicklungsarbeiten und der Produktion führte. Letzteres gilt auch für technische Konsumgüter, wie den geplanten „Volkskühlschrank", der infolge der Übernahmeansprüche eine ähnliche Entwicklung nahm wie der Volkswagen und schließlich nicht in die Produktion ging. Der zunehmend wegen seiner geringen Aussagekraft und mangelnder Definitionsschärfe in die Kritik geratene Begriff der Modernisierung bzw. dessen negative Ausprägungen werden in jüngerer Zeit eher mit Begriffen wie „Scheitern", „Illusion", „Propaganda" oder „Voluntarismus" belegt, die die Unzulänglichkeiten der nationalsozialistischen Technikpolitik in Bezug auf konkrete Projekte zum Ausdruck bringen [383: W. KÖNIG, Volkswagen]. Schließlich wird auch deutlich, dass die nationalsozialistische Technikpolitik für die

Technische Konsumgüter

Nachkriegsentwicklung eine schwere Bürde hinterließ. Denn die durch Autarkiepolitik und technologische Pfadabhängigkeiten bedingte Abschließung vom Weltmarkt sowie die Unterbrechung einstmals gut funktionierender internationaler Kooperation und Technologietransfers hatte zur Folge, dass die Technikentwicklung in beiden deutschen Staaten nach 1945 in einigen Branchen nur mühsam an internationale technische Standards Anschluss fand [54: CH. KLEINSCHMIDT, Blick].

Nach Kriegsende lag ein wichtiges Betätigungsfeld staatlicher Technikpolitik zunächst in der Wiederherstellung zerstörter Infrastruktureinrichtungen im Verkehrs- und Versorgungsbereich, die den Wiederaufbau verzögerten. Während der Besatzungszeit hatten die alliierten Siegermächte einen massiven Einfluss auf die Technikentwicklung in den jeweiligen Besatzungszonen. Sowohl die westlichen Besatzungsmächte wie auch die Sowjetunion betrieben zunächst eine restriktive Besatzungspolitik in Form von Beschlagnahmungen von Industrieanlagen und Patenten, von Produktionsverboten, Demontagen und Reparationen, die sich negativ auf die technische Entwicklung in Deutschland auswirkten. Hinzu kam ein Wissenschafts- und Wissenschaftlertransfer in die USA und die Sowjetunion, der erhebliche Auswirkungen vor allem auf die west- und ostdeutsche Luftfahrtforschung und Flugzeugindustrie hatte. Im Zuge einer konstruktiveren Besatzungspolitik förderte insbesondere die amerikanische Besatzungsmacht im Rahmen des Marshall-Plans dann ab 1948 den Transfer von Know-how und Technologie von den USA in die Bundesrepublik [s. Kap. II.6]. Einfluss auf die westdeutsche Technikpolitik nahmen die Amerikaner schließlich auch noch anlässlich des Koreakrieges und die damit verbundene Aufforderung an die Bundesrepublik zum forcierten Ausbau der Energiewirtschaft und der Grundstoffindustrien zu Beginn der 1950er Jahre, der schließlich in Form des Investitionshilfegesetzes von 1952 umgesetzt wurde. Verbunden damit waren massive Investitionen in traditionelle Industriezweige, die für die betroffenen Regionen den Strukturwandel mittelfristig verzögerten. Bis zu Beginn der 1950er Jahre betrieben die alliierten Besatzungsmächte und die Bundesrepublik somit schwerpunktmäßig eine konservative Wirtschafts- und Technikpolitik, deren Ziel im Wiederaufbau und der Wiederherstellung der traditionellen Wirtschaftsstrukturen bestand. Dies änderte sich ab Mitte des Jahrzehnts. Mit dem Jahr 1957 verbindet sich ein „Wendepunkt" der Technikpolitik hin zu einer zukunftsorientierten Industriepolitik und aktiven Innovationsförderung mit Schwerpunkten in den Bereichen Verkehrspolitik, Luft- und Raumfahrt, Atomtechnologie und elektronische Datenverarbeitung. Mit ausschlaggebend für diese Wende war neben der Unabhängigkeit der Bundesrepublik im Jahr 1955 der „Sputnikschock" des Jahres 1957, der nicht nur einen Vorsprung der Sowjetunion auf dem Gebiet der Raumfahrt signalisierte, sondern auch einen Rückstand bundesdeutscher Hochtechnologie und des Bildungssystems. Dementsprechend setzte die westdeutsche Technikpolitik auf den Ausbau neuer Technologien und großtechnischer Systeme. Damit verbunden sind u. a. die Namen Franz Josef Strauß (1915–1988) als erster Atomminister und der gelernte Radartechniker und sozialdemokratische Politiker in Nordrhein-Westfalen Leo Brandt (1908–1971). Mit der Gründung des Bundesministeriums für Atomfragen und massive staatliche Förderung in Form von Risikoübernahmen und ERP-Vorzugskrediten schob die Bundesregierung die Entwicklung der Atomenergie – auch in Anlehnung an amerikanische Leitbilder – an, die in der Privatwirtschaft zunächst auf deutliche Vorbehalte traf. Mit dem Euratom-Vertrag, der im gleichen Jahr wie das erste bundesdeutsche Atomprogramm im Jahr 1957 verabschiedet wurde, stieß die neue Technologie auch in europäische Dimensionen vor, die jedoch wenig erfolgreich verlief. In den 1980er Jahren entwickelte sich die Erforschung der Geschichte der Atomenergie, nicht zuletzt als Reaktion auf die mit der Technologie verbundenen Risiken und mit den gleichzeitigen Aufstieg der Umweltpolitik zu einem Schwerpunkt der Technikgeschichte [128: J. RADKAU, Aufstieg; 19: DERS., Technik, 338–373; 103: W. KAISER, Technisierung, 285–339; 122: W.D. MÜLLER, Kernenergie].

Die Verkehrsgeschichte und der Ausbau technischer Infrastrukturen ist demgegenüber vornehmlich Gegenstand der Sozial- und Wirtschaftsgeschichte. Die Forschung zeigt für die 1950er und 1960er Jahre, dass die Steuerpolitik und das Straßenfinanzierungsgesetz förderten zunächst massiv den PKW-Individualverkehr und über „Quer-Subventionierungen" auch den LKW-Fernverkehr, während die Bundesbahn als staatlicher Monopolbetrieb gegenüber dem Transport auf der Straße nicht zuletzt aufgrund fehlender Investitionsmittel immer weniger konkurrenzfähig war. Mit dem Wechsel zur „Großen Koalition" ab Mitte der 1960er Jahre und auf der Basis eines Steueränderungsgesetzes sind Anstrengungen verbunden, den öffentlichen Nahverkehr in Form von S- und U-Bahn-Netzen auszubauen. Vor allem unter der sozialliberalen Koalition ab Ende der 1960er Jahre finden dann längerfristige Planungen (Investitionspläne der Bundesbahn, Bundesverkehrswegeplan) Eingang in die staatliche Verkehrspolitik, die jedoch den „Siegeszug des Automobils", der Automobilisierung und des Individualverkehrs nicht aufhalten können, so dass die Schiene-Straße-Konkurrenz trotz staatlicher Lenkungsversuche wei-

Verkehrspolitik

terhin zugunsten Letzterer entschieden wird [108: D. KLENKE, Bundesdeutsche Verkehrspolitik; 141: T. SÜDBECK, Motorisierung; 147: W. Wolf, Eisenbahn; 109: C. KOPPER, Handel]. Inwieweit der Staat sich auch im Bereich neuer Technologien des schienengebundenen Verkehrs engagiert, zeigt die techniksoziologische Forschung, die mit Blick auf die Genese und Entwicklung des Transrapid auch historische Aspekte berücksichtigt. Dabei wird deutlich, dass Visionen eines Hochgeschwindigkeitszuges und Vorläufer des Transrapids sich bis in die 1920er Jahre zurückverfolgen lassen. Diese wurden während des Wiederaufbaus zunächst nicht weiterverfolgt, bevor unter Bundesverkehrsminister Georg Leber dann 1969 entscheidende Anstöße zum Bau des Transrapid kamen, die dann mit massiven Fördermitteln des Bundesministeriums für Forschung und Technologie und in Zusammenarbeit mit privaten Unternehmen in den 1970er und 1980er Jahren weitergeführt wurden. Über den Bau eines Prototyps und einer Teststrecke gelangten die Entwicklungen jedoch nicht hinaus, und bis zum Ende des Jahrtausends kam es in Deutschland auch nicht zur Inbetriebnahme des Transrapid, der somit ein „isoliertes Artefakt" blieb. Zwar konnte die Technologie nach China exportiert werden, in Deutschland ist das Projekt nach wie vor umstritten. Der Transrapid „ist weder auf einen existierenden Bedarf zugeschnitten, noch haben seine Befürworter es bislang vermocht, diesen Bedarf zu konstruieren und damit einen Markt zu schaffen ..." [52: U. KIRCHNER/J. WEYER, Magnetbahn, 275; s.a. 25: J. ABEL, Vision].

Erfolgreicher als das staatlich geförderte Transrapid-Projekt verlief das ebenfalls mit erheblicher staatlicher Unterstützung begleitete Airbus-Projekt. Erste Überlegungen zum Bau eines gemeinsamen europäischen zivilen Großflugzeugs kamen aus der französischen und deutschen Industrie, wobei es den deutschen Herstellern darum ging, nach dem Zweiten Weltkrieg wieder in den Bau von Verkehrsflugzeugen einsteigen zu können. Seit Ende der 1960er Jahre signalisierte die Bundesregierung sich an den Entwicklungskosten zu beteiligen und Bürgschaften zur Risikoabsicherung zur Verfügung zu stellen. Wie im Falle des Transrapids entwickelte sich das Airbus-Projekt im Rahmen eines ausdifferenzierten Netzwerkes privater Unternehmen der Herstellerfirmen und Fluggesellschaften sowie der daran beteiligten Staaten, in diesem Falle jedoch als länderübergreifendes europäisches Projekt. Nachdem das Projekt in der zweiten Hälfte der 1970er Jahre kurz vor dem Ende stand, gelang dann mit dem Bau des Typs A-310 der Einstieg in den wichtigen amerikanischen Markt, der schließlich auch den kommerziellen Erfolg brachte. Seitdem entwickelt sich der Airbus zunehmend als europäisches Konkurrenzprodukt zur amerikanischen Flugzeugindustrie mit erheblichem Prestige- und Symbolgehalt.

Vor dem Hintergrund erfolgreicher und erfolgloser Großtechnologien stellt sich einmal mehr die Frage nach der Rolle und den Aufgaben des Staates in der Technikpolitik. Die marxistisch orientierte Politikwissenschaft kam zu Beginn der 1970er Jahre zu dem Ergebnis, dass die Wissenschafts- und Technikpolitik der Bundesrepublik vor allem als „Strategie zur Sicherung der Kapitalverwertungsmöglichkeiten" dient [101: J. HIRSCH, Fortschritt]. In Anlehnung an das politikwissenschaftliche Korporatismus-Modell findet sich für die engen Verflechtungen zwischen Wirtschaft, Verbänden und Staat auch der Begriff des „Technokorporatismus" [111: W. KRIEGER, Technologiepolitik, 251]. Mit Blick auf die seit den 1980er Jahren einsetzende Diskussion über eine Deregulierung und den Rückzug des Staates aus der Wirtschaft und der Techniksteuerung kommt die historisch orientierte techniksoziologische Forschung zu unterschiedlichen Einschätzungen. Einerseits beobachtet sie einen Paradigmenwechsel der staatlichen Technikpolitik, die Beschreitung eines „dritten Weges", welche dem Staat die Rolle eines Moderators von Netzwerken zuschreibt, wobei die Politik sich aus der direkten Techniksteuerung zurückzieht. Andererseits verweist die staatliche Beteiligung an neuen technischen Großprojekten wie der Internationalen Raumstation „ISS", dem Navigationssatelliten „Galileo" oder dem Straßen-Maut-System „Toll Collect", die mit Milliarden-Beträgen gefördert werden, trotz erheblicher Rückschläge auf eine Fortsetzung der traditionellen Technik- und Innovationspolitik [146: J. WEYER, Innovationen].

„Technikkorporatismus"

Gleichwohl darf nicht übersehen werden, dass staatliche Technikpolitik nicht ausschließlich in der Förderung großtechnischer Systeme besteht. Zu erwähnen ist in diesem Zusammenhang der Verbraucherschutz, der – nicht zufällig auch im Jahr 1957 u. a. auf staatliche Initiative zurückgehend – in Form der Stiftung Warentest institutionalisiert wurde. Nicht zuletzt als Reaktion auf die vermeintliche Überforderung der Verbraucher im Zuge der sich entwickelnden Massenkonsumgesellschaft und den Mangel an Informationsmöglichkeiten im Umgang mit Verbrauchertechnik, kann der Verbraucherschutz auch als eine Art Technikpolitik im Kleinen verstanden werden [107: CH. KLEINSCHMIDT, „Konsumerismus"]. Anlässlich der BSE-Krise Ende der 1990er Jahre mündete diese in die Gründung eines Verbraucherschutzministeriums als Ergänzung zum Landwirtschaftsministerium, welches allerdings vornehmlich agrarpolitisch ausgerichtet ist. Technikpolitik als Schutz vor den Folgen der Technik bedeuten schließlich auch das 1977 verab-

Verbraucherschutz

schiedete Bundesdatenschutzgesetz [103: W. KAISER, Technisierung, 390] sowie das staatliche Engagement auf dem Gebiet der Technikfolgenabschätzung, wobei die für diese Form der Technikpolitik aufgewandten Finanzmittel in keinem Verhältnis zur Förderung der Großtechnologie stehen. Dies gilt ebenfalls für die seit Ende der 1990er Jahre von einer rot-grün geführten Bundesregierung verstärkt geförderten alternativen Energien wie Solar- und Windenergie, deren Subventionierung jedoch insbesondere von Seiten der Kritiker in Politik und Privatwirtschaft aus ordnungspolitischen Motiven und wegen hoher Kostenbelastungen u. a. für die Konsumenten kritisiert wird.

Technikpolitik in der DDR   Technikpolitik in der DDR ist fast ausschließlich staatliche Technikpolitik. Die Gestaltung der Technik war zentraler Gegenstand von Politik. Die Aufgabe des Staates bestand darin, über die Förderung des wissenschaftlich-technischen Fortschritts zu einer Entwicklung der Produktivkräfte beizutragen, die wiederum den sozialen und kulturellen Fortschritt garantieren. Bei allen Unterschieden im Verhältnis zwischen Staat und Technik zwischen der Bundesrepublik und der DDR lassen sich jedoch für die Zeit nach 1945 in beiden deutschen Staaten und somit auch in der DDR zwei Phasen der Technikpolitik ausmachen: 1. die Phase des Wiederaufbaus, in der auch in der DDR der Wiederaufbau und das Ingangsetzen der Wirtschaft auf der Basis traditioneller Industriezweige im Vordergrund stand; 2. die Phase der innovationsfördernden Technikplanung ab Mitte der 1950er Jahre, in der Prioritäten im Bereich neuer Technologien (Atomenergie, Nachrichtentechnik, Mikroelektronik) im Rahmen großtechnischer Systeme gesetzt wurden. Dazu wurden neue Institutionen wie der 1957 geschaffenen Forschungsrat, das Staatssekretariat für Forschung und Technik (1962) sowie das Ministerium für Wissenschaft und Technik (1967) ins Leben gerufen [89: C. BURRICHTER, Technik und Staat]. Die wirtschafts- und technikhistorische Forschung der DDR hat sich vor allem mit der Entwicklung der Produktivkräfte der DDR, dem Produktionswachstum und der Leistungsfähigkeit einzelner Industriezweige auseinandergesetzt [133: J. ROESLER/R. SCHWÄRZEL/V. SIEDT, Produktionswachstum; 134: J. ROESLER/V. SIEDT/M. ELLE, Wirtschaftswachstum; 121: W. MÜHLFRIEDEL/K. WIESSNER, Geschichte der Industrie; 127: PRODUKTIVKRÄFTE]. Nach 1989 gab es dann zahlreiche Forschungsprojekte und Publikationen, die, nicht zuletzt in vergleichender Perspektive und vor dem Hintergrund der Auflösung der DDR, nach den Ursachen der „systemimmanenten Innovationsschwäche" (A. Steiner) fragten und dafür vor allem auch die staatliche Lenkung von Wirtschaft und Technik, die staatliche Festsetzung von Prioritäten der Technikförderung in einigen und die Vernachlässigung anderer Industriezweige, Informationsdefizite, kaum vorhandene Anreize und Preismechanismen, mangelnde Konkurrenz und fehlenden internationalen Wettbewerb, verantwortlich machen [138: A. STEINER, Plan; 29: J. BÄHR/D. PETZINA, Innovationsverhalten; 26: J. ABELE/G. BARKLEIT/T. HÄNSEROTH, Innovationskulturen; 28: J. BÄHR, Industrie; 30: R. BAUER, PKW-Bau; 45: C. HEIMANN, Systembedingte Ursachen; R. 64: STOKES, Constructing Socialism]. In einigen Bereichen kommt es dabei zu Überschneidungen der Kritik einer staatlichen Technikpolitik in beiden deutschen Staaten, deren systematische historisch-vergleichende Analyse jedoch noch aussteht.

3. Technikforschung und -entwicklung

Technikforschung und -entwicklung ist Gegenstand von Unternehmen sowie von Hochschulen, Universitäten und außeruniversitären Einrichtungen, die in merkantilistischer und korporatistischer Tradition in Deutschland oft auch die staatliche Technikpolitik betreffen.

Privatwirtschaftliche Industrieforschung als Ausdruck einer anwendungsorientierten, nicht akademischen oder universitären Forschung mit dem Ziel, ein kommerzielles Produkt oder Produktionsverfahren (Innovationen) bzw. das Wissen darüber zu befördern, begann im Zuge der Industrialisierung zu Beginn des 19. Jahrhunderts und setzte sich in der zweiten Hälfte des 19. Jahrhunderts in der Form umfangreicher Forschungslabore in den sich herausbildenden Großunternehmen der Chemie-, Eisen- und Stahl-, Elektro-, Maschinenbau und der optischen und feinmechanischen Industrie durch [177: U. MARSCH, Wissenschaft]. Ein Schwerpunkt vor allem der technikhistorischen Forschung liegt dabei auf der Darstellung der „Zweiten Industriellen Revolution", mit der die Verwissenschaftlichung und Zentralisierung der Industrieforschung in den so genannten science-based-industries gemeint ist. Gut erforscht sind in diesem Zusammenhang die Chemieindustrie und die Elektroindustrie sowie mit Abstrichen auch die pharmazeutische Industrie, die hinsichtlich der Verwissenschaftlichung und deren unternehmensorganisatorischer Implementation Maßstäbe auch für andere Industriezweige setzte. Pharmazeutische Unternehmen wie Boehringer, Merck oder Schering sind Mitte des 19. Jahrhunderts aus Apotheken hervorgegangen, die dann in den 1860er bis 1880er Jahren eigene Forschungslabors einrichteten und diese zu großen Zentrallabors ausbauten [177: U. MARSCH, Wissenschaft, 95–103; 153: W. BARTMANN,

„Zweite Industrielle Revolution"

„Science-based-industries"

Tradition]. Ähnlich verlief die Entwicklung in anderen Branchen wie etwa der Elektroindustrie. Hier waren es auch einzelne Unternehmer wie Werner Siemens, der zugleich als Physiker und Techniker nach der Gründung des Unternehmens im Jahr 1847 in den 1860er Jahren weitere Physiker und Chemiker einstellte und ein kleines Labor gründete, welches dann in den 1890er Jahren zu einem großen Forschungslabor, 1919 schließlich zur Zentralstelle für wissenschaftliche Forschungsarbeiten des Siemens-Konzerns mit dezentralen Forschungslabors ausgebaut wurde. Darüber hinaus war Siemens auch an Kontakten zu Hochschulen und außeruniversitären Forschungseinrichtungen wie der 1887

PTR gegründeten Physikalisch-Technischen Reichsanstalt (PTR) interessiert, mit der sich im Verbund mit anderen Industriezweigen wie dem Maschinenbau Industrieforschung koordinieren ließ. Etwa zeitgleich und mit dem Übergang zur großindustriellen Serienfertigung und Massenproduktion von Mikroskopen, Feldstechern und Kameras errichtete auch die feinmechanisch-optische Industrie seit den 1860er Jahren Forschungslabors, die spätestens in den 1920er Jahren den Stand komplexer Forschungseinrichtungen mit Labors für Mikroskoptechnik, medizinischer Geräte, optische Messinstrumente u. a. erreichten [186: H. SCHUBERT, Industrielaboratorien; 161: P. ERKER, Verwissenschaftlichung; 177: U. MARSCH, Wissenschaft, 121–162].

Es waren jedoch nicht nur die vermeintlich „neuen" Industrien, die als science-based-industries der Forschung große Aufmerksamkeit widmeten. Bereits 1808 errichtete die staatliche oberschlesische Königshütte eine „Probieranstalt", aus der 1861 dann ein Laboratorium

Eisen- und Stahlindustrie hervorging. In der privaten Eisen- und Stahlindustrie war es Friedrich Harkort, der 1820 mit der Einstellung eines Chemikers die Grundlagen einer betrieblichen Forschung legte. Und mit dem Übergang zu den neuen Produktionsverfahren der Stahlindustrie ab Mitte des 19. Jahrhunderts (Bessemer-, Thomas-, Siemens-Martin-Verfahren, Wärme- und Nebenproduktwirtschaft) sowie der Verflechtung mit dem Bergbau und der Chemieindustrie führte dies bei Krupp, Hoesch, Thyssen, Mannesmann, der Gutehoffnungshütte etc. zur Einrichtung von Laboratorien, Prüf- und Versuchsanstalten, die schließlich ebenfalls mit universitären und außeruniversitären Forschungseinrichtungen kooperierten [181: M. RASCH, Industrieforschung; 177: U. MARSCH, Wissenschaft, 103–121; 197: A. ZILT, Industrieforschung].

Chemieindustrie Ebenfalls aus kleinen Labors mit geringem Personalbestand hervorgegangen sind die dann in der Chemieindustrie entstandenen großen Forschungslabors, die dann in der ersten Hälfte des 20. Jahrhunderts in den Großunternehmen bei Bayer, Hoechst und BASF zu Zentrallabors ausgebaut wurden, die dann in den einzelnen Produktionsabteilungen durch dezentrale Labors ergänzt wurden. Im Zuge der Konzernbildung der I.G. Farben kam es zur Gründung eines „Technischen Ausschusses" unterhalb der Vorstandsebene, der u. a. auch für Fragen der Forschung und Entwicklung zuständig war, während jedes der Hauptwerke weiterhin über ein eigenes Großlabor sowie zahlreiche kleinere Forschungseinrichtungen verfügte [126: G. PLUMPE, I.G. Farbenindustrie, 136–144; 177: U. MARSCH, Wissenschaft, 79–94]. Mit Blick auf die Forschung und Entwicklung der Chemieindustrie gewinnt in der Technik- und Wirtschaftsgeschichte auch die international vergleichende Forschung an Bedeutung. Die Diskussion über den Aufstieg der deutschen Industrie auf der einen und den „British Decline" im letzten Drittel des 19. Jahrhunderts auf der anderen Seite ist nicht allein auf die überlegene Qualität deutscher Produkte und Produktionsverfahren zurückzuführen, sondern basiert zu einem Großteil auch auf den Anstrengungen im Bereich Forschung und Entwicklung inner- und außerhalb der Unternehmen sowie günstigen staatlichen Rahmenbedingungen eines gut ausgebauten Bildungssystems, dem Informationsfluss zwischen Unternehmen und Hochschulen, einem industriefreundlichen Finanzsystem, dem staatlichen Schutz durch Zölle und Patentgesetzgebung sowie einer gut ausgebauten Infrastruktur, die insgesamt für den Erfolg des deutsche Institutionen- sowie Innovationssystems sprechen. Bis zur Jahrhundertwende konnten nicht nur die Chemieindustrie, sondern auch andere Branchen die englische Konkurrenz überholen und den Produktions- wie Produktivitätsrückstand gegenüber der amerikanischen Industrie verringern Dabei wird schließlich deutlich, dass der Begriff der „Verwissenschaftlichung" einer Differenzierung bedarf, wobei davon auszugehen ist, dass diese nicht im Sinne eines linearen Wissenszuwachses ausschlaggebend für den Erfolg der deutschen Chemieindustrie war, sondern durch Institutionalisierung das Verhältnis von Wissenschaft und Wirtschaft erst konstituierte [57: J.P. MURMANN, Knowledge; 160: A. ENGEL, Produktionssysteme, 83–104; 178: R. NELSON/N. ROSENBERG, Technical Innovations; D.S. 16: LANDES, Prometheus, 186–201, 316–324; U. 163: MARSCH, Wissenschaft]. Doch nicht nur Konkurrenz und Wettbewerb, sondern auch Kooperation und Informationsaustausch auf dem Gebiet der Forschung und Technik prägten das Verhältnis der deutschen Industrie zu anderen europäischen Industrienationen und den USA [157: Y. COHEN/K. MANFRASS, Frankreich].

Institutionalisierung

Am Beispiel der elektrotechnischen Industrie und des Maschinenbaus sowie unterschiedlicher Technikwissenschaften wird nicht nur das enge Verhältnis zwischen privaten Unternehmen und staatlichem Engagement deutlich. Es zeigt sich auch, dass anstatt von „science-based-industries" zu sprechen es sich eher anbietet, von einer „industry-based-science" (W. König) auszugehen, da die akademische Institutionalisierung der Technikwissenschaften nicht selten von den Unternehmen, etwa von Werner Siemens, ausging. Siemens regte die Gründung elektrotechnischer Lehrstühle an, die zusammen mit anderen Disziplinen eine wichtige Rolle bei der Gründung Technischer Hochschulen in Darmstadt, Stuttgart, Aachen, München, Berlin u. a. spielten. Hier sorgten dann personelle Kontakte und institutionelle Verflechtungen, wie etwa diejenige zwischen Gustav Anton Zeuner (1828–1907), seinem Schüler Carl Linde (1842–1934) und wiederum dessen Schüler Rudolf Diesel (1858–1913) für die Herausbildung enger Netzwerke zwischen privaten Unternehmen und staatlichen Hochschulen [172: W. KÖNIG, Technikwissenschaften; 154: W. BOTSCH/A. HERMANN, Naturwissenschaften; 198: G. ZWECKBRONNER, Technische Wissenschaften; 168: E. JOBST, Technikwissenschaften]. Auch historisch-biographische Zugänge, die unter Berücksichtigung neuerer technik-, wirtschafts- und politikhistorischer Fragestellungen über die personen- und ereignisgeschichtlichorientierten Darstellungen der „Männer der Technik" [114: C. MATSCHOSS, Gewerbeförderung; 247: DERS., Große Ingenieure] hinausweisen, belegen diese Zusammenhänge, wobei Untersuchungen über den Zeitraum des Ersten Weltkriegs und des Nationalsozialismus von besonderem Interesse sind [189: M. SZÖLLÖSI-JANZE, Fritz Haber; 187: D. STOLTZENBERG, Fritz Haber; 173: U. KOHL, Präsidenten]. Mit Blick auf den Ersten und Zweiten Weltkrieg steht neben der Untersuchung der sich entwickelnden industriellen und staatlichen Großforschung auch die Betrachtung außeruniversitärer Forschungseinrichtungen wie der Kaiser-Wilhelm-Gesellschaft oder der Preußischen Akademie der Wissenschaften im Mittelpunkt der Forschung [180: M. RASCH, Kaiser-Wilhelm-Institut; 171: J. KOCKA, Königlich-Preußische Akademie; 163: W. FISCHER (Hrsg.), Die Preußische Akademie; 166: N. HAMMERSTEIN, DFG; 155: R. VOM BRUCH/R. A. MÜLLER, Wissenschaftsförderung; 173: U. KOHL, Präsidenten; 185: W. SCHIEDER/A. TRUNK, Adolf Butenandt]. Hinsichtlich der Zeit des Nationalsozialismus richtet sich das Interesse der Forschung auf die Rüstungsindustrie, insbesondere auf die Luftfahrtforschung, die Eisen-, Stahl- und Metallindustrie sowie auf die Chemie- und Kunststoffindustrie [175: H. MAIER, Rüstungsforschung; 190: M. SZÖLLÖSI-JANZE, Science; 192: H. Trischler, Luft- und Raumfahrtforschung; 169: H. KAHLERT, Chemiker; 85: L. BUDRASS, Flugzeugindustrie]. Als eine Domäne der anglo-amerikanischen Historiographie erwies sich bislang – nicht zuletzt auf der Basis der „Farm-

3. Technikforschung und -entwicklung 97

Hall-Protokolle" die Erforschung der deutschen Atomforschung im Nationalsozialismus. Hier entzündeten sich intensive Auseinandersetzungen um Fragen nach dem Forschungs- und Wissensstand der deutschen Rüstungsindustrie, nach den technischen und finanziellen Voraussetzungen und Möglichkeiten, nach den Zielen der nationalsozialistischen und militärischen Führung sowie nach der moralischen und ethischen Beurteilung beteiligter Wissenschaftler wie Werner Heisenberg und Carl Friedrich von Weizsäcker [194: M. WALKER, Uranmaschine; 195: DERS., Nazi Science; 164: C. FRANK, Operation Epsilon; 183: P.L. ROSE, Heisenberg]. Umstritten sind neueste Untersuchungen, die auf der Basis bislang nicht ausgewerteter russischer Quellen davon ausgehen, dass gegen Kriegsende erfolgreich deutsche Atomwaffentests durchgeführt wurden, die zwar nicht zum Bau großer Atombomben, sondern nur für taktische Atomwaffen hätten genutzt werden können, die wiederum aber auch nicht kriegsentscheidend gewesen wären [170: R. KARLSCH, Hitlers Bombe].

Atomforschung im NS

Die Bedeutung der Großforschung steht schließlich auch im Mittelpunkt technik- und wirtschaftshistorischer Untersuchungen für die Zeit nach 1945. Während unternehmenshistorische Arbeiten dem Bereich Forschung und Entwicklung nur selten größere Aufmerksamkeit widmen [162: P. ERKER, Wettbewerb; H.-L. 158: DIENEL, Linde; 153: W. BARTMANN, Tradition; 152: W. ABELSHAUSER, BASF], richtet sich das Hauptaugenmerk insbesondere zur westdeutschen Technikgeschichte auf Großforschungseinrichtungen der Atomindustrie wie etwa dem Forschungszentrum Jülich, der Gesellschaft für Schwerionenforschung, der Mikroelektronik oder wiederum der Luft- und Raumfahrtforschung. Damit richtet sich der Blick in erster Linie auf die neuen Industrien, bei deren Entwicklung in der korporatistisch geprägten Bundesrepublik dem Staat eine wichtige Bedeutung zukam [191: M. SZÖLLÖSI-JANZE/H. TRISCHLER, Großforschung; 184: B.-A. RUSINEK, Forschungszentrum; 174: P. LUNDGREEN, Staatliche Forschung]. Schließlich stellt sich hinsichtlich der industriellen Großforschung auch aus technikhistorischer Perspektive die Frage nach dem Primat der Wirtschaft, der Wissenschaft oder der Politik [159: M. ECKERT/M. OSIETZKI, Wissenschaft] bzw. nach einer „konzertierten Großforschungs-Aktion" [188: M. SZÖLLÖSI-JANZE, Arbeitsgemeinschaft], und es wird deutlich, dass die Großforschung das „Einfallstor" des Zentralstaats in die föderative Kulturhoheit der Länder der Bundesrepublik darstellte [192: H. TRISCHLER, Luft- und Raumfahrtforschung].

Großforschungseinrichtungen in der Bundesrepublik

In der DDR war Forschung ebenfalls zu einem guten Teil staatliche Großforschung. Die Primatfrage lässt sich damit eindeutig zu

Großforschung in der DDR

Gunsten eines „Primat der Politik" beantworten. Im Rahmen zentraler Forschungsplanung zuständig für Forschung und Entwicklung waren neben dem Ministerium für Planung und der staatlichen Plankommission vor allem die großen Betriebe wie Carl Zeiss oder die Leuna-Werke, die quasi für die gesamte staatliche Wirtschaft Aufgaben der Forschung und Entwicklung übernahmen. Weitere staatliche Steuerungseinrichtungen waren das Anfang der 1950er Jahre ins Leben gerufene Zentralamt für Forschung und Technik, das 1955 errichtete Amt des Ministerrats für Kernforschung und Kerntechnik sowie das 1961 gegründete Staatssekretariat für Forschung und Technik. Darüber hinaus existierten mit der Akademie der Wissenschaften der DDR, den Universitäten und Technischen Hochschulen unterschiedliche Spezialinstitute wie diejenigen für Kohleveredelung in Leipzig, für Spezialwerkstoffe in Dresden, für Katalyseforschung in Rostock oder für Magnetische Werkstoffe in Jena [176: A. MALYCHA, Geplante Wissenschaft, 62–76]. Wie es trotz dieser Anstrengungen zur vielzitierten Innovationsschwäche der DDR-Wirtschaft kommen konnte, zeigen technikhistorische Untersuchungen zu unterschiedlichen Branchen wie der Chemie-, der Eisen- und Stahl-, der Automobil-, Halbleiter-, Atomenergie oder Synthesekautschukindustrie, die vor allem im Vergleich mit der bundesdeutschen Industrie die Unzulänglichkeiten der Forschung und Entwicklung in der DDR verdeutlichen [26: J. ABELE/G. BARKLEIT/TH. HÄNSEROTH, Innovationskulturen; 182: G. A. RITTER/M. SZÖLLÖSI-JANZE/H. TRISCHLER, Antworten; 165: TH. HÄNSEROTH, Technik; 29: J. BÄHR/D. PETZINA, Innovationsverhalten; 68: ST. UNGER, Eisen].

Seit dem 19. Jahrhundert basierte die Forschung und Entwicklung der „science-based-industries" auf der Vorstellung wissenschaftlicher „Wahrheiten", von „gesichertem" Wissen und einem linearen Fortschritt der Technik. Erst gegen Ende des 20. Jahrhunderts geriet dieses Modell ins Wanken, wie das Konzept der „reflexiven Moderne" zeigt, welches schließlich auch in der Technikgeschichte rezipiert wird. Über Anleihen der verhaltenswissenschaftlichen Wirtschaftsforschung („bounded rationality", „tacit knowledge") wird zunehmend deutlich, dass auch auf dem Gebiet der Technik sowie der Forschung und Entwicklung deren Reichweiten und Grenzen reflektiert und damit auch relativiert und diese Überlegungen auch in die wissenschaftliche Praxis mit einbezogen werden müssen [196: U. WENGENROTH, Der aufhaltsame Weg; 71: U. WENGENROTH /U. HEYMANN, Bedeutung].

4. Technik und Bildung, Wissen und Informationen

Das Verhältnis von Technik und Bildung ist seit dem 18. Jahrhundert stark geprägt durch den Einfluss des Staates in Form institutionalisierter technischer Bildung über die Einrichtung von Realschulen, Fachschulen, polytechnischen Schulen und technischen Hochschulen. Parellel dazu entwickelte sich die technische Bildung und Ausbildung im privaten Gewerbe und in der Industrie. Beide zusammen mündeten schließlich im 20. Jahrhundert in das „deutsche System" der Berufsausbildung, welches im internationalen Maßstab eine Vorbildfunktion einnahm [209: W.D. GREINERT, Das „deutsche" System]. Darüber hinaus nahmen auch Vereine und Verbände Einfluss auf die technische Bildung. Schließlich erfolgt die Vermittlung technischen Wissens auch auf informellem Weg über Sammlungen und Ausstellungen [s. Kap. II.7] sowie über das Studium von Literatur und über Informationsreisen, die im Zuge der Industrialisierung eine wichtige Funktion der Wissensaneignung darstellten.

„Deutsches System" der Berufsausbildung

Im Zuge der Bildungsexpansion Ende der 1960er und zu Beginn der 1970er Jahre gelangte das Thema technische Bildung zunehmend in das Blickfeld der historischen Forschung. Die Bedeutung technischer Bildung zeigte sich in historischer Perspektive insbesondere mit Blick auf die Industrialisierungsphase, in der sie sich als ein wesentlicher Bestandteil des „technischen Fortschritts" und des Wirtschaftswachstums erwies [215: P. LUNDGREEN, Bildung 216: DERS., Techniker; 217: K.-H. MANEGOLD, Universität].

Technische Bildung

Die Anfänge des technischen Bildungswesens reichen allerdings bis in die Zeit der Aufklärung und des Merkantilismus zurück. Insbesondere im 18. Jahrhundert kam es zur Gründung von Real- und Fachschulen sowie zur Gründung von Einrichtungen technisch-ökonomischer Wissenschaften an den Hochschulen. Bildung wurde zunehmend als ökonomischer Faktor und als konstitutiver Teil der Gewerbeförderung betrachtet. Real- oder mathematische Handwerksschulen dienten in dieser Zeit zur handwerklichen Ausbildung Jugendlicher, die im gleichen Zeitraum entstandenen Fachschulen für unterschiedliche Gewerbezweige galten als Gegenstück zu den allgemeinbildenden Schulen. Als Baugewerbe-, Berg- oder Gewerbeschulen gliederten sie sich wie die übrigen Schulen in Hoch-, Mittel- und niedere Schulen. Wichtige Fachschulgründungen in der zweiten Hälfte des 18. Jahrhunderts waren u. a. die Bergakademien in Freiberg, Berlin und Clausthal. Die

Gewerbeschulen

1821 in Berlin gegründete Gewerbeschule vermittelte Inhalte u. a. in Geometrie, Mathematik, Physik, Chemie, Statik und Maschinenlehre und sollte 12–16-jährige Schüler auf ihre Berufstätigkeit in der Industrie vorbereiten. Fachschulen etablierten sich im 19. Jahrhundert als Spezial- und Ingenieurschulen unterhalb der Hochschulebene, erhielten 1931 die Bezeichnung „Höhere Technische Lehranstalt" und wurden 1937 schließlich wieder in Fachschulen umbenannt. Im Zuge der Bildungsreform Ende der 1960er Jahre und mit der Verabschiedung der Fachhochschulgesetze der einzelnen Bundesländer kam es schließlich zur Gründung von Fachhochschulen, die einen Teil der Ingenieurausbildung mit Hochschulcharakter abdecken [201: H. ALBRECHT, Anfänge; 225: F. SCHÜTTE, Technisches Bildungswesen; 206: M. FESSNER, Gewerbliche Bildungspolitik]. In der DDR gab es Fachschulen vor allem als Ingenieurschulen zur Ausbildung „mittlerer Kader". Dabei knüpfte die DDR zunächst an das traditionelle deutsche Fachschulsystem an, das jedoch in den 1950er Jahren einer Neuordnung unterzogen wurde. Oberhalb der Fachschulebene etablierte sich auch in der DDR die Ebene Technischer Hochschulen, die u. a. in Leuna-Merseburg, Dresden, Magdeburg und Weimar entstanden [210: W. HANDE, Sozialisationserfahrungen]. Die historische Erforschung der technischen Bildung in der DDR ist jedoch im Vergleich zur Geschichte der technischen Bildung in der Bundesrepublik sowie des 19. und frühen 20. Jahrhunderts deutlich unterrepräsentiert.

Die eigentliche technische Hochschulausbildung lag seit Beginn des 19. Jahrhunderts bei den Technischen Hochschulen. Diese sollten die bei den Kritikern als lebens- und praxisfern geltende Universitätsausbildung durch die Vermittlung von technisch-wissenschaftlichem Grundlagenwissen ergänzen. Eine Vorbildfunktion übernahmen in diesem Zusammenhang die 1806 in Prag und 1815 in Wien gegründeten polytechnischen Institute. In den 1820er Jahren folgten dann vergleichbare Einrichtungen in Karlsruhe (1825), München (1827) und Dresden, die dann seit den 1870er Jahren den Rang Technischer Hochschulen zugesprochen bekamen. Damit setzte ab Mitte des 19. Jahrhunderts ein Prozess der Akademisierung technischer Bildung in Deutschland ein, der in Kooperation mit Verbänden wie dem VDI und privaten Unternehmen zur Herausbildung „akademisch-industrieller Wissensnetzwerke" führte, die wiederum eine wichtige Voraussetzung für den Aufstieg und den internationalen Erfolg der deutschen Wirtschaft im Kaiserreich begründete [57: J. P. MURMANN, Knowledge].

Im Zuge der industriellen Nachfrage nach qualifizierten Arbeits- und Führungskräften bzw. Ingenieuren sowie des privatwirtschaftlichen Ausbaus von Forschungs- und Entwicklungseinrichtungen gelangte die Frage der technischen Bildung gegen Ende des 19. Jahrhunderts auch zunehmend ins öffentliche und politische Bewusstsein und führte zum Ausbau der Technischen Hochschulen, zu deren verbesserter technischer und finanzieller Ausstattung sowie zu einer Gleichberechtigung mit den Universitäten. Die Technischen Hochschulen, die bis dahin vor allem für Ausbildung und Unterricht zuständig waren, sollten sich auch im Bereich der Forschung engagieren und erhielten 1899 schließlich auch das Promotionsrecht zugesprochen. Doch erst ab Mitte der 60er Jahre des 20. Jahrhunderts wurden sie als Technische Universitäten den Universitäten gleichgestellt, so dass das seit „über 100 Jahren spannungsvolle Verhältnis von Universität und Technischer Hochschule eindeutig abgeschlossen" war [218: K.-H. Manegold, Geschichte]. Die Erfolgsgeschichte Technischer Hochschulen ist vielfach Gegenstand wissenschaftlicher Jubiläumsliteratur, die z.T auch auf allgemeine Entwicklungen der technik-wirtschaftlichen Bildung seit dem 18. Jahrhundert eingeht [223: R. Rürup, Technische Universität Berlin; 200: H. Albrecht, Technische Bildung; 229: U. Wengenroth, Technische Universität München].

Einen weiteren Schwerpunkt historisch-technischer Bildungsforschung stellt das betriebliche Ausbildungswesen dar, welches in Form der Lehrlingsausbildung ebenfalls bis ins 18. Jahrhundert zurückverfolgt werden kann, jedoch erst im Verlauf der Industrialisierung und vor allem seit Beginn des 20. Jahrhunderts mit dem Übergang zum Großunternehmen zu einer Institutionalisierung des betrieblichen Ausbildungswesens führte, die schließlich in das „duale System" der Berufsausbildung mündete, welches nach dem Zweiten Weltkrieg auch international Vorbildcharakter hatte. Es ist vor allem die pädagogisch-historische Forschung, die sich der institutionalisierten Berufsausbildung vom Beginn der Industrialisierung über das Kaiserreich [226: K. Stratmann, Technische Bildung; 224: A. Schlüter/K. Stratmann, Betriebliche Berufsbildung; 221: G. Pätzold, Quellen; 222: K.-J. Rinneberg, Betriebliches Ausbildungswesen], die Weimarer Republik [219: W. Muth, Berufsausbildung] und den Nationalsozialismus [214: A. Lepold, Der gelenkte Lehrling; 230: Th. Wolsing, Untersuchungen] bis hin zur Nachkriegszeit [220: G. Pätzold, Auslese; 227: K. Stratmann, Duales System] widmet. Sozial-, wirtschafts- und unternehmenshistorische Untersuchungen konzentrieren sich auf Fallstudien einzelner Industriezweige und Unternehmen, in denen deutlich wird, dass seit Beginn des 20. Jahrhunderts unter dem Einfluss des Deutschen Ausschusses für technisches Schulwesen (Datsch), des Deutschen Instituts für

Betriebliches Ausbildungswesen

Duales System

Deutscher Ausschuss für technisches Schulwesen

| Deutsches Institut für technische Arbeitsschulung | technische Arbeitsschulung (Dinta), des Ausschusses für Berufsbildung (AfB) oder der Gesellschaft für Arbeitspädagogik die technische Berufsausbildung in unterschiedlichen Industriezweigen zunehmend in den Sog betrieblicher Rationalisierungsstrategien geriet [208: J. GROSSEWINKELMANN, Werk; 205: O. DOMMER/D. KIFT, Keine Herrenjahre; 202: M. VON BEHR, Entstehung; 324: CH. KLEINSCHMIDT, Rationalisierung, 85–89, 180–185, 271–283; 98: TH. VON FREYBERG, Industrielle Rationalisierung, 328–341]. |

Neben dieser formalen und institutionalisierten technischen Bildung hat die informelle Wissensaneignung, Technik- und Informationsvermittlung in der historischen Forschung bislang wenig Aufmerksamkeit erfahren. Im Zuge verhaltenswissenschaftlicher Erklärungsansätze, die auch subjektive Aspekte der Wahrnehmung, Orientierung und Informationsverarbeitung berücksichtigen, wird deutlich, dass die Rezeption von Literatur in Form von technisch-wissenschaftlichen Zeitschriften sowie Informationsreisen seit der Industrialisierung ein wesentlicher Aspekt technischer Wissensaneignung und von Lernprozessen sind. Diese Ansätze sind zudem kompatibel mit wissens- und techniksoziologischen Ansätzen etwa der Leitbild- und Technikgeneseforschung sowie mit ökonomischen Ansätzen der Neuen Institutionenökonomik sowie des Wissensmanagements [204: L. BLUMA/K. PICHOL/ W. WEBER, Technikvermittlung; 212: CH. KLEINSCHMIDT, Neue Institutionenökonomik; 54: DERS., Blick; 207: M. R. FRIEDERICI, Wissen].

5. Technokratie und Ingenieure

Technikentwicklung, technische Bildung, staatliche Einflüsse und die Herausbildung des Ingenieurberufs sind im 19. Jahrhundert eng miteinander verknüpft. Bis ins 18. Jahrhundert war der Begriff „Ingenieur" allerdings kaum von demjenigen des Architekten bzw. des Baumeisters zu unterscheiden, wobei mit „Ingenieur" vornehmlich der im Bereich des Festungs-, Artillerie- oder Wasserbaus engagierte „Militäringenieur" verstanden wurde. Erst im Verlaufe des 19. Jahrhunderts verlor der Ingenieurbegriff seine militärische Prägung. Der Ingenieur entwickelte sich zunehmend zum „Civil-Ingenieur", der in erster Linie als Staatsbeamter im Baubereich, d.h. im Straßenbau, im Eisenbahnbau oder im Wasserbau tätig war. Darüber hinaus fanden sich zunehmend Ingenieur-Unternehmer wie Gottlieb Jacobi (1770–1823), Friedrich Krupp (1787–1826) oder Jacob Meyer (1813–1875) sowie angestellte

5. Technokratie und Ingenieure

Ingenieure in der Industrie. Die Gründung des Vereins Deutscher Ingenieure im Jahr 1856 verhalf dem Ingenieurberuf zu neuem Ansehen und stellte die zentrale Interessenvertretung der Ingenieure dar [255: L. U. SCHOLL, Ingenieure, 302–316; 244: K.-H. LUDWIG, Technik].

<small>Verein Deutscher Ingenieure</small>

Ingenieure als soziale Gruppe der technischen Intelligenz nehmen seitdem aufgrund ihrer beruflichen Ausbildung sowie mit Blick auf die gesellschaftliche Machtverteilung je nach politischen, sozialen und ökonomischen Rahmenbedingungen eine zentrale Rolle in der deutschen Gesellschaft ein. Im Zuge der Industrialisierung im 19. Jahrhundert und vor dem Hintergrund der starken Stellung des Staates kam den technischen Fachbeamten als „industrielle(n) Organisatoren" eine wichtige Rolle zu. Dabei standen technische Ausbildung, Facharbeit und Praxisbezug im Vordergrund. Die zentrale Stellung der Ingenieure im Industrialisierungsprozess stand zugleich im Widerspruch zur antitechnischen Kulturkritik gegen Ende des 19. Jahrhunderts und zum dadurch in Frage gestellten Gesellschafts- und Weltbild der Ingenieure, welches dann nach 1918 durch die Technokratiebewegung der Zwischenkriegszeit eine Aufwertung erfahren sollte. Die technikhistorische Forschung hat sich erst seit den 1970er Jahren, parallel zur soziologischen Forschung und im Anschluss an die „sozialhistorische Wende" der Geschichtswissenschaften, mit der gesellschaftlichen Rolle und Bedeutung von Ingenieuren auseinandergesetzt [239: G. HORTLEDER, Gesellschaftsbild; 255: L. U. SCHOLL, Ingenieure; 244: K.-H. LUDWIG, Technik; 231: N. BECKENBACH, Gesellschaftliche Stellung]. Dies bedeutete zugleich eine Überwindung älterer methodischer Ansätze der Technikgeschichtsschreibung, die sehr stark biographisch orientiert waren und sich in der Tradition von Conrad Matschoß (1871–1942) seit den 1930er Jahren, z.T. bis in die Gegenwart hinein, vornehmlich den individuellen Leistungen, Begabungen, der Verantwortung, dem Ehrgeiz und Wagnis berühmter „Erfinder" und „großer Ingenieure" widmeten [247: C. MATSCHOSS, Große Ingenieure; 259: W. TREUE, Eugen Langen; 250: K. RATHKE, Wilhelm Maybach; 248: J. NEIRYNCK, Göttlicher Ingenieur].

<small>Gesellschafts- und Weltbild</small>

Die sozial- und wirtschaftshistorisch orientierte Technikgeschichtsschreibung seit den 1970er Jahren greift die biographischen Ansätze z.T. auf, ordnet diese jedoch unter Berücksichtigung quantifizierender und strukturhistorischer Aspekte über die soziale Herkunft, die berufliche Ausbildung und die gesellschaftliche Stellung der Ingenieure in die soziale und wirtschaftliche Entwicklung ein. Darüber hinaus ermöglichen internationale Vergleiche Aussagen zu spezifischen Erfolgen deutscher Technik und Wirtschaft, bedingt u.a. durch die fruchtbare Wechselwirkung zwischen Hochschule und Industrie [233: H.-L. DIENEL, Ingenieure; 255: L. U. SCHOLL, Ingenieure; 260: W. WEBER, Ingenieure im Ruhrgebiet].

Kulturkritik Weniger die Erfolge in Technik und Wirtschaft als vielmehr die Kulturkritik der Jahrhundertwende sowie die Infragestellung der Ingenieurleistungen gegen Ende des Ersten Weltkriegs bewirkten einen Bruch in der gesellschaftlichen Stellung, vor allem in der Fremd- und Selbstwahrnehmung deutscher Ingenieure. Während sie sich einerseits mit den Herausforderungen der industriellen Massenproduktion sowie der Waffenherstellung konfrontiert sahen, die den Ersten Weltkrieg zu-
„Ingenieurkrieg" gleich als „Ingenieurkrieg" erscheinen ließen, brachte die Entwicklung und Herstellung neuer Waffen oder chemischer Kampfstoffe aus Sicht der Militärs nicht den gewünschten Kriegserfolg. Daraus entwickelte sich ein massiver Konflikt zwischen Militärs und Ingenieuren, der in eine „Quasi-Dolchstoßlegende" mündete, wonach das Militär die deutschen Techniker und Ingenieure weitgehend ignoriert habe und ihnen schließlich sogar in den Rücken gefallen sei. Eine konsequente Nutzung der Militärtechnik und die Berücksichtigung der Kenntnisse und Kompetenzen der Ingenieure hätte aus deren Sicht schließlich einen positiveren Ausgang des Krieges zur Folge gehabt [19: J. RADKAU, Technik, 239 ff.; 239: G. HORTLEDER, Gesellschaftsbild, 79 ff.; 261: ST. WILLEKE, Technokratiebewegung, 126 ff.].

Die Niederlage des Ersten Weltkriegs musste dementsprechend aus Sicht der Ingenieure zu einer Stärkung der gesellschaftlichen Stellung von Ingenieuren führen. Der VDI-Vorsitzende Alois von Rieppel (1852–1926) forderte eine größere Anteilnahme von Ingenieuren am öffentlichen Leben. Dies geschah u. a. dadurch, dass im Übergang von der Kriegs- zur Friedenswirtschaft am Beginn der Weimarer Republik Ideen und Konzepte an Bedeutung gewannen, die Technik und Wissenschaft bei der gesellschaftlichen Neugestaltung einen größeren Stellen-
„Gemeinwirtschaft" wert einräumten. Die Idee der „Gemeinwirtschaft" von Wichard von Moellendorf und Walter Rathenau stellte die technisch-ökonomische Erstarkung Deutschlands als Voraussetzung der Gemeinwohlförderung in den Mittelpunkt. Die in der Kriegs- und der direkten Nachkriegszeit erfolgreich arbeitenden Organisationen der Normierung und Typisierung, die 1918 gegründete Arbeitsgemeinschaft Deutscher Betriebsin-
Arbeitsgemein- genieure, das RKW, der VDI und der Refa sollten Teil einer umfassen-
schaft Deutscher Be- den technisch-wissenschaftlichen „Gemeinschaftsarbeit" zum Wohle
triebsingenieure der deutschen Volkswirtschaft und im Sinne des sozialen Ausgleichs sein [261: ST. WILLEKE, Technokratiebewegung, 139–142; 239: G. HORTLEDER, Gesellschaftsbild, 58–61].

5. Technokratie und Ingenieure

Auch wenn sich das Gemeinwirtschaftskonzept in der Weimarer Republik nicht durchsetzte, so gewannen die Ingenieure im Zuge der Rationalisierungsbewegung ab Mitte der 1920er Jahre und als Experten der wissenschaftlichen Betriebsführung an Bedeutung. Während sich jenes Konzept zu Beginn der Weimarer Republik durch antikapitalistische Elemente und planwirtschaftlich-sozialistische Aspekte auszeichnete, setzten sich gegen Ende der 1920er Jahre mit dem Ausbruch der Weltwirtschaftskrise autoritär-antidemokratische Strömungen im bereits 1920 gegründeten „Reichsbund deutscher Techniker" und vor allem im „Kampfbund Deutscher Architekten und Ingenieure" (1931) durch. Diese beeinflussten auch die aus den USA kommende „Technokratiebewegung", die Ingenieuren eine Führungsrolle in Staat und Wirtschaft im Sinne einer „Herrschaft der Experten" nach Sach- und Effizienzgesichtspunkten zudachte. In der technikhistorischen Aufarbeitung der Technokratiedebatte der Zwischenkriegszeit treffen dabei unterschiedliche Forschungsschwerpunkte zur Geschichte der Ingenieure, der Rationalisierungsbewegung, der Modernisierung sowie international vergleichender Ansätze mit Blick auf Deutschland und die USA aufeinander [261: ST. WILLEKE, Technokratiebewegung, 31–112; 239: G. HORTLEDER, Gesellschaftsbild]. Diese wiederum sind anschlussfähig an neueste Untersuchungen, die im Bereich der Sozial-, Wirtschafts- und Technikentwicklung eine „entfernte Verwandtschaft" zwischen italienischem Faschismus, deutschem Nationalsozialismus und amerikanischem New Deal ausmachen [252: W. SCHIVELBUSCH, Entfernte Verwandtschaft].

Infolge der Weltwirtschaftskrise sahen sich Techniker und Ingenieure einmal mehr einer scharfen Kritik ausgesetzt, die sie für die Massenarbeitslosigkeit als vermeintliche Konsequenz der Rationalisierungsbewegung mitverantwortlich machte. Darauf antwortete die Technokratiebewegung u. a. in Form der „Technokratischen Union" mit einem Gegenangriff auf die nicht-technischen Führungseliten und machte diese wiederum für die Krise der Weimarer Republik verantwortlich. Gleichzeitig rückte die deutsche Technokratiebewegung in die Nähe national-konservativer und nationalsozialistischer Kreise, wobei es in Fragen der technisch-wissenschaftlichen Lösung volkswirtschaftlicher Probleme Überschneidungen mit nationalsozialistischen Krisenlösungsstrategien gab. Im Zuge der Gleichschaltung kam es jedoch zu einer Instrumentalisierung der Technokratiebewegung, zur Auflösung der Anfang der 1930er Jahre gegründeten „Technokratischen Union" zugunsten der „Deutschen Technokratischen Gesellschaft", die sich am Technikverständnis Gottfried Feders orientierte.

Marginalia: „Reichsbund Deutscher Techniker"; „Kampfbund Deutscher Architekten und Ingenieure"; „Technokratische Union"

Doch die Entmachtung Feders und die zunehmende Kritik der Technokraten an der nationalsozialistischen Wirtschafts- und Technikpolitik führten schließlich zu Konflikten mit der nationalsozialistischen Führung und zum Einflussverlust der Technokratiebewegung in Deutschland [261: St. Willeke, Technokratiebewegung, 211–224]. Das Bild des „unpolitischen Technokraten" hat sich jedoch, insbesondere mit Blick auf die Zeit des Nationalsozialismus und führende Vertreter der technischen Intelligenz wie Albert Speer, bis weit in die Nachkriegszeit gehalten. Erst seit den 1970er Jahren hat sich auch die technikhistorische Forschung ausführlicher Fragen zum Verhältnis von Technik, Ingenieuren und Nationalsozialismus gewidmet, dabei deren Indienstnahme für die Ziele der Nationalsozialisten, für Rüstungspolitik und Kriegführung thematisiert und schließlich die vermeintlich „neutrale" bzw. „unpolitische" Technik als Mythos entlarvt [240: ICH DIENTE NUR DER TECHNIK; 256: F. W. SEIDLER, Organisation Todt; 251: M. RENNEBERG/M. WALKER, Science; 243: W. LORENZ/T. MEYER, Technik; 238: J. HERF, Reactionary Modernism]. Den Mythos des „unpolitischen Technokraten" Albert Speer zu entlarven, blieb jedoch einer nicht-technikhistorischen Arbeit vorbehalten [253: M. SCHMIDT, Albert Speer; 249: B. ORLAND, Zwiespalt]. In der Folgezeit gelang es auch technikhistorisch-biographischen Arbeiten, Karriereverläufe führender Techniker und Ingenieure über die Zeit der Weimarer Republik und des Nationalsozialismus bis in die Bundesrepublik zu verfolgen und damit Kontinuitäten über die Systemgrenzen hinweg zu verdeutlichen [246: H. MAIER, Erwin Marx].

<small>Mythos des „unpolitischen Technokraten"</small>

Dieses breite Spektrum technikhistorischer Forschung der 1970er bis 1990er Jahre zum Thema Ingenieure und Technokratie ist in mehreren Sammelbänden dokumentiert [244: K.-H. LUDWIG, Technik; 245: P. LUNDGREEN/A. GRELON, Ingenieure in Deutschland; 254: I. SCHNEIDER u. a., Oszillationen]. Auffällig dabei ist, neben der methodischen Orientierung an sozialhistorischen Fragestellungen, die Konzentration auf den Zeitraum vom Beginn des 19. Jahrhunderts bis zum Zweiten Weltkrieg sowie die damit verbundene Vernachlässigung der Zeit nach 1945 sowie die geringe Berücksichtigung geschlechtsspezifischer Untersuchungen [262: K. ZACHMANN, Mobilisierung der Frauen; 237: M. GREIF/K. STEIN, Ingenieurinnen]. Technikhistorische Forschungen zum Thema Ingenieure bzw. Ingenieurinnen in der Bundesrepublik und der DDR sind, abgesehen von wenigen Ausnahmen [262: K. ZACHMANN, Mobilisierung] nach wie vor ein Desiderat bzw. für die 1960er und 1970er Jahre eine Domäne der Sozialwissenschaften [242: W. LAATZ, Ingenieure; 257: G. THIEL, Techniker; 241: E. KO-

GON, Die Stunde der Ingenieure]. Dagegen lässt sich in jüngster Zeit eine methodische Öffnung der technikhistorischen Ingenieursforschung als Folge der „kulturhistorischen Wende" der Geschichtsschreibung der 1990er Jahre beobachten, die wiederum auf den „Lamprecht-Streit" der Jahrhundertwende um 1900 zurückverweist. Der „Kulturfaktor Technik" findet dabei ebenso Berücksichtigung wie Fragen der Wahrnehmungen, der Orientierungen und Einstellungen sowie von Bildern und Visionen, die das Denken und Handeln von Ingenieuren prägten [235: B. Dietz/M. Fessner/H. Maier, Technische Intelligenz; 234: H.-L. Dienel, Optimismus].

„Kulturfaktor Technik"

6. Technologietransfer

Unter Technologietransfer wird die Übertragung von technischem Wissen und Produktionsfertigkeiten von einem Land in ein anderes („horizontaler Transfer") bzw. die Übertragung von Technologien aus dem Bereich der Forschung und Entwicklung (s. Kap. II.3) in den Bereich der praktischen Anwendung verstanden. Der hier im Mittelpunkt stehende „horizontale Technologietransfer" war nach dem Zweiten Weltkrieg zunächst Gegenstand der Politik und der Diskussion über Unterentwicklung und deren Überwindung. Mit Blick auf die „technologische Lücke" zwischen entwickelten und unterentwickelten Ländern schien es in erster Linie eine Frage des Erwerbs von Know-how und neuester Produktionstechnik, um den Abstand der Entwicklungsländer zu den führenden Industrienationen des Westens zu verringern. Als Vorbild für diesen Aufholprozess diente das Modell der Industrialisierung im 19. Jahrhundert, wobei es den Ländern des europäischen Kontinents und den USA innerhalb weniger Jahrzehnte gelang, zum Vorbild Großbritannien als der „first industrial nation" aufzuschließen und auf mittelfristige Sicht einen erfolgreichen wirtschaftlichen Wachstumsprozess mit einer entsprechenden Wohlstandsentwicklung einzuleiten. Nach älteren Studien u. a. von Thorstein Veblen waren es vor allem die Untersuchungen Alexander Gerschenkrons, die zu Beginn der 1960er Jahre eine Verbindung von Entwicklungspolitik sowie Technikund Wirtschaftsgeschichte herstellten. Der „Veblen-Gerschenkron-Effekt" beschreibt dementsprechend den Aufholprozess der englischen Industrialisierung durch Deutschland und Österreich im 19. Jahrhundert sowie die wichtigsten Wachstumsfaktoren, angefangen vom Stand der Technologie bzw. der Übernahme neuer Technologien über die

„Horizontaler Technologietransfer"

„Veblen-Gerschenkron-Effekt"

Rolle des Staates, des Bildungswesens und der Banken [266: H.-J. BRAUN, Technologietransfer].

Die Bedeutung des Themas „Industrialisierung" bzw. „Industrielle Revolution" als zentrales Thema der Technik- und Wirtschaftsgeschichte seit den 1950er Jahren ist nicht zuletzt aus diesen Zusammenhängen heraus und mit Blick auf die Vorbildfunktion der westlichen Industrienationen für die weltwirtschaftliche Entwicklung nach 1945 zu erklären. Industrialisierungsgeschichten sind deshalb häufig vergleichend angelegt, betonen zunächst die englische Pionierrolle im Bereich der Leitsektoren der Textilindustrie, des Bergbau sowie Eisen-, Stahl- und Maschinenbauindustrie, um dann die Entwicklung der „Nachzügler" im Prozess des „catching up" bzw. der Schließung der „technologischen Lücke" nachzuzeichnen. Inzwischen existieren umfangreiche Forschungen zu unterschiedlichen Branchen und Technologien, die, unter Berücksichtigung weiterführender theoretischer Modelle nach den Voraussetzungen erfolgreichen Technologietransfers mit Blick auf die Möglichkeiten rascher Informationsübertragung, des freien Güter- und Kapitalverkehrs, des Bildungssystems, der Infrastruktureinrichtungen, des Rechtssystems, der Allokation von Ressourcen sowie der Aktions- und Reaktionsgeschwindigkeit von Produktion und Konsum fragen [265: H.-J. BRAUN, Technologietransfer; 16: D. LANDES, Prometheus; 276: T. PIERENKEMPER, Umstrittene Revolutionen; 76: H. BERGHOFF/D. ZIEGLER, Pionier; 269: D. J. JEREMY, Transfer of Industrial Technology; 269: D. J. JEREMY, International Technology Transfer; 271: K.-P. MEINECKE/K. KRUG, Wissenschafts- und Technologietransfer; 266: R. FREMDLING, Technologischer Wandel; 264: S. BECKER, Multinationalität]. Der Technologie- und Wissenstransfer im 19. Jahrhundert erfolgte zumeist über Reisen von Ingenieuren und Unternehmern nach Großbritannien, z.T. auch nach Frankreich, Belgien oder Schweden, über britische und andere westeuropäische Fachkräfte, die als Berater in deutschen Unternehmen, vor allem der Textilindustrie und des Berg- und Hüttenwesens tätig waren, über Akademien und wissenschaftliche Gesellschaften sowie über Fachzeitschriften und Literatur [278: M. SCHUMACHER, Auslandsreisen; 277: O. SCHMIDT-RUTSCH, Mulvany; 269: W. WEBER, Innovationen].

Der enge Zusammenhang zwischen Technologietransfer und Industrialisierung führte bislang dazu, dass die historische Forschung sich stark auf den Zeitraum des 19. und frühen 20. Jahrhunderts sowie auf Aspekte der Technikentwicklung, des internationalen Wettbewerbs, der Direktinvestitionen, des Güterexports sowie der Patent- und Lizenzvergaben, insbesondere zwischen Großbritannien, den USA,

Deutschland und Frankreich sowie Japan konzentrierte. In jüngerer Zeit gelangen zunehmend auch bislang wenig beachtete Staaten und Regionen wie Spanien, Italien, die Niederlande, Russland und Skandinavien in den Mittelpunkt des Interesses. Unter dem Einfluss kultur- und mentalitätshistorischer Fragestellungen rücken auch Fragen der Wahrnehmung und des Verhaltens von Akteuren, die Mechanismen interkulturellen Wissens- und Technologietransfers sowie Aspekte nationaler Technikstile ins wissenschaftliche Blickfeld [275: R. PETRI, Technologietransfer; 274: E. PAUER, Technologietransfer; 54: CH. KLEINSCHMIDT, Blick; 47: S. HILGER, „Amerikanisierung"]. Interkultureller Wissenstransfer

Abgesehen vom klassischen Industrialisierungszeitraum kristallisieren sich für einzelne Phasen wiederum Schwerpunkte der historischen Technologietransfer-Forschung heraus, wie etwa die deutsch-amerikanischen oder die deutsch-japanischen Technik- und Wirtschaftsbeziehungen sowie Fragen des „erzwungenen Technologietransfers" in der Zeit des Zweiten Weltkriegs sowie der direkten Nachkriegszeit. Gleichzeitig gewinnen international vergleichende Arbeiten an Bedeutung, die den engen Zusammenhang von Innovationen, staatlicher Technikpolitik und internationalem Wissenstransfer betonen [65: J. STREB, Staatliche Technologiepolitik]. Im Rahmen der „Amerikanisierungs"-Forschung sind es vor allem unternehmenshistorische Untersuchungen, die mit dem Schwerpunkt des Zeitraums nach 1945 den Einfluss amerikanischer Technologie auf die Entwicklung bundesdeutscher Unternehmen untersuchen. Ähnlich wie bei der Erforschung der Industrialisierung im 19. Jahrhundert liegt ein Hauptaugenmerk auf der Frage der Schließung der „technologischen Lücke", des „catching up" mit der weltweit führenden Industrienation sowie auf dem internationalen Wettbewerb. Neben der Technikentwicklung und dem Technologietransfer widmen sich die unternehmenshistorischen Arbeiten unterschiedlicher Branchen und Unternehmen der Chemie- und Automobilindustrie, der Schwerindustrie, der Elektroindustrie, der Kunststoffindustrie, der Reifenindustrie sowie der Konsumgüterindustrie auch Fragen der Produktionsentwicklung, der Unternehmensorganisation der Absatzwirtschaft, der industriellen Beziehungen und der staatlichen Technikpolitik. Hinsichtlich des Technologietransfers interessieren dabei vor allem Instrumente und Medien des Technologie- und Wissenstransfers, der ja nach 1945 vornehmlich von den USA in Richtung Europa bzw. Deutschland führte. Hier waren es neben Unternehmerreisen und persönlichen Beziehungen auf der Basis langjähriger Unternehmenskontakte deutscher und amerikanischer Großunternehmen das Studium von Fachliteratur sowie Verbände und Institutionen, über die

Erzwungener Technologietransfer

„Amerikanisierung"

der Wissenstransfer verlief. Im Rahmen des Marshall-Plans und eines speziellen US Technological and Productivity Program wurde von amerikanischer Seite gezielte technische und Managementhilfe für kleinere und mittlere Unternehmen geleistet, wobei auf deutscher Seite neben dem RKW auch Wirtschaftsverbände, die Bundesvereinigung deutscher Arbeitgeberverbände (BDA) und der Bundesverband der Deutschen Industrie (BDI) eine wichtige Vermittlerfunktion zukam. Nicht zuletzt auf der Basis amerikanischer technologischer „Entwicklungshilfe" gelang es zahlreichen deutschen Unternehmen im Laufe der 1950er und 1960er Jahre, die „technologische und Managementlücke" zu den USA zu schließen und wieder erfolgreich auf dem Weltmarkt Fuß zu fassen [54: CH. KLEINSCHMIDT, Blick; 47: S. HILGER, „Amerikanisierung"; 162: P. ERKER, Wettbewerb, 517–592].

Dass der Technologietransfer der direkten Nachkriegszeit nicht einseitig von den USA in Richtung Deutschland verlief, zeigen zahlreiche Untersuchungen zum „erzwungenen Technologietransfer". Die Beschlagnahmungen von Patenten durch die Besatzungsmächte und der Abzug führender Wissenschaftler führte zu einem regelrechten „brain drain" vor allem auf dem Gebiet der Rüstungsforschung in Richtung USA [270: M. JUDT/B. CIESLA, Technology Transfer; 80: T. BOWER, Verschwörung Paperclip]. Dieser „erzwungene Technologietransfer" ist vor allem mit Blick auf die Beziehungen der sowjetischen Besatzungszone bzw. der späteren DDR zur Sowjetunion von Interesse, zeigen sich doch hier im Zuge der Demontagepolitik sowie der „geistigen Reparationen" besonders ungünstige Ausgangsbedingungen der ostdeutschen Wirtschaftsentwicklung einerseits, die wiederum andererseits die Grundlage für die sowjetischen Erfolge der Militär- und Raumfahrtforschung bildeten [280: M. UHL, Stalins V-2; 270: M. JUDT/B. CIESLA, Technology Transfer; 263: U. ALBRECHT/A. HEINEMANN-GRÜDER/A. WELLMANN, Spezialisten]. Dabei wird deutlich, dass die bis Ende der 1980er Jahre erschienenen Publikationen z.T. recht plakativ und reißerisch argumentierten, während nach der Öffnung der russischen Archive die Forschung an Differenzierung und Seriösität gewann. Über die direkte Nachkriegszeit hinaus nimmt jedoch das Interesse zu technik- und wirtschaftshistorischen Fragen des Technologietransfers der DDR zu anderen Staaten deutlich ab. In vergleichenden Untersuchungen zur wirtschaftlich-technischen Entwicklung im geteilten Deutschland spielen Fragen des Technologietransfers ebenso eine untergeordnete Rolle wie in Darstellungen zum deutschen Osthandel [29: J. BÄHR/D. PETZINA, Innovationsverhalten]. Studien zum Technologietransfer aus der DDR in west- bzw. osteuropäische Industriestaaten sind bislang

6. Technologietransfer 111

ebenso ein Desiderat wie historische Untersuchungen zur Adaption ausländischer Technologien durch die DDR.

Seit dem weltweiten Erfolg der japanischen Industrie ab den 1970er Jahren widmet sich die Technikgeschichtsschreibung auch dem deutsch-japanischen Technologietransfer. Dabei stand, parallel zur Industrialisierungsforschung, zunächst die Rezeption westlicher Technologie in Japan im Mittelpunkt der Forschung [274: E. PAUER, Technologietransfer; 273: E. PAUER, Japan-Deutschland; 279: T. TAKENAKA, Siemens]. Bedingt durch die „japanische Herausforderung", insbesondere im Bereich der Elektro- und Automobilindustrie gewannen japanische Leitbilder der Technologie und Arbeitsorganisation an Bedeutung. Bis weit in die Nachkriegszeit ist die japanische Technologie von deutschen Unternehmern und Ingenieuren kaum wahrgenommen worden. So lässt sich im Unterschied zum Technologietransfer aus den USA beobachten, dass Ignoranz, Traditionen und Routinen von Entscheidungsträgern zu Versäumnissen und Verzögerungen des Technologie- und Managementtransfers aus Japan führten, der einige deutsche Unternehmen und Industriezweige wie etwa die westdeutsche Automobil- und Kameraindustrie in krisenhafte Situationen brachte. Erst seit den 1980er Jahren änderte sich dies, und damit kehrte sich auch der deutsch-japanische Technologietransfer des 19. und 20. Jahrhunderts in die entgegengesetzte Richtung. Zunehmend übernahmen deutsche Unternehmen japanische Produktions- und Managementmethoden wie Just-in-time-Produktion, Qualitätsmanagement oder Kanban-Methoden [54: CH. KLEINSCHMIDT, Blick; 65: J. STREB, Staatliche Technologiepolitik, 93–96].

Technologie- und Managementtransfers aus Japan

Der räumliche Schwerpunkt historischer Untersuchungen zum Technologietransfer liegt jedoch nach wie vor im Bereich des atlantischen und pazifischen Dreiecks zwischen Europa bzw. Deutschland, den USA und Japan. Darüber hinaus gibt es kaum Arbeiten zum Technologietransfer mit Südamerika [272: F. J. NELLISSEN, Mannesmann-Engagement], Afrika oder anderen asiatischen Staaten. Und selbst mit Blick auf Europa bleibt die Situation hinsichtlich der nord-, ost- und südeuropäischen Staaten unterbelichtet. Dies gilt auch für die Art und Weise des Wissenstransfers unter Berücksichtigung kultur- und mentalitätshistorischer Fragestellungen.

7. Technikpräsentation, Gewerbe- und Industrieausstellungen

Gewerbe- und Industrieausstellungen und Technologietransfer sind thematisch eng miteinander verknüpft, schließlich geht es bei Ersteren auch um Fragen der Information, der Kommunikation und der konkreten Anschauung und Präsentation neuer Technologien zum Zweck des Verkaufs und des Absatzes. Als Vorläufer der Gewerbe- und Industrieausstellungen, die sich im nationalen wie im internationalen Rahmen seit dem 19. Jahrhundert durchsetzten, können Messen und Jahrmärkte verstanden werden, die sich bis ins Mittelalter zurückverfolgen lassen und im 18. Jahrhundert einen raschen Niedergang erfuhren. Mit dem Merkantilismus und dem Zeitalter der Frühindustrialisierung gewannen dann Ausstellungen handwerklich-gewerblicher Produkte an Bedeutung, aus denen dann schließlich umfangreiche nationale und internationale Gewerbeausstellungen hervorgingen. Deren Aufstieg vollzog sich im 19. Jahrhundert parallel zur Industrialisierung und war zugleich Ausdruck staatlicher Gewerbeförderung und nationaler Wirtschaftspolitik.

Messen und Jahrmärkte

In der technik- und wirtschaftshistorischen Forschung haben vor allem die Weltausstellungen des 19. Jahrhunderts die Aufmerksamkeit auf sich gezogen, wobei die Londoner Weltausstellung des Jahres 1851 im Zentrum des Interesses steht [286: U. HALTERN, Londoner Weltausstellung; 288: E. KROKER, Weltausstellungen; 287: C. KALB, Weltausstellungen; 283: F. BOSBACH/J. R. DAVIS, Weltausstellung; 143: W. WEBER, Verkürzung, 229–247; 19: J. RADKAU, Technik, 148–155]. Regionale und nationale Gewerbe- und Industrieausstellungen und deren Bedeutung für technische Innovationen und die wirtschaftliche Entwicklung finden dagegen weitaus weniger Berücksichtigung [282: U. BECKMANN, Gewerbeausstellungen; 284: Verhinderte Weltausstellung].

Weltausstellungen

Als Beginn der modernen Industrieausstellung gilt die erste französische Nationalausstellung des Jahres 1798. Damit wird deutlich, dass vor allem politische Überlegungen, nationalwirtschaftliche Interessen im Zuge der Revolution, die Einführung der Gewerbefreiheit und die Gewerbeförderung vor dem Hintergrund der britischen Handelsblockade ein zentrales Motiv dieser Ausstellungsform waren. Diese als revolutionäres Fest zelebrierte Ausstellung bildet den Auftakt für weitere Präsentationen französischer Gewerbetreibender in den nachfolgenden Jahren, die von Seiten des französischen Staates nicht nur als Mittel der Gewerbeförderung, sondern auch im Sinne der tech-

Nationalausstellung 1798 in Paris

nischen Bildung genutzt wurden [286: U. HALTERN, Londoner Weltausstellung, 14–21; 282: U. BECKMANN, Gewerbeausstellungen, 15–28]. Von Frankreich aus breitete sich dieser neue Typus von Gewerbe- und Industrieausstellung in andere europäische Staaten und auch nach Deutschland aus. Vor allem auf Veranlassung Napoleons wurde im Jahr 1811 im Großherzogtum Berg eine Ausstellung von Industrieerzeugnissen gezeigt, an der zunächst allerdings nur 14 Aussteller vornehmlich des bergischen Textil- und Eisengewerbes beteiligt waren. Bis in die 1830er Jahre spielten solche Veranstaltungen auch nur eine marginale Rolle, und es kann hier bestenfalls von „Ausstellungsversuchen" [282: U. BECKMANN, Gewerbeausstellungen, 49] gesprochen werden.

Im Zuge der wirtschaftlichen und nationalen Einigung Deutschlands gewannen jedoch, ausgehend von den Einzelstaaten wie Preußen, Bayern, Hessen-Darmstadt, Hannover oder Sachsen Gewerbe- und Industrieausstellungen an Bedeutung, die vor allem von regionalen Gewerbevereinen und Verbänden getragen wurden. Der erste Versuch einer nationalen Gewerbeausstellung datiert im Jahr 1842, als in Mainz eine entsprechende Veranstaltung mit jedoch nur mäßigem Erfolg durchgeführt wurde. Die Berliner Gewerbeausstellung des Jahres 1844 war als Teil der Gewerbeförderungspolitik Beuths demgegenüber weitaus erfolgreicher und galt, in Anlehnung an französische Vorbilder, als „Deutsches Nationalfest". Abgesehen von den staatlichen Zielen der Gewerbeförderung waren für die Gewerbetreibenden selber die auf den Ausstellungen vergebenen Auszeichnungen, Preise und Medaillen attraktiv. Denn deren öffentliche Ausstrahlung bedeutete die für die jeweiligen Unternehmen eine gute Werbung und Öffentlichkeitsarbeit im Zuge der sich entwickelnden Konkurrenzwirtschaft [143: W. WEBER, Verkürzung, 230; 282: U. BECKMANN, Gewerbeausstellungen, 85–89, 93–99]. Im internationalen Rahmen, insbesondere bei den Weltausstellungen ab Mitte des 19. Jahrhunderts, war diese Wirkung umso größer und bildete für deutsche Gewerbetreibende und Industrielle zunächst einen wichtigen Anreiz zu deren Teilnahme. Insofern markiert die Londoner Weltausstellung von 1851 („The Great Exhibition") eine „technikhistorische Epochenscheide", insbesondere mit Blick auf die öffentliche Wahrnehmung von Technik. Die Darstellung von „Technik als öffentliches Ereignis" fällt zusammen mit der Hinwendung zu Liberalismus und Freihandel [19: J. RADKAU, Technik, 148]. Die Londoner Weltausstellung war zudem „eine der ersten sichtbaren Manifestationen des modernen technisch-industriellen Fortschritts", ein „Höhepunkt der globalen Entwicklung der modernen industriellen Welt" und zugleich Ausdruck bürgerlichen Selbstbewusstseins [286: U. HALTERN, Londo-

Regionale Gewerbeausstellungen

„Technik als öffentliches Ereignis"

ner Weltausstellung, 3, 348]. Dies scheint auch der Grund ihre ausführliche technik- und wirtschaftshistorische Rezeption. In den 1970er Jahren konzentrierte sich diese vornehmlich auf sozial- und wirtschaftshistorische Aspekte der Vorgeschichte und Organisation, zum Konkurrenzverhalten und zur Kommunikationsfunktion sowie auf Fragen der Ergebnisse und Auswirkungen der Ausstellung [288: E. KROKER, Weltausstellungen; 286: U. HALTERN, Londoner Weltausstellung]. Spätere Untersuchungen haben sich darüber hinaus auch mit Fragen des Verhältnisses von Kunst und Industrie, mit Aspekten der Ästhetisierung von Industrie und mit „Maschinenästhetik" auseinandergesetzt sowie mit der Ausstellungsarchitektur und auch mit den politischen und sozialen Kontexten der „Great Exhibition". Insofern haben wir es hier mit einer Erweiterung in Richtung einer multidisziplinären Perspektive zu tun, an der sich neben Technik- und Wirtschaftshistorikern auch Kunst- und Architekturhistoriker beteiligen [283: F. BOSBACH/J. R. DAVIS, Die Weltausstellung; 289: G. MAAG, Kunst und Industrie; 285: W. FRIEBE, Architektur].

Die Beschäftigung mit deutschen Unternehmen auf den Weltausstellungen konzentriert sich auf Unternehmen der Schwer- und Elektroindustrie wie Krupp oder Siemens sowie auf den deutschen Maschinenbau. Im Gefolge der Londoner Weltausstellung interessiert dabei vor allem die Weltausstellung in Philadelphia im Jahr 1876, bei der vornehmlich die Kritik im Mittelpunkt steht. Das betrifft etwa die Art der Präsentation der deutschen Industrie durch den Publizisten Hermann Grothe oder auch den berühmt gewordenen „Brief aus Philadelphia" des Nestors des deutschen Maschinenbaus, Franz Reuleaux, an den Handelsminister Heinrich von Achenbach im Jahr 1876. Reuleaux be-

Qualitätskritik zeichnete dort die Qualität deutscher Produkte als „bad and cheap" und erregte damit, auch wenn er diese Äußerung auf der Weltausstellung in Sidney vier Jahre später relativierte, großes öffentliches Aufsehen. Gegen Ende des Jahrhunderts verloren die Weltausstellungen zunehmend an Attraktivität. Bismarck und die deutsche Schwerindustrie hatten sich gegen eine weitere Teilnahme des Deutschen Reichs bei Weltausstellungen ausgesprochen. Und im gesamten 19. Jahrhundert hatte es auch nie eine Weltausstellung auf deutschem Boden gegeben. Nachdem die ersten Weltausstellungen für die Präsentation technischer Innovationen noch eine große Bedeutung gehabt hatten, nahm diese gegen Ende des Jahrhunderts zugunsten von Fachmessen deutlich ab. Dies gilt auch für deren Bedeutung hinsichtlich der Wirtschaftsförderung und der Erschließung neuer Absatzmärkte. Wie stark diese Effekte für einzelne Branchen und Unternehmen tatsächlich waren, wie die Wirkung von

Weltausstellungen auf technische Innovationen, auf den Techniktransfer und die ökonomische Entwicklung der Wirtschaft einzuschätzen ist, ist in der historischen Forschung zudem wenig belegt.

Die historische Forschung zeigt jedoch einen deutlichen Rückgang der Besucherzahlen und der industriellen Präsentationen auf Weltausstellungen seit Beginn des 20. Jahrhunderts. Damit büßten diese ihre Informationsfunktion deutlich ein. Seit der Weltausstellung 1893 in Chicago gewann demgegenüber der Vergnügungs- und Unterhaltungscharakter an Bedeutung. In der zweiten Hälfte des 20. Jahrhunderts schließlich gewann die Ausrichtung von Weltausstellungen mit Blick auf den Ausbau der Infrastruktur für die entsprechenden Kommunen und Regionen deutlich an Stellenwert [287: C. KALB, Weltausstellungen; 143: W. WEBER, Verkürzung, 240–247].

Dem Bedeutungsverlust von Weltausstellungen entsprechend ist auch die Literaturlage deutlich abnehmend. Neben Publikationen von Verbänden – nicht zuletzt anlässlich der ersten Weltausstellung („EXPO") in Deutschland (Hannover) im Jahr 2000 [290: R. VONDRAN, Stahl] – gibt es kaum historische Darstellungen zum Thema Gewerbe- und Industrieausstellungen im 20. Jahrhundert. Dies betrifft auch die Geschichte der Bundesrepublik und der DDR.

Bedeutungsverlust von Weltausstellungen

8. Technikvisionen, technische Leitbilder und das Scheitern technischer Projekte

Die Frage nach Technikvisionen weist zahlreiche Berührungspunkte zur Technikgenese und technischen Innovationen, zur Technikforschung und -entwicklung und schließlich auch zum Thema Technokratie und zur Technikpräsentation auf. Mit dem Einfluss kultur- und mentalitätshistorischer Aspekte haben Fragen nach der Rolle von Subjekten und Akteuren im Technisierungsprozess, nach Wahrnehmungen, nach Orientierungen und Deutungen, nach Werten und Einstellungen sowie nach symbolischen Konstrukten Eingang in die Technik- und Wirtschaftsgeschichte gefunden. Dazu gehören auch technische Visionen und Leitbilder. Technikvisionen sind „mnemotechnische Strukturen, die es erlauben, Unvorstellbares denkbar zu machen" [295: B. FELDERER, Wunschmaschine, 5]. Bei diesem Unvorstellbaren geht es um Fragen des technischen Fortschritts, um die Beherrschbarkeit der Natur, um das Vordringen in neue Welten, um die Antizipation des Neuen mit dem Ziel der Gestaltung einer besseren Zukunft.

II. Grundprobleme und Tendenzen der Forschung

Leitbilder

Weniger dramatisch, aber mit einer ähnlichen Stoßrichtung, bringt dies auch der Begriff des „Leitbilds" zum Ausdruck. In einem ganz basalen Verständnis sind Leitbilder zunächst einmal Bilder, die leiten. Das Konzept des Leitbildes wurde zunächst um die Wende zum 20. Jahrhundert ausgehend von der Psychologie auch auf die Gebiete der Sozialwissenschaften, der Informatik, des Städtebaus und der Techniksoziologie übertragen. Der Leitbildbegriff findet sich in den 1950er Jahren vor allem bei Kenneth Boulding vom Center for Advanced Study in the Behavioral Science der Stanford University, der in der deutschen Übersetzung des Begriffs „image" von Leitbildern im Sinne eines subjektiven Wissens über die Welt spricht, welches in starkem Maße durch frühere Erfahrungen geprägt sei. In der Bundesrepublik wurde dieser Ansatz zunächst von den Sozialwissenschaften übernommen, die hier eine Schnittstelle zur Technikgeschichte sahen [39: M. DIERKES/U. HOFFMANN/L. MARZ, Leitbild und Technik; 297: ST. KOOLMANN, Leitbilder]. In Auseinandersetzung mit Fragen der Technikentwicklung wurde dabei die Bedeutung sozio-kultureller und subjektiver Faktoren aufgegriffen. Danach haben Leitbilder „wie gemeinsam geteilte Wahrnehmungen, Werte und Verhaltensweisen den Vorteil, die Kosten der Koordination zu reduzieren und die Energie der Organisation als erfolgreich erfahrende Strategien und Ziele zu fokussieren." [294: M. DIERKES, Organisationskultur, 272].

Was die Stärke, die Anziehungskraft und Stabilität der Bildfunktion des Leit-Bildes anbelangt, so wird auf deren dialektischen Charakter verwiesen, der einerseits das Festhalten an einmal eingeschlagenen Pfaden und die Beibehaltung fester Orientierungsgrößen beinhaltet, wie wir sie auch bei Stereotypen beobachten können. Andererseits besitzen Leitbilder einen visionären Charakter bzw. eine Katalysatorfunktion als neue, unkonventionelle Methoden zur Überwindung tradierter Denkmuster, die somit Lernprozesse initiieren [297: ST. KOOLMANN, Leitbilder; 39: M. DIERKES/U. HOFFMANN/L. MARZ, Leitbild und Technik].

Sozialwissenschaftliche Studien zu großtechnischen Systemen

Ausgehend vom Leitbildmodell entstanden in den 1990er Jahren unter Berücksichtigung historischer Aspekte zahlreiche sozialwissenschaftliche Studien zur Entstehung und Steuerung technischer Innovationen sowie über technische Visionen und deren tatsächliche Entwicklung. Im Mittelpunkt standen dabei vor allem großtechnische Systeme wie das Automobil, das moderne Eisenbahnwesen, die Luft- und Raumfahrt sowie Kommunikations- und Datenverarbeitungstechnologien [297: ST. KOOLMANN, Leitbilder; 303: J. WEYER, Technische Visionen; 72: J. WEYER u. a., Technik; 38: M. DIERKES, Technikgesese; 25:

8. Technikvisionen, technische Leitbilder

J. ABEL, Von der Vision]. Technikhistorische Arbeiten haben sich, z.T. in Anlehnung an das sozialwissenschaftliche Leitbildmodell, mit Fragen der Elektrifizierung sowie mit Verkehrskonzepten auseinandergesetzt. Die historische Analyse kann zeigen, wie Verkehrs- und andere technische Visionen und Leitbilder Realität wurden und welche Möglichkeiten und Handlungsspielräume die beteiligten Akteure dabei hatten. Der Schwerpunkt der historischen Forschungen liegt dabei auf dem Zeitraum des 18. bis 20. Jahrhunderts, wobei die DDR-Geschichte mit wenigen Ausnahmen kaum eine Rolle spielt [293: H.-L. DIENEL/H. TRISCHLER, Geschichte der Zukunft; 302: WAR DIE ZUKUNFT FRÜHER BESSER?]. Dabei kann die Idee einer neuen Gesellschaftsordnung, der „Aufbau des Sozialismus" an sich schon als visionäres Projekt betrachtet werden. In Anlehnung an sowjetische Leitbilder der Industrie- und Technikentwicklung bestand das visionäre Ziel der DDR-Wirtschaft in den 1960er Jahren darin, die BRD wirtschaftlich zu „überholen ohne einzuholen". Dazu diente das „Neue Ökonomische System" und langfristige Perspektiven in Wissenschaft und Technik, die deutliche Fortschritte in Produktion und Konsumtion mit sich bringen und die Überlegenheit des planwirtschaftlichen Systems demonstrieren sollten [138: A. STEINER, Plan, 110, 142]. Die geringe historische Auseinandersetzung mit Fragen technischer Visionen in der DDR zeigt sich in der ungleich gewichteten Amerikanisierungs- und Sowjetisierungsforschung. Nur wenige Beispiele beschäftigen sich mit dem Einfluss sowjetischer Leitbilder oder mit Visionen der DDR-Wirtschafts- und Technikentwicklung, während die Rolle der USA hinsichtlich unterschiedlicher Technikbereiche wie der Entwicklung des Automobils, der Technisierung des Haushalts, der Waffen-, Luft- und Raumfahrttechnik, der Atomtechnik oder der Datenverarbeitungs- und Kommunikationstechnik im 20. Jahrhundert, nicht zuletzt auch in Anlehnung an das Leitbildmodell, ausführlich dargestellt wurde [54: CH. KLEINSCHMIDT, Blick; 299: A. SCHÜLER, Erfindergeist]. Am Beispiel der aus den USA kommenden Technokratiedebatte seit der Wende zum 20. Jahrhundert wurde zugleich deutlich, dass Technikbegeisterung und ein visionäres Verständnis von Technik als Motor der Geschichte und zur Lösung aller Probleme zunehmend auch der Kritik ausgesetzt wurde. Technikkritik begleitete nicht nur die visionären Technikvorstellungen, sondern richtete sich im Laufe des 20. Jahrhunderts zunehmend auch gegen amerikanische Leitbilder der Technik und Wirtschaft [292: H. BERGHOFF, „Dem Ziele der Menschheit"; 299: A. SCHÜLER, Erfindergeist].

Die Umsetzung technischer Leitbilder und Visionen war nicht zwangsläufig erfolgreich, auch dann nicht, wenn sie in Form von reali-

„Neues Ökonomischen System"

tätsnahen (amerikanischen) Leitbildern bereits empirisch erprobt war. Ihre Umsetzung scheiterte im Zuge des Technologietransfers bisweilen an unterschiedlichen ökonomischen, politischen, sozialen und kulturellen Rahmen- und Umweltbedingungen und mangelnder Kompatibilität [54: CH. KLEINSCHMIDT, Blick; 299: A. SCHÜLER, Erfindergeist]. Die Technikgeschichtsschreibung hat sich dementsprechend nicht nur mit erfolgreichen, sondern auch mit gescheiterten Projekten auseinandergesetzt, da dies „ebenso wichtig, ja vielleicht noch wichtiger" sei als die Darstellung erfolgreicher Neuerungen. Ausschlaggebend für das Scheitern waren jedoch oftmals einfach technische Probleme oder wirtschaftliche Schwierigkeiten. Zu verweisen ist dabei auf fehlgeschlagene Innovationen wie die Idee des „rollenden Trottoirs", den elektrischen Pflug, die Fließbandproduktion bei Schiffen oder die Einführung des Gaskühlschranks.

"Atlantropa"-Projekt

Eine der spektakulärsten großtechnischen Visionen, die die Aufmerksamkeit der Historiker auf sich gezogen hat, ist das „Atlantropa"-Projekt des Münchener Architekten Hermann Sörgel (1885–1952). dieser plante, mit Hilfe von Staudämmen und der Abriegelung von Flüssen eine Absenkung des Mittelmeers zum Zwecke der Fruchtbarmachung der Sahara. Diese in der Tradition der Technokratie stehende Vision geht auf Überlegungen im Jahr 1927 zurück und wurde bis zu Sörgels Tod im Jahr 1952 weiterverfolgt. Es gilt als die „gigantischste technisch-architektonische Utopie des 20. Jahrhunderts". Neben der Fruchtbarmachung der Wüste sollten zugleich riesige Energie- und Landgewinne, eine Reduzierung der Arbeitslosigkeit und das Zusammenwachsen der beiden Kontinente Europa und Afrika damit verwirklicht werden. Das Projekt scheiterte an mangelndem Rückhalt in Politik und Wirtschaft, an fehlendem Finanzierbarkeit und wurde schließlich nach dem Tod Sörgels nicht weiter verfolgt. Ähnlich scheiterten andere utopische Projekte wie die sowjetischen Pläne zur Abriegelung der Bering-See oder die Umleitung ostsibirischer Ströme [296: A. GALL, Atlantropa-Projekt; 301: W. VOIGT, Atlantropa; 298: D. VAN LAAK, Weiße Elefanten, 166–173]. Dabei wird deutlich, dass trotz enormer technischer Fortschritte und zunehmender Beherrschbarkeit der Natur die technokratische Vorstellung zur Lösung der Menschheitsprobleme und deren Reduzierung auf das technisch Machbare an der komplexen Realität vorbeigeht. Die historische Auseinandersetzung mit technischen Visionen und dem Scheitern technischer Projekte kann dabei helfen, den Realitätssinn und das reflexive Denken über technische Systeme zu schärfen [298: D. VAN LAAK, Weiße Elefanten; 300: E. STROUHAL, Technische Utopien].

Scheitern technischer Projekte

9. Technik und Arbeit

Forschungsdesiderata im Bereich Technik und Arbeit

Wie bereits einleitend festgestellt, ist ein wesentliches Charakteristikum des Industrialisierungsprozesses seit dem späten 18. und frühen 19. Jahrhundert der massenhafte Übergang von der „Hand-Werkzeug-Technik" zur „Maschinen-Werkzeug-Technik" [335: A. PAULINYI, Industrielle Revolution, 29–38]. Diese Entwicklung war begleitet von einer grundsätzlichen Veränderung von Arbeitsprozessen in fast allen Gewerbezweigen. In der Literatur zum Thema „Industrialisierung" wird dem Bereich „Technik und Arbeit" vergleichsweise wenig Aufmerksamkeit gewidmet. Im Mittelpunkt der Industrialisierungsforschung stehen zumeist Fragen nach den Wachstumsfaktoren, den Ursachen der Industrialisierung und den sozialen Konsequenzen. Hinweise auf technische Entwicklungen betreffen vor allem Innovationen und deren Wirkungen auf die ökonomische Entwicklung. Die Arbeit als Gegenstand der historischen Forschung rückte schließlich im Zuge der Automatisierungsdebatte der 1950/60er Jahre sowie der „sozialhistorischen Wende" ein Jahrzehnt später ins Blickfeld. Die in der Tradition der Technokratiedebatte stehende Automatisierungsdiskussion ging von zumeist positiven Folgen der technischen Entwicklung auf den Arbeitsprozess, bedingt durch eine Entlastung schwerer körperlicher Arbeit und einem Rückgang entfremdeter Arbeit, aus. Dies änderte sich im Laufe der 1960/70er Jahre mit der krisenhaften Entwicklung der westdeutschen Wirtschaft und der Tatsache, dass mit der Weiterexistenz von Nacht- und Schichtarbeit, physisch und psychisch anstrengenden und z.T. wenig qualifizierten und monotonen Arbeitsprozessen kein Automatismus in Richtung „humaner" Arbeitsplätze gegeben ist. Sozialhistorische Untersuchungen legten ihre Akzente zunächst auf Fragen der Arbeits- und Lebensbedingungen von Industriearbeitern, auf Arbeitskonflikte und industrielle Beziehungen sowie auf die sozialen Folgen von Industrialisierung und Mechanisierung [311: W. CONZE/ U. ENGELHARDT, Arbeiter; 345: W. RUPPERT, Fabrik; 356: P. N. STEARNS, Arbeiterleben; 357: K. TENFELDE, Sozialgeschichte; 348: H. SCHOMERUS, Arbeiter; 307: P. BORSCHEID, Textilarbeiterschaft]. Die Geschichte der Arbeit war dabei vor allem Teil der Industrialisierungs- und Arbeitergeschichte. Im Mittelpunkt standen die traditionellen Leitsektoren Textilindustrie, Bergbau sowie Eisen- und Stahlindustrie.

Die Bedeutung der technischen Entwicklung für den Arbeitsprozess wurde für die Frühzeit der Industrialisierung zunächst nur in wenigen Publikationen ausführlich dargestellt. Im Textilgewerbe vollzog sich der massenhafte Übergang von handwerklichen Tätigkeiten zur Mechanisierung und Maschinisierung im Zuge der aus England kommenden Innovationen der „Waterframe", der „Spinning Jenny" oder der „Spinning Mule" im 18. Jahrhundert [306: A. BOHNSACK, Spinnen und Weben; 335: A. PAULINYI, Industrielle Revolution, 39–89]. Zwar konnte die Protoindustrialisierungsforschung zeigen, dass der Übergang von handwerklichen zu mechanisierten Tätigkeiten in zahlreichen Gewerben bis ins späte Mittelalter zurückverfolgt werden kann. Doch liegt der Schwerpunkt der Untersuchungen zur Protoindustrialisierung auf sozial- und wirtschaftshistorischen Aspekten. Hinweise auf Technik und Arbeit sind dabei nur von untergeordneter Bedeutung. Diese finden sich eher in Arbeiten zur Handwerksgeschichte, die u. a. auf die technische Entwicklung im Textil-, Bau-, Papier-, Metall-, Buchdruck- oder Bekleidungsgewerbe eingehen und dabei dessen Auswirkungen auf die Arbeitsplatzentwicklung schildern [343: R. REITH, Praxis; 342: R. REITH, Lohn; 350: I. SCHÜTTE, Technikgeschichte]. Schließlich lassen sich auch massive Proteste gegen technische Neuerungen bis hin zum Maschinensturm in der Frühzeit der Industrialisierung beobachten [354: M. SPEHR, Maschinensturm].

Am intensivsten erforscht sind die Zusammenhänge von Technik und Arbeit im Steinkohlenbergbau, in der Eisen- und Stahlindustrie sowie in der Elektroindustrie Ende des 19. bis Anfang des 20. Jahrhunderts. Neben sozialhistorischen Untersuchungen [357: K. TENFELDE, Sozialgeschichte; 308: F.-J. BRÜGGEMEIER, Leben vor Ort; 365: U. ZUMDICK, Hüttenarbeiter; 359: R. VETTERLI, Industriearbeit] rückten in den 1980/90er Jahren infolge der aktuellen Rationalisierungs- und Mikroelektronikdebatte sowie in Anlehnung an sozialwissenschaftliche Untersuchungen nach dem „Ende der Arbeitsteilung" oder dem „Ende der Massenproduktion" [323: H. KERN/M. SCHUMANN, Ende der Arbeitsteilung?; 336: M. J. PIORE/C.F. SABEL, Ende der Massenproduktion] auch bei Historikern Fragen nach den Anfängen der Massenproduktion, nach Taylorismus und Fordismus und deren Auswirkungen auf den Arbeitsprozess ins Zentrum des Interesses. Dabei fanden auch technikhistorische Aspekte immer stärkere Berücksichtigung. Für den Zeitraum zwischen 1880 und den 1930er Jahren als dem „Aufbruch in die Moderne" liegen detaillierte Untersuchungen zur Geschichte der Schwerindustrie vor, in denen die Einführung neuer Technologien wie der mechanische Abbauhammer, die Schüttelrutsche und der Kohlehobel im Steinkohlenbergbau, das Puddel-, Bessemer-, Thomas- und Siemens-Martin-Verfahren in der Stahlindustrie, die Elektrifizierung der Walzwerke etc. und deren Auswirkungen auf die Arbeitsplatzgestaltung, auf die Arbeitsleistung und die Arbeitssicherheit analysiert [362: U. WENGENROTH, Unternehmensstrategien; 361: TH. WELSKOPP, Arbeit und Macht; 326: CH. KLEINSCHMIDT, Rationalisierung;] und teilweise auch mit Hilfe von Fotos anschaulich dargestellt werden [326: E. KROKER/G. UNVERFEHRT, Arbeitsplatz; 312: K. DAHM-ZEPPENFELD, Feuerarbeit]. Dies gilt ähnlich auch für die Folgen von Mechanisierung und Rationalisierung mit Blick auf den Bereich der Arbeitssicherheit und des Gesundheitsschutzes bzw. der Sicherheitstechnik [142: W. WEBER, Arbeitssicherheit; 313: M. FARRENKOPF, Schlagwetter; 325: E. KROKER/M. FARRENKOPF, Grubenunglücke; 338: ST. POSER, Museum der Gefahren; 309: BUNDESANSTALT FÜR ARBEITSSCHUTZ, Mensch-Arbeit-Technik].

Arbeitssicherheit

Der methodische Zugang unter Berücksichtigung der technikhistorischen und mikropolitischen Perspektive hat sich im Zuge der historischen Rationalisierungsforschung dann auch für andere Industriezweige wie die Elektroindustrie, den Maschinenbau, die Automobilindustrie oder die Hafen- und Werftindustrie insofern als fruchtbar erwiesen, als die bis in die 1950/60er Jahre hinein vorherrschende deterministische Darstellung der technischen Entwicklung auf Arbeit und Beschäftigte einer komplexeren Darstellung wich, wobei deutlich wurde, dass Arbeitserfahrung, technisches Wissen und die am Arbeitsplatz erworbenen Kompetenzen für Arbeiter und Angestellte auch neue Handlungsspielräume eröffneten. Zugleich wurde deutlich, dass es keine lineare Entwicklung bzw. keinen Automatismus in Richtung etwa von Dequalifikation, Arbeitsplatzabbau oder Unfallhäufigkeit gibt, sondern dass es, unter Berücksichtigung der jeweiligen politischen, sozialen und ökonomischen Rahmenbedingungen sowie der handelnden Akteure, zu Brüchen und Ungleichzeitigkeiten hinsichtlich der Arbeitsplatzentwicklung kommen und dass es unterschiedliche Entwicklungen je nach Branche sowie auch auf Unternehmensebene geben konnte [328: K. LAUSCHKE/TH. WELSKOPP, Mikropolitik; 361: TH. WELSKOPP, Arbeit und Macht; 98: TH. VON FREYBERG, Industrielle Rationalisierung; 352: T. SIEGEL/TH. VON FREYBERG, Industrielle Rationalisierung; 340: J. PUTSCH, Ende; 355: M. STAHLMANN, Erste Revolution; 360: K. WEINHAUER, Alltag; 329: A. LÜDTKE, Eigen-Sinn].

Historische Rationalisierungsforschung

Ob der Terminus „Aufbruch in die Moderne" auch für die Zeit des Nationalsozialismus zutrifft, ist in der historischen Forschung umstritten [118: H. MOMMSEN, Mythos]. Das Verhältnis von Technik und Arbeit im Nationalsozialismus ist einerseits geprägt durch Pfadabhängigkeiten und Kontinuitäten aus der Zeit der Weimarer Republik, wird jedoch andererseits überlagert von politischen Interventionen und Regulierungen im Nationalsozialismus („Gesetz zur Ordnung der nationalen

Technik und Arbeit im Nationalsozialismus

Arbeit", „Reichsberufswettkampf", Arbeitswissenschaftliches Institut der DAF, Amt „Schönheit der Arbeit" etc.), die erheblichen Einfluss auf die Arbeitsorganisation, die Arbeitsbewertung, die Arbeitsplatzgestaltung, die Unfallentwicklung etc. hatten [352: T. SIEGEL/TH. VON FREYBERG, Industrielle Rationalisierung; 364: W. ZOLLITSCH, Arbeiter; 316: R. HACHTMANN, Industriearbeit; 363: H. YANO, Hüttenarbeiter; 315: M. FRESE, Betriebspolitik]. Spezifika der Entwicklung von Arbeit und Technik im Nationalsozialismus gelten insbesondere für die Situation von Fremdarbeitern, Sklavenarbeitern und KZ-Häftlingen, wobei mit Blick auf das Verhältnis von Arbeit und Technik insbesondere die Entwicklung der nationalsozialistischen Rationalisierungsanstrengungen im Bereich der Rüstungswirtschaft genauer untersucht wurde. Dabei wird deutlich, dass sich Repressionen, Ausbeutung und Mangelernährung trotz technischer Innovationen und steigender Produktivität kontraproduktiv auf die Leistungsfähigkeit der jeweiligen Industrien auswirkten [119: H. MOMMSEN/M. GRIEGER, Volkswagenwerk; 318: U. HERBERT, Fremdarbeiter; 85: L. BUDRASS, Flugzeugindustrie; 358: K. TENFELDE/H.-C. SEIDEL, Zwangsarbeit].

Im Mittelpunkt der bisher genannten Literatur zum Thema „Technik und Arbeit" stehen zumeist männliche Industriearbeiter. Abgesehen von Darstellungen über die Rolle der Ingenieure (s. Kap. II. 6) ist demgegenüber die Forschungslage über Angestellte deutlich schlechter und bezieht sich zudem schwerpunktmäßig auf die soziale Lage und hierarchische Stellung in den Unternehmen [321: G. HURRLE/F.-J. JELICH, Arbeiter; 351: G. SCHULZ, Die Angestellten; 344: H.-J. RUPIEPER, Arbeiter und Angestellte; 258: H. TRISCHLER, Steiger].

Frauenarbeit Seit den 1980er Jahren haben frauen- und geschlechterhistorische Untersuchungen auch über das Verhältnis von Technik und Arbeit deutlich zugenommen. Dabei handelt es sich einerseits um sozialhistorische Darstellungen zu Fragen der Geschlechterbeziehungen, des Arbeitsmarktes und der beruflichen Qualifikation, andererseits auch stärker technikhistorisch ausgerichtete Arbeiten unterschiedlicher Branchen sowie zur Arbeit im Haushalt [262: K. ZACHMANN, Mobilisierung der Frauen; 341: D. REESE u. a., Rationale Beziehungen?; 346: C. SACHSE, Siemens; 314: H. FAULSTICH-WIELAND/M. HORSTKEMPER, Weg; 347: D. SCHMIDT, Massenhafte Produktion; 310: P. CLEMENS, Tuchbude; 333: B. ORLAND, Wäsche waschen; 353: G. SILBERTZAHN-JANDT, Wasch-Maschine]. Die Benachteiligung von Frauen im Arbeitsprozess in Form geringerer Qualifikation und niedrigerer Löhne wurde im Zuge der Rationalisierungsbewegung bereits vor und nach dem Ersten Weltkrieg deutlich, da Frauen für einfache Tätigkeiten und Fließbandproduktion angeblich aufgrund höherer Fingerfertigkeit, geringerer Monotonieempfindlichkeit besser geeignet seien. Rationalisierte Hausarbeit bedeutete für zahlreiche Frauen nicht nur eine Doppelbelastung durch Hausarbeit und berufliche Tätigkeit, sie brachte außerdem nicht zwangsläufig die erhoffte Entlastung durch Technikeinsatz, weil durch Zunahme der im Haushalt eingesetzt Geräte zusätzliche Belastungen auftraten und kaum Zeitersparnisse erzielt wurden.

Für den Zeitraum nach 1945 nimmt die Zahl der historischen Untersuchungen zum Verhältnis von Technik und Arbeit deutlich ab. Seit den 1950er Jahren ist es zunächst vor allem die Soziologie, die dieses Feld dominiert. Die Sozialforschungsstelle in Dortmund, nach dem Zweiten Weltkrieg als eines der größten sozialwissenschaftlichen Institute in Deutschland gegründet, führte umfangreiche Untersuchungen zum Verhältnis Technik-Arbeit-Gesellschaft, nicht selten auch unter Berücksichtigung der historischen Perspektive, durch. Dabei entstanden detaillierte Studien u. a. zur technischen Entwicklung und deren Auswirkungen auf die Gestaltung der Arbeitsplätze in der Schwerindustrie [337: H. Popitz u. a., Technik und Industriearbeit; 332: O. Neuloh, Sozialforschung]. Fast fünf Jahrzehnte später boten diese Studien methodische Anknüpfungspunkte für sozialhistorische Untersuchungen zum Wandel der Arbeit und des „Belegschaftshandelns" in der Stahlindustrie. Hinsichtlich des Verhältnisses von Technik und Arbeit wird deutlich, dass sich im Zuge der Mechanisierung und Maschinisierung der langfristige Trend des Rückgangs körperlicher Schwerarbeit in der Nachkriegszeit fortsetzte, verbunden mit einer Personalreduzierung in den Unternehmen und der Zunahme steuernder und überwachender Tätigkeiten, die ganz andere Arbeitsanforderungen an die Belegschaften stellten. [327: K. Lauschke, Hoesch-Arbeiter; 319: W. Hindrichs u. a., Langer Abschied]. Die Darstellung dieser Transformationsprozesse von der direkten produktbezogenen Herstellungsarbeit hin zu Aufrechterhaltung vorwiegend prozess- und systembezogener Produktionsabläufe im Zuge der Automatisierung und des Computereinsatzes seit den 1960/70er Jahren, die damit verbundenen veränderten Qualifikationsmuster und die Auswirkungen auf die Arbeitsorganisation, betriebliche Kommunikationsprozesse sowie auf die Arbeitssicherheit unterschiedlicher Industriezweige sind wiederum vorwiegend Gegenstand soziologischer Untersuchungen [331: O. Mickler/E. Dittrich/U. Neumann, Technik; 305: J. Bergmann u. a., Rationalisierung; 339: L. Pries/R. Schmidt/R. Trincek, Trends], die allerdings auf die Betrachtung längerfristiger Zeiträume verzichten.

Auch mit Blick auf die DDR-Geschichte ist die Anzahl der Arbeiten, die sich im engeren Sinne mit dem Verhältnis von Technik und Arbeit auseinandersetzen, gering. Aus der Zeit vor 1989 liegen kaum historisch-kritische Untersuchungen vor, und die jüngeren Darstellungen zur Geschichte der Arbeit in der DDR widmen sich dem Thema vornehmlich aus sozialhistorischer Perspektive. Im Mittelpunkt stehen dabei Fragen des sozialen Aufstiegs, der innerbetrieblichen Interessenkonflikte und Konfliktregelungen, der Geschlechterbeziehungen, der Mentalitäten sowie der Arbeitserfahrungen in unterschiedlichen Industriezweigen [304: P. ALHEIT/H. HAAK, ‚Atonomie'; 320: P. HÜBNER/K. TENFELDE, Arbeiter in der SBZ-DDR; 322: H. KAELBLE, Sozialgeschichte; 310: P. CLEMENS, Tuchbude; 349: A. SCHÜLE, „Die Spinne"; 330: I. MERKEL, ... und Du].

10. Technikkonsum, Technik und Alltag

Die historische Konsumforschung war bis in die 1990er Jahre vornehmlich auf die Sozial- und Wirtschaftsgeschichte konzentriert, angestoßen durch die englische Konsumgeschichtsschreibung, die die Wurzeln der modernen Konsumgesellschaft bis ins 18. Jahrhundert zurückverfolgte. Mit etwa einem Jahrzehnt Verspätung reagierte die deutsche Sozial- und Wirtschaftsgeschichte auf diese Entwicklung und setzte sich in der Folgezeit mit Fragen nach Bedarf und Bedürfnissen, neuen Produkten und deren Nutzung, neuen Formen der Distribution, der Werbung und des Marketing bis hin zu sozialstrukturellen und geschlechtsspezifischen Mustern des Konsums auseinander [402: M. WILDT, Wohlstand; 388: M. PRINZ, Weg; 398: R. WALTER, Geschichte]. Mit nochmaliger Verspätung entdeckte schließlich auch die Technikgeschichte die Konsumgesellschaft. Autoren, die sich dem Verhältnis von Technik und Konsum widmeten, bemängelten zunächst die bis dahin stark produktionsorientierte Perspektive der Technikgeschichtsschreibung. Neben der Technikgeneseforschung, die sich vornehmlich auf die Produzenten und die Entwicklung neuer Technologien konzentrierte, gelte es, verstärkt auch die Techniknutzung und die Konsumseite zu berücksichtigen, da Konsum „keine abhängige, sondern eine zumindest gleichberechtigte Variable der (technik)historischen Entwicklung ist" [400: U. WENGENROTH, Technischer Fortschritt, 3; 382: W. KÖNIG, Geschichte; 381: W. KÖNIG, Produktion]. Anknüpfen ließ sich aus dieser Perspektive an die sozialwissenschaftliche Forschung der späten 1980er Jahre und den Begriff der „Technisierung" (s. Kap.

Techniknutzung

„Technisierung"

I.4) sowie an volkskundliche Aspekte einer Technik-Kultur, wobei vor allem Fragen der „Technisierung des Alltags" in den Blick genommen wurden [377: B. JOERGES, Technik im Alltag; 399: P. WEINGART, Technik; 389: W. RAMMERT, Technik; 373: TH. HENGARTNER/J. ROLSHOVEN, Technik-Kultur]. Neben einem umfassenden Überblick zur Geschichte der Konsumgesellschaft [382: W. KÖNIG, Geschichte], die unter Berücksichtigung des Verhältnisses von Produktion und Konsumtion sowie der jeweiligen Entwicklungen in Deutschland und den USA entstanden, liegen Detailuntersuchungen zu unterschiedlichen Branchen und Teilaspekten vor, wobei der technikhistorische Zugang jedoch weiterhin unterrepräsentiert ist.

Wenn auch von einer Massenkonsumgesellschaft in Deutschland erst seit der zweiten Hälfte der 1950er Jahre gesprochen werden kann, so lassen sich doch im 19. Jahrhundert Vorläufer und Bereiche finden, in denen die Nachfrage und die Produktion von Massenkonsumgütern eine wichtige Rolle spielten. Dies galt zunächst für diejenigen Bereiche, die der Befriedigung von Grundbedürfnissen wie Kleidung und Nahrung dienten. Das Textilgewerbe stellte bereits in protoindustrieller Zeit aufgrund der Massennachfrage nach Bekleidung die Grundlage für eine standardisierte Massenproduktion dar und war schließlich ein Leitsektor im Übergang zur Industrialisierung. Die Nachfrage nach unterschiedlichen Geweben wie Leinen, Baumwolle oder Wolle, die Aufhebung ständischer Kleiderordnungen sowie wechselnde Moden wirkten zurück auf die technische Entwicklung, die Maschinisierung und die Verbesserung von Qualitäten [382: W. KÖNIG, Geschichte, 182–207]. Im Zeitalter der Industrialisierung spielte mit Blick auf konsumgesellschaftliche Aspekte neben dem Textilgewerbe auch die Nahrungsmittelherstellung eine wichtige Rolle. Diese war, zusammen mit der Wasserversorgung, Ausdruck einer Entwicklung hin zur Wohlstandsgesellschaft, die zu einer größeren Vielfalt des Warenangebots bei gleichzeitiger Verbilligung des Konsums führte. Agrarindustrielle Produkte, Lebens- und Genussmittel, wie Zucker und Margarine, Konserven und Bier, wurden zunehmend industriell hergestellt und sind Teil einer bislang im Industrialisierungsprozess gegenüber der Schwerindustrie vernachlässigten Branche [370: K.-P. ELLERBROCK, Geschichte; 395: M. TEICH, Bier; 396: H. TAPPE, Auf dem Weg; 393: D. SCHAAL, Rübenzuckerindustrie; 397: H.J. TEUTEBERG/G. WIEGELMANN, Nahrungsgewohnheiten]. Die Konservierung von Lebensmitteln wiederum zog neue technische Verfahren nach sich, die die traditionellen Konservierungsmethoden des Salzens, Kochens, Dörrens oder Räucherns ergänzten bzw. auch teilweise ersetzten. Zu erwähnen sind in

Massenkonsumgüter

Nahrungsmittel

diesem Zusammenhang die Konservendose sowie neue Kühlmethoden auf der Basis der Kältetechnik Carl Lindes, die eine Veränderung der Ernährungsgewohnheiten nach sich zogen [233: H.-L.DIENEL, Ingenieure; 382: W. KÖNIG, Geschichte, 136–181]. Allerdings finden sich in diesem Zusammenhang häufig sozial- und wirtschaftshistorische Darstellungen, die dem Konzept der „Technisierung" wenig Aufmerksamkeit schenken.

Kältetechnik

Die Bereitstellung eines qualitativ hochwertigen Lebensmittels wie des Trinkwassers, die auf kommunaler Ebene die Installation komplexer technologischer Systeme nach sich zog, spiegelt die große Bedeutung der Kommunalisierung und der Bereitstellung von Infrastruktur für die Entwicklung der Konsumgesellschaft seit Ende des 19. Jahrhunderts wieder [366: G. BAYERL, Konsum; 106: CH. KLEINSCHMIDT, Stadtwerke Gelsenkirchen; 77: D. BLEIDICK, Technische Infrastrukturen; 112: D. VAN LAAK, Infra-Strukturgeschichte].

Über die Befriedigung der Grundbedürfnisse hinaus zeichnete sich die sich entwickelnde Konsumgesellschaft durch die Bereitstellung und Nutzung von „decencies" (J. Brewer) – also Annehmlichkeiten – aus, die das alltägliche Leben leichter und angenehmer machten. Dazu zählten seit Ende des 19. Jahrhunderts auf Gas- oder Strombasis funktionierende Haushaltsgeräte, wie Bügeleisen, Herde oder Staubsauger, die sich zunächst vornehmlich in (groß)bürgerlichen Haushalten, im Laufe des 20. Jahrhunderts dann auch in Haushalten mit geringeren Einkommen durchsetzten [374: M. HEßLER, „Mrs. Modern Woman"; 334: B. ORLAND, Haushalts-Träume; 106: CH. KLEINSCHMIDT, Stadtwerke Gelsenkirchen; 367: P. BORSCHEID, Einzug]. Unter dem Stichwort „Mechanisierung des Haushalts" ist auf diese Entwicklung schon in den 1940er Jahren aufmerksam gemacht worden [372: S. GIEDION, Herrschaft], und als Ausdruck von „Technisierung des Alltags" gewann sie seit den 1990er Jahren auf dem Gebiet der Techniksoziologie und der Technikgeschichte an Bedeutung. Dieser bereits vor dem Ersten Weltkrieg einsetzende Prozess setzte sich in der Zwischenkriegszeit fort, wobei die „Elektrifizierung der Haushalte" kaum über die Nutzung von Bügeleisen, Herd und Staubsauger hinausging. Diese Entwicklung wurde vor allem in geschlechtsspezifischer Perspektive untersucht [374: M. HESSLER, „Mrs. Modern Woman"; 384: S. MEYER/ E. SCHULZE, Technisiertes Familienleben].

„Mechanisierung des Haushalts"

Auf dem Gebiet der Freizeit- und Unterhaltungsindustrie sowie der Mobilität zeigt sich einmal mehr die Bedeutung der „decencies", aber auch der Luxusprodukte für die Entwicklung der Konsumgesellschaft. Dieser Aspekt des Zusammenhangs von „Liebe, Luxus und Kapitalismus" war bereits von W. Sombart zu Beginn des 20. Jahrhunderts diskutiert worden und wird nun wieder in der (technik)historischen Forschung aufgegriffen [390: R. REITH/T. MEYER, Luxus und Konsum], auch wenn er sicherlich nur eine der Wurzeln der modernen Konsumgesellschaft darstellt. Zu erwähnen sind in diesem Zusammenhang neben dem Telefon, der Photographie oder der Kinematographie auch das Automobil, dessen Entwicklung vom „Luxusgut zum Gebrauchsgegenstand" in Deutschland mehr als ein halbes Jahrhundert dauerte. Die bis in die 1950er Jahre vergleichsweise geringe Kaufkraft der Bevölkerung hatte hier zur Folge, dass die Rückwirkung auf die technologische Entwicklung in Form der fordistischen Massenproduktion in Deutschland erst in den 1950er Jahren einsetzte 369: H. EDELMANN, Luxusgut; 371: R. FLIK, Von Ford lernen?; 386: CH. M. MERKI, Siegeszug; 387: K. MÖSER, Geschichte des Autos].

„Liebe, Luxus und Kapitalismus"

Während die Phase zwischen Jahrhundertwende und Weimarer Republik als Inkubationszeit der Konsumgesellschaft gilt, ist die Rolle und Wirkung des Nationalsozialismus in diesem Prozess umstritten. Während in politik- sowie sozial- und wirtschaftshistorischen Untersuchungen bereits in den 1980/90er Jahren über die Modernität des Nationalsozialismus gestritten wurde, hat sich die Technikgeschichte erst in jüngerer Zeit dieses Themas angenommen. Dabei wird deutlich, dass es etwa auf dem Gebiet der Haushaltstechnisierung Bemühungen von Seiten des nationalsozialistischen Regimes in Zusammenarbeit mit dem RKW, der Privatindustrie und der DAF zur Förderung technischer Konsumgüter gab, doch blieb der Weg zu einer modernen Konsumgesellschaft nach amerikanischem Vorbild weitgehend eine Vision. Vierjahresplan und Kriegswirtschaft forderten eine Prioritätensetzung im Bereich der Rüstungsgüter. Die mit großem propagandistischem Aufwand gestarteten Projekte eines „Volkswagens", eines „Volkskühlschranks" oder eines „Volksfernsehens" blieben auf halbem Wege stecken. Insofern bestätigt die technikhistorische Konsumforschung die politik- bzw. sozial- und wirtschaftshistorische Darstellung einer „propagandistischen Modernisierung" bzw. den „Mythos von der Modernität" des Nationalsozialismus (H. Mommsen) und geht dementsprechend von einem Scheitern der nationalsozialistischen Konsumgesellschaftsvorstellungen aus [383: W. KÖNIG, Volkswagen; 375: M. HEßLER, „Elektrische Helfer"].

NS-Konsumgesellschaft?

Der Durchbruch zur Massenkonsumgesellschaft, da ist sich die neuere Forschung weitgehend einig, erfolgte in der Bundesrepublik in der zweiten Hälfte der 1950er Jahre [402: M. WILDT, Wohlstand]. Zugleich wird deutlich, dass noch zu Beginn der 1960er Jahre nur etwa

Durchbruch zur Massenkonsumgesellschaft

jeder dritte Haushalt über einen Elektroherd oder Kühlschrank verfügte und nur ein Viertel über eine Waschmaschine. Die Elektrifizierung und die Technisierung der Haushalte setzte sich in großem Umfang dann in den 1960er und 1970er Jahren durch, wobei mit steigenden Einkommen und zunehmender Freizeit auch Geräte der Freizeitgestaltung und Kommunikation sowie der Mobilität zählten wie Plattenspieler, Tonbandgeräte, Fernsehgeräte, Telefone, Motorräder und Autos [402: M. WILDT, Wohlstand; 382: W. KÖNIG, Geschichte]. Man kann dementsprechend seit den 1950er Jahren von einem „take off" der Konsumgesellschaft in der Bundesrepublik sprechen, der zu einer regelrechten „Haushalts-Industrialisierung" führte, deren technische Ausstattung am Ende des 20. Jahrhunderts etwa 50% der Ausrüstungen von Industrieunternehmen ausmachte [392: R. SACKMANN/A. WEYMANN, Technisierung, 15; 103: W. KAISER, Technisierung, 392–402].

Ökologie

Die Folgen und Begleiterscheinungen der Massenkonsumgesellschaft zeigten sich nicht nur in einem wachsenden Wohlstand der Bevölkerung, sondern auch im Bereich der Ökologie und der Umweltverschmutzung (s. Kap. II.11) sowie schließlich in einer parallel zum Warenangebot ansteigenden Informationsflut und einer wachsenden Komplexität der Konsumgesellschaft, die eine Orientierung der Konsumenten und die Möglichkeit von Kaufentscheidungen zunehmend erschwerte. Als Folge davon etablierten sich in der Bundesrepublik in den 1950er und 1960er Jahren Institutionen wie die „Arbeitsgemeinschaft der Verbraucherverbände" oder die „Stiftung Warentest", die die Rolle der Konsumenten stärken sowie den Schutz und die Informationsmöglichkeiten der Verbraucher in der Massenkonsumgesellschaft verbessern sollten. Erst in jüngster Zeit widmet sich die Geschichtsschreibung auch diesem Themenbereich [401: U. WENGENROTH, Gute Gründe; 380: CH. KLEINSCHMIDT, Konsumgesellschaft].

Verbraucherschutz

Während die Gesellschaft der Bundesrepublik seit der zweiten Hälfte der 1950er Jahre, gemessen am Ausstattungsgrad mit (technischen) Konsumgütern, allgemein als Massenkonsumgesellschaft definiert wird, ist das für die DDR weniger eindeutig der Fall. Die Ausstattung mit modernen Haushalts- und Freizeitgeräten wie Staubsauger, Fernseher, Fotoapparat oder Automobil erfolgte mit zeitlicher Verzögerung gegenüber den westlichen Industriestaaten und blieb, was den Verteilungsgrad anbelangt, deutlich dahinter zurück. Das Automobil war bis in die 1960er Jahre ein Luxusobjekt, die Nachfrage hinkte, auch hinsichtlich anderer Produkte, stets dem Angebot hinterher, die Qualität war kaum mit den Waren des Westens vergleichbar, und es lässt sich zumindest von relativen Mangelerscheinungen im Konsumgüterbereich sprechen. Das von der Politik formulierte Ziel einer planmäßigen sozialistischen Konsumpolitik, die Ende der 1950er Jahre den Versorgungsgrad der Bundesrepublik einholen und überholen sollte, erwies sich als unrealistisch. In den 1970er Jahren ging die DDR dann sogar dazu über, moderne Konsumtechnologie aus dem Westen zu importieren. Bei gleichzeitig rückläufigen Innovationsanstrengungen und einem zunehmenden staatlichen Schuldenstand kam es in den 1980er Jahren sogar zu einer Kürzung des Konsumgüterangebots, was wiederum zu einer wachsenden Unzufriedenheit der Bevölkerung und zu einer abnehmenden Akzeptanz der SED-Herrschaft führte. Die Darstellung dieser Entwicklungen sind allerdings in erster Linie Ergebnisse der jüngeren wirtschaftshistorischen Forschung zur DDR-Geschichte [138: A. STEINER, Plan; 391: J. ROESLER, Massenkonsum; 379: P. KIRCHBERG, Plaste; 368: D. CORNELSEN u. a., Konsumgüterversorgung]. Eine Beschäftigung mit konsumgesellschaftlichen Aspekten erfolgt zumeist aus alltags- und sozialhistorischer Perspektive [378: A. KAMINSKI, Kleine Konsumgeschichte; 376: E. HÖLDER, Trabi]. Dabei wird deutlich, dass auch die Innovationsschwäche im Konsumgüterbereich und die Unzufriedenheit mit den konsumgesellschaftlichen Gegebenheiten den Zusammenbruch der DDR mitverursacht haben. Doch findet sich in den Forschungen zum Thema Technik und Konsum in der DDR bislang nach wie vor eine Zweiteilung, die entweder stark die produktionsorientierte oder die alltagshistorische Perspektive favorisiert. Eine integrative Betrachtung auf der Basis des Konzeptes der „Technisierung" findet bislang mit Blick auf die DDR-Konsumgesellschaft wenig Beachtung.

Planmäßige sozialistische Konsumpolitik

11. Technik und Umwelt

Das Verhältnis von Technik und Umwelt ist in erster Linie Gegenstand der Umweltgeschichte, die als vergleichsweise junge Disziplin in den letzen beiden Jahrzehnten einen regelrechten Boom erfahren hat. In Deutschland ist die Umweltgeschichte eng mit der Technikgeschichte verbunden, und in technikgeschichtlichen Überblicksdarstellungen ist das Thema Umwelt oder zumindest der Bereich Technikfolgen weitgehend etabliert [19: J. RADKAU, Technik, 199–221; 427: W. NACHTIGALL/ CH. SCHÖNBECK, Technik und Natur]. Berührungsfelder zwischen Technik und Umwelt ergeben sich vor allem in den Bereichen der Industrialisierungsgeschichte, Energie und Ressourcen, Verkehr, Urbanisierung und Gesundheit. Daneben hat sich ein breites Spektrum umwelthistorischer Themenbereiche herauskristallisiert, die u. a. auf sozial- und kulturhistorische Zusammenhänge sowie auf die historische Geographie und die Biologie verweisen und dementsprechend technik- und wirtschaftshistorische Aspekte weitgehend ausblenden [430: J. RADKAU, Technik und Umwelt; 404: G. BAYERL/N. FUCHSLOCH/T. MEYER, Umweltgeschichte; 410: H. BRAUN, Technik; 420: H. JÄGER, Einführung; 419: B. HERRMANN, Umwelt].

Grundsätzlich verfolgt jedoch die Umweltgeschichte einen interdisziplinären Ansatz, der technik-, sozial-, kultur- und politikhistorische Fragestellungen miteinander verknüpft. Die Anfänge lassen sich bis in die 1930er Jahre zurückverfolgen [426: L. MUMFORD, Technics], doch setzt sich eine interdisziplinäre Umweltgeschichte erst in den 1980er Jahren durch, abzulesen an zahlreichen Monographien und Sammelbänden, deren Schwerpunkt auf dem 19. und 20. Jahrhundert liegt, jedoch teilweise bis ins Mittelalter und die Antike zurückreicht und zunehmend auch die internationale und globale Perspektive berücksichtigt [431: J. RADKAU, Natur; 403: W. ABELSHAUSER, Umweltgeschichte; 435: R. P. SIEFERLE, Rückblick; 436: W. SIEMANN, Umweltgeschichte; 414: F.-J. BRÜGGEMEIER/TH. ROMMELSPACHER, Besiegte Natur; 405: ARCHIV FÜR SOZIALGESCHICHTE 43 (2003)]. Regionalhistorische Untersuchungen konzentrieren sich vor allem auf das Ruhrgebiet als größtem deutschen Industriegebiet, jedoch auch auf den nord- und süddeutschen Raum oder sind in Form vergleichender Studien zur europäischen Stadt- und Umweltgeschichte angelegt [411: F.-J. BRÜGGEMEIER, Meer; 404: A. ANDERSEN, Umweltgeschichte; 409: C. BERNHARDT, Environmental Problems]. Dabei zeigt sich, dass, je nach Region und Branche, seit der Industrialisierung im 19. Jahrhundert die Großunternehmen der Chemie-, Kohle-, Stahl-, Glas- und Metallindustrie zu den größten Verschmutzern von Luft, Wasser und Boden zählten und dass dies zu entsprechenden Reaktionen und Konflikten führte. Die Eisen- und Stahlindustrie, Metallhütten, Glashütten, die große Mengen Energie verbrauchten und vor allem Steinkohle verfeuerten, verschmutzten die Umwelt durch Kohlerauch, Bleioxyd und Schwefel. Die Papierindustrie und die Textilindustrie belasteten die Flüsse mit unterschiedlichen Chemikalien, ebenso wie Gerbereien, die zudem Haare, Fleisch und Fettreste in die Gewässer schwemmten. In der chemischen Industrie waren es neben Schwefelsäure und Salpetersäure vor allem Chlor, Ammoniak-Soda und Produkte der Düngemittelindustrie, die erhebliche Belastungen von Böden, Wasser und Luft zur Folge hatten. Dies führte zu Konflikten mit unmittelbaren Anwohnern, die ihre Äcker, Gemüse- und Obstgärten nicht mehr nutzen konnten. Während die Unternehmen anfänglich recht großzügig und unbürokratisch zur Zahlung von Entschädigungsansprüchen bereit waren, änderte sich dies im Verlauf des Wachstums der Unternehmen und der steigenden Zahl der Ansprüche. In den Auseinandersetzungen zwischen den Unternehmen und der von Umweltverschmutzung betroffenen Bevölkerung spielten zunehmend auch medizinische und staatliche Institutionen eine Rolle, deren Wirksamkeit jedoch im 19. Jahrhundert sehr begrenzt war. Die Industrie selbst favorisierte vor allem technische Lösungen der Umweltprobleme (neue Technologien, Schutzvorrichtungen, „Politik der hohen Schornsteine"). Gleichzeitig entwickelte sich seit der Mitte des 19. Jahrhunderts eine zunehmend differenzierte Debatte, in deren Folge eine Reduzierung des Schadstoffausstoßes sowie von Seiten der Behörden Auflagen, Gesetze und staatliche Regulierungen gefordert wurden, deren Durchschlagskraft jedoch durch bestehende Gewerbeordnungen und Sonderregelungen für die Industrie beschränkt blieb [411: F.-J. BRÜGGEMEIER, Meer; 413: F.-J. BRÜGGEMEIER/TH. ROMMELSPACHER, Blauer Himmel; 438: F. UEKÖTTER, Rauchplage; 418: R. HENNEKING, Chemische Industrie].

Es waren in erster Linie die großen Industriestädte, die als Reaktion auf die sich verschlechternden Hygiene- und Gesundheitsbedingungen infolge der Urbanisierung für entsprechende Institutionen der Sozialhygiene sowie den Ausbau der Städtetechnik sorgten, etwa durch eine Verbesserung der Trinkwasserver- und -entsorgung und die Schaffung von Grünflächen und Erholungsgebieten [432: J. REULECKE/ A. GRÄFIN ZU CASTELL RÜDESHAUSEN, Stadt; 440: M. WEYER-VON SCHOULTZ, Stadt; 417: A. L. HARDY, Ärzte].

Hygiene- und Gesundheitsbedingungen

Diese im 19. Jahrhundert einsetzenden Entwicklungen lassen sich fortgesetzt auch in der Zeit der Weimarer Republik beobachten. Der Vorrang des wirtschaftlichen Wachstums, die geringe Sensibilität für Fragen des Umweltschutzes, Kostenargumente der Industrie und die geringen Einflussmöglichkeiten der Behörden führten zu einer Zunahme der Umweltverschmutzung. Flüsse wie die Wupper oder die Emscher entwickelten sich zu reinen Industrieflüssen bzw. Abwasserkanälen und der Aufwand zur Gewinnung von Trinkwasser mit Hilfe von Brunnen, Filteranlagen, Wasserwerken, Fernleitungen und Talsperren wurde immer umfangreicher und kostspieliger. Im Vergleich zur Phase der Hochindustrialisierung und zur Zeit nach 1945 ist die Frage der Umweltverschmutzung und der Umweltpolitik in der Weimarer Republik und im Nationalsozialismus allerdings bislang wenig erforscht. Hinweise darauf, dass die Nationalsozialisten für Wind- und Sonnen-

Umweltschutz

energie eintraten und den Naturschutz in Form des 1935 verabschiedeten Naturschutzgesetzes förderten, sprechen für eine Anschlussfähigkeit nationalsozialistischer Umweltpolitik an bestimmte Strömungen der frühen Umwelt-, Lebensreform und Naturschutzbewegung. Hier bedarf es jedoch noch weiterer Forschungen des Verhältnisses von Technik und Umwelt in der Zwischenkriegszeit [412: F.-J. BRÜGGEMEIER, Tschernobyl, 155–178; 413: F.-J. BRÜGGEMEIET/T. ROMMELSPACHER, Blauer Himmel, 80–87].

Nationalsozialistische Umweltpolitik

Für die Zeit nach dem Zweiten Weltkrieg liegen dann wieder deutlich mehr Untersuchungen vor. Sie beziehen sich nicht nur auf die Umweltprobleme, die die Industrialisierung und Urbanisierung begleiten, sondern auf die, die aus der Konsumgesellschaft resultieren (s. Kap. II.10). In der Forschung steht der Begriff des „1950er Syndroms" für eine „umweltgeschichtliche Epochenschwelle", die gekennzeichnet ist durch die Folgen des Massenkonsums, wie wachsenden Energiebedarf, die Ausbreitung des Individualverkehrs und dessen Wirkung auf die Luftverschmutzung, einen Anstieg der Konsumgüterproduktion und eines entsprechend wachsenden Absatzes, bei dem es zu einer rapiden Zunahme von Verpackungsmaterial und Abfall kam. Allein die Flut chemischer Stoffe im Bereich der Galvanotechnik, der Halbleitertechnik, bei elektronischen Geräten, im Bereich der Bekleidungsindustrie (Synthesefasern) oder im Bereich des Haushalts oder der Freizeitindustrie (Buna, PVC, FCKW), die nicht selten zu einer Qualitätsverbesserung und zur Kostensenkung von Konsumgütern führten, brachten andererseits erhebliche Probleme bei deren Entsorgung mit sich. [429: C. PFISTER, Das 1950er Syndrom; 428: M. NAST, Verkäufer].

„1950er Syndrom"

Eine weitere „umweltgeschichtliche Epochenschwelle" stellten die 1970er Jahre dar. Das zeigt sich u. a. an der Wirkung der zu Beginn der 1970er Jahre erschienen Studie des „Club of Rome" über die „Grenzen des Wachstums" [425: D. MEADOWS u. a., Grenzen], an der Entstehung von Umweltbewegungen sowie insgesamt an einer verstärkten politischen, administrativen und öffentlichen Wahrnehmung von Luft-, Boden- und Gewässerverschmutzungen und an einer Zunahme staatlicher Aktivitäten auf dem Gebiet des Umweltschutzes in der Bundesrepublik Deutschland [420: K. F. HÜNEMÖRDER, Frühgeschichte; 415: F.-J. BRÜGGEMEIER/J. I. ENGELS, Natur- und Umweltschutz]. Eine „umweltpolitische Wende" oder die „Erfindung der Umweltpolitik" lässt sich für die Bundesrepublik allerdings auch schon für die 1960er Jahre konstatieren, wobei zugleich auf die internationalen Einflüsse der USA oder der Vereinten Nationen zu verweisen ist [420: K.F. HÜNEMÖRDER, Frühgeschichte]. Darüber hinaus verdeutlichen die

„Grenzen des Wachstums"

„Umweltpolitische Wende"

Forschungen der letzten beiden Jahrzehnte, dass die Geschichte der ökologischen Bewegungen und des Naturschutzes eine weitaus längere Tradition aufweisen und bis ins 19. Jahrhundert als Begleiterscheinungen von Industrialisierung und Urbanisierung zurückverfolgt werden können. Lebensreform-, Gartenstadt- und Heimatschutzbewegung als Ausdruck dieser Entwicklung waren anschlussfähig an ganz unterschiedliche politische Zielsetzungen, die von der extremen Rechten bis zur extremen Linken reichten [424 U. LINSE, Ökopax; 433: R.P. SIEFERLE, Fortschrittsfeinde?; 438: F. UEKÖTTER, Rauchplage].

Ökologische Bewegungen

Zu einer Ausweitung und Intensivierung des Naturschutzes kam es dann vor allem nach dem Zweiten Weltkrieg in der Bundesrepublik im Rahmen des industriellen Wachstums seit den 1950er Jahren, bedingt durch die Entfaltung der Konsumgesellschaft, der Nutzung neuer Technologien wie der Atomenergie und vor dem Hintergrund eines demokratischen Systems, welches die Entstehung einer breiten politischen Öffentlichkeit ermöglichte [415: F.J. BRÜGGEMEIER/J. I. ENGELS, Natur- und Umweltschutz; 439: F. UEKÖTTER, Naturschutz; 437: STIFTUNG NATURSCHUTZGESCHICHTE, Neubeginn].

Naturschutz

Ein deutlicher Unterschied zeigt sich hier im Vergleich zur DDR, wo ein umweltpolitisches Bewusstsein und umweltpolitische Bewegungen sich erst sehr spät und dann auch nur rudimentär herausbildeten. Eine Umweltforschung entwickelte sich in der DDR Mitte der 1970er Jahr- nicht zuletzt auch beeinflusst durch die Veröffentlichungen des „Club of Rome" – am Leipziger Institut für Geographie und Geoökologie. Eine interdisziplinäre Umweltschutzforschung etablierte sich dann in den 1980er Jahren. Umweltgeschichte spielte eine untergeordnete Rolle und wurde etwa am Institut für Wirtschaftsgeschichte der Hochschule für Ökonomie „Bruno Leuschner" gelehrt. Die Entstehung von Umweltinitiativen bzw. einer Umweltbewegung, wie sie seit den 1970er Jahren im Umfeld der evangelischen Landeskirche zu beobachten ist, galt jedoch als Ausdruck politischer Opposition und wurde von der Staatssicherheit überwacht. Daraus wird deutlich, dass Umweltfragen auch in der DDR seit den 1970er Jahren einen neuen Stellenwert erhielten, jedoch von einer „umweltpolitischen Epochenschwelle" kaum gesprochen werden kann. Eine präventive Umweltpolitik war dementsprechend auch kein Gegenstand staatlicher und gesellschaftlicher Praxis. Dieser im Vergleich zur Bundesrepublik geringe Stellenwert des Umweltschutzes, der Umweltpolitik wie auch der Umweltgeschichte in der DDR spiegelt sich deshalb auch in der Geschichtsschreibung in und über die DDR wider [408: H. BEHRENS/H. PAUCKE, Umweltgeschichte; 423: N. KNOTH, Umwelt].

DDR-Umweltforschung

12. Technische Denkmäler, Industriearchäologie, Industriekultur

Die Begriffstrias Technische Denkmäler, Industriearchäologie und Industriekultur bezeichnet in dieser Reihenfolge eine historische Entwicklung, die gegen Ende des 19. Jahrhunderts einsetzte und ein Jahrhundert der Diskussion um die Bedeutung, den Erhalt und den Umgang mit technischen Artefakten markiert und die schließlich unter Berücksichtigung auch sozial-, wirtschafts-, kunst- und architekturhistorischer Fragen in ein umfassendes Konzept der Industriekultur mündete.

Technische Denkmäler
Das Bewusstsein für den Erhalt technischer Denkmäler reicht zurück bis ins späte 19. Jahrhundert, als im Zuge der Errichtung von Kunstdenkmälern und Denkmälern der nationalen Kultur zunehmend auch die Konservierung technischer Denkmäler in die öffentliche Diskussion rückte. Vor dem Hintergrund eines Denkmalverständnisses im späten 19. Jahrhundert als „beweglicher oder unbeweglicher Gegenstand, welcher aus einer abgelaufenen Kulturperiode stammt und als charakteristisches Wahrzeichen der Entstehungszeit für das Verständnis der Kunst und der geschichtlichen Entwicklung ... sowie für die Erhaltung der Erinnerung an Vorgängen von hervorragendem historischem Interesse eine besondere Bedeutung hat" [zit. nach 474: R. SLOTTA, Einführung, 174] konnten technische Denkmäler kaum mehr von dieser Definition ausgeschlossen werden. Es dauerte jedoch noch bis in die zweite Hälfte des 20. Jahrhunderts, bis sich eine entsprechende Betrachtungsweise und Akzeptanz technischer Kulturdenkmale als schützenswerte Sachüberreste auf breiterer Ebene durchsetzte. Pioniere der technischen Denkmalpflege kamen um die Wende zum 20. Jahrhundert aus Ingenieurvereinen sowie aus der Jugend- und Heimatbewegung. Führende Ingenieure wie Conrad Matschoß oder Oskar von Miller sahen in den erhaltenswerten technischen Artefakten ein zusätzliches Mittel, den in dieser Zeit an mangelnder gesellschaftlicher Akzeptanz leidenden Ingenieuren und den naturwissenschaftlich-technischen Leistungen öffentliche Anerkennung zukommen zu lassen.

„Deutsches Museum von Meisterwerken der Naturwissenschaft und Technik"
Oskar von Miller ergriff im Jahr 1903 die Initiative zur Gründung eines „Deutschen Museums von Meisterwerken der Naturwissenschaft und Technik", welches als eine Art Ruhmeshalle zur Dokumentation deutscher Spitzenleistungen im Bereich der Naturwissenschaften und der Technik gedacht war. Von Miller prägte schließlich auch den Begriff „Technische Kulturdenkmäler" in enger Anlehnung an kunst- und baugeschichtliche Vorbilder. Mit der Eröffnung des Deutschen Muse-

12. Technische Denkmäler, Industriearchäologie, Industriekultur 135

ums in München im Jahr 1925 wurde diese Initiative im Rahmen des VDI durch Conrad Matschoß und in enger Verbindung mit dem Geschäftsführer des Deutschen Bundes Heimatschutz, Werner Lindner (1883–1964), vorangetrieben. Der Erhalt technischer Denkmäler erschien zugleich als eine Art „technischer Heimatschutz", bei dem es galt, handwerklich-gewerbliche Gerätschaften als technisches Kulturgut ebenso zu erhalten wie stillgelegte Hochofenanlagen oder Überreste von Bergbaubetrieben. In den späten 1920er und den 1930er Jahren verbanden sich Fortschrittsoptimismus und Technikbejahung mit einer konservativ bis reaktionären Heimatverbundenheit zu einer „organischen Industriekultur", die auch im Nationalsozialismus Unterstützung fand [461: A. KIERDORF/U. HASSLER, Denkmale, 29–70; 463: U. LINSE, Entdeckung, 210; 462: W. KÖNIG, Geschichte; 465: M. OSIETZKI, Gründungsgeschichte; 464: C. MATSCHOSS/W. LINDNER, Technische Kulturdenkmale]. Ihren Ausdruck fanden diese Aktivitäten in Beschreibungen und Inventarisierungsarbeiten technischer Artefakte sowie in Bemühungen zu deren Erhalt und musealer Konservierung. Das zeigen etwa die Beispiele des Frohnauer Hammers im Erzgebirge, der Gießhalle der Sayner Hütte bei Koblenz oder des Halbachhammers bei Essen. In Anlehnung an bereits vor dem Ersten Weltkrieg in Nord- und Mitteldeutschland angestellte Überlegungen zur Gründung von Freilichtmuseen plante Oskar von Miller mit dem Essener Baurat Wilhelm Claas (1885–1966) 1931 die Errichtung eines „Freilichtmuseum technischer Kulturdenkmale" in Hagen, welches jedoch erst mit einer zeitlichen Verzögerung von mehr als drei Jahrzehnten gegründet und schließlich im Jahr 1973 der Öffentlichkeit übergeben wurde [463: U. LINSE, Entdeckung, 216 f.; 461: A. KIERDORF/U. HASSLER, Denkmale, 43–51].

In diese Übergangszeit fällt auch die Schwerpunktverlagerung von der konservativ-heimatbewegten Pflege technischer Kulturdenkmale zu einer modernen „Industriearchäologie", die sich schließlich auch in der Literatur niederschlägt. Der Begriff „Industriearchäologie" wurde erstmals im universitären Umfeld in Großbritannien benutzt. Kenneth Hudson und Angus Buchanan verstanden darunter ein wissenschaftliches Forschungsgebiet, welches sich mit der Erfassung, der Registrierung und Erhaltung industrieller Denkmäler im Kontext der Sozial-, Wirtschafts- und Technikgeschichte auseinandersetzt [474: R. SLOTTA, Einführung, 152 f.; 461: A. KIERDORF/U. HASSLER, Denkmale, 109–118]. Die damit verbundene Institutionalisierung und Verwissenschaftlichung erfolgte in Deutschland seit den 1970er Jahren in Anbindung an Museen, Ämter und Behörden der staatlichen Denkmalpflege

Randnotizen: „Technischer Heimatschutz"; „Freilichtmuseum technischer Kulturdenkmale"; „Industriearchäologie"; Verwissenschaftlichung sowie an einige im Rahmen der Bildungsexpansion neu geschaffene Lehrstühle der Wirtschafts- und Technikgeschichte und verlief zudem zeitlich parallel zum Strukturwandel industrieller Regionen. Als größtes bundesdeutsches Industrieland mit dem Ruhrgebiet als Zentrum spielte Nordrhein-Westfalen in diesem Prozess eine Pionierrolle. Mit dem Zechensterben an der Ruhr und der Stilllegung zahlreicher Industrieanlagen begannen zunächst Architekten, Künstler, Historiker und Bürgerinitiativen auf den Denkmalwert technischer Kulturgüter hinzuweisen. Der Zeche Zollern II/IV in Dortmund-Bövinghausen und der Arbeitersiedlung Eisenheim in Oberhausen kam dabei ein Symbol- und Schrittmacherfunktion zu, was sich auch in den Veröffentlichungen zu diesen Anlagen ablesen lässt. [441: B. u. H. BECHER u. a., Zeche Zollern 2; 454: R. GÜNTER, Oberhausen]. Die staatliche Denkmalpflege im Rheinland und Westfalen und die dortigen Landschaftsverbände reagierten rasch auf diese Initiativen und wirkten mit ihren Aktivitäten auf dem Gebiet der technischen Denkmalpflege vorbildhaft für andere Bundesländer. Erstmals wurden im Denkmalschutzgesetz des Landes Nordrhein-Westfalen im Jahr 1980 zudem die Bereiche der Industrie und Arbeitswelt berücksichtigt. Diese Kategorien fanden schließlich auch als Aspekte eine geschichtswissenschaftlich-methodischen Erweiterung in Richtung der Sozial- und Alltagsgeschichte und unter Berücksichtigung der bisherigen Überlegungen der Industriearchäologie und der technischen Denkmalpflege Eingang in das interdisziplinäre Konzept der „Industriekultur", welches wiederum als Ausdruck demokratischer Identität interpretiert wurde [452: H. GLASER, Industriekultur; 453: H. GLASER, Industriekultur; 451: H. GLASER, Maschinenwelt].

Denkmalschutzgesetz

„Industriekultur"

Seit den 1970er Jahren wurden dann zahlreiche, z.T üppige Bildbände zur Industriekultur in unterschiedlichen Regionen und Bundesländern publiziert, wobei die schwerindustriellen Regionen des Ruhrgebiets und der Saar einen Schwerpunkt bildeten. Doch fanden die norddeutschen Regionen der Schiffs- und Werftindustrie ebenso Berücksichtigung wie der Berliner Raum, während Süddeutschland mit Bayern und Baden-Württemberg mit einem geringeren schwerindustriellen Anteil zunächst unterrepräsentiert waren. Im Rahmen des Industriekulturansatzes fanden vor allem sozial- und kulturhistorische Darstellungen Berücksichtigung [475: R. SLOTTA, Technische Denkmäler; 471: A. SCHMITT, Denkmäler; 448: G. FEHL/D. KASPARI-KÜFFEN/L.-H. MEYER, Wasser; 443: J. BOBERG/T. FICHTER/E. GILLEN, Metropole; 446: R. VAN DÜLMEN, Industriekultur in Nürnberg; 468: V. PLAGEMANN, Industriekultur; 453: H. GLASER, Industriekultur; 444: T. BUDDENSIEG, Industriekultur; 449: A. FÖHL, Technische Denkmale; 450: A. FÖHL,

Hessen; 467: D. PETERS/H. BICKELMANN, Hafenlandschaft; 473: K.-J. SEMBACH/V. HÜTSCH, Industriedenkmäler].

Ebenfalls in den 1970er Jahren erfuhr auch die DDR eine Intensivierung der Auseinandersetzung mit technischen Denkmälern. Ähnlich wie die Bundesrepublik knüpfte sie an Traditionen an, die die technisch-wissenschaftlichen Erfolge in den Vordergrund stellten. Ihre ideologische Legitimation erhielt die technische Denkmalpflege in der DDR mit Blick auf die Leistungen der Arbeiterklasse und die sozialistischen Produktionserfolge in den Bereichen Technik, Forschung und Entwicklung. Seit den 1950er Jahren war es vor allem die Gesellschaft für Denkmalpflege im Kulturbund der DDR, die sich der Pflege der technischen Denkmäler widmete [476: TECHNISCHE DENKMALE; 76: O. WAGENBRETH, Technische Denkmale; 474: R. SLOTTA, Einführung, 158 f.]. Im Laufe der 1980er Jahre und vor allem im Zuge der Vereinigung beider deutscher Staaten, den damit verbundenen Umbrüchen und Abbrüchen und vor dem Hintergrund der Deindustrialisierungstendenzen in der ehemaligen DDR ging es dann zunächst einmal darum, eine Akzeptanz für Industriedenkmalpflege unter den neuen Rahmenbedingungen zu erzielen, die in der „Werteskala dieser neu formierten Gesellschaft einen der hintersten Plätze" einnahm [469: V. RÖDEL, Reclams Führer, 8; 442: C. BEDESCHINSKI, Ein-Blicke].

Die 1990er Jahre bescherten der Bundesrepublik eine Hochzeit der Beschäftigung mit Industriekultur, auch wenn der Begriff zunehmend an Trennschärfe und Eindeutigkeit verlor. Im Gegensatz zum interdisziplinären Ansatz wurde Industriekultur auch verstanden als Form der Technikentwicklung, -anwendung und -durchsetzung unter Berücksichtigung gesellschaftlicher und kultureller Einflussgrößen [470: K. RUTH, Industriekultur], wobei jedoch der Begriff der Innovationskultur angemessener erscheint.

Die stärkste Ausprägung erzielte das Industriekultur-Konzept wiederum in Nordrhein-Westfalen, wo sich, getragen von einem dichten Netzwerk aus staatlichen, privaten und Stiftungsinitiativen, eine regelrechte Industriekultur-Bewegung entwickelte, die parallel zum Strukturwandel und zum Niedergang der Altindustrien auf eine Um- und Neunutzung bzw. auf eine Musealisierung ehemaliger Industrieanlagen setzte. In diesem Zusammenhang kam es nicht nur zur Gründung eines rheinischen und westfälischen Industriemuseums mit insgesamt 14 Standorten ehemaliger Industrieanlagen unterschiedlicher Branchen, sondern auch zur Umsetzung zahlreicher Projekte zum Erhalt technischer Industriedenkmäler, zur Gründung von Vereinen und Zeitschriften und Kommunikationsstrukturen, die weltweit ihresgleichen suchen. Über Nordrhein-Westfalen hinaus kam es schließlich auch in anderen Regionen zur Gründung von Technik- und Industriemuseen wie etwa dem Museum der Arbeit in Hamburg, dem Deutschen Museum für Verkehr und Technik in Berlin, dem Landesmuseum für Technik und Arbeit in Mannheim, dem Centrum Industriekultur in Nürnberg oder dem Sächsischen Industriemuseum als einer der umfangreichsten Initiativen in den neuen Bundesländern. Die enorm gestiegene Bedeutung der Industriekultur und die Anerkennung technischer Kulturdenkmäler – auch im weltweiten Maßstab – ist in den 1990er Jahren zudem an der Aufnahme der Völklinger Hütte, der Zeche Zollverein in Essen und dem Erzbergwerk „Rammelsberg" im Harz in die Liste des UNESCO-Weltkulturerbes abzulesen.

<small>UNESCO-Weltkulturerbe</small>

Das Konzept der Industriekultur war jedoch nicht allein Ausdruck eines veränderten kulturellen Selbstverständnisses und einer gestiegenen Sensibilität gegenüber technischen Kulturdenkmälern, sondern geriet zunehmend in den Sog politischer und ökonomischer Interessen. So erlebten die Industriedenkmalpflege und Industriekultur mit der Durchführung der Internationalen Bauausstellung (IBA) „Emscher Park" ab 1989 einen regelrechten Boom. Ziel dieser Anstrengungen war es u. a., den Strukturwandel des Ruhrgebiets voranzutreiben, gesellschaftliche Innovationen zu fördern, für den Wirtschaftsraum Ruhrgebiet zu werben und ehemalige Industrieflächen und -anlagen der Emscherzone ökologisch und städtebaulich umzugestalten. Daneben sollte die Industriekultur auch den Tourismus in einer Region fördern, die bis dahin mit diesem Begriff kaum in Verbindung gebracht wurde [458: IBA EMSCHERPARK, 324 ff.; 457: A. HÖBER/K. GANSER, Industriekultur; 472: J. SCHWARK, Tourismus]. Dies ist ebenfalls ein Anliegen der nachfolgenden IBA „Fürst-Pückler-Land" sowie in anderen ehemaligen Industrieregionen, die sich mit Hilfe von Industriekultur nach der Deindustrialisierung eine wirtschaftliche Erholung und neue Arbeitsplätze erhoffen. In diesem Zusammenhang sind zahlreiche Reise- und Denkmalführer der Industriekultur erschienen [469: V. RÖDEL, Reclams Führer; 478: H. WIRTH, Technik; 455: R. GÜNTER, Tal; 466: TH. PARENT, Ruhrgebiet; 459: F.-J. JELICH, Wegweiser; 460: H. JOHN/I. MAZZONI, Industrie- und Technikmuseen]. Mit dem Boom der Industriekultur der 1990er Jahre regte sich jedoch auch Kritik an einer „zunehmenden Beliebigkeit" des Begriffs, der mehr und mehr zu einem „Gegenstand postmoderner Verfügbarkeit" verkomme. Zudem wird die anfängliche Euphorie der ökonomischen Wirkung industriekultureller Projekte mit dem Hinweis in Frage gestellt, dass etwa die Route der Industriekultur keine „Route der Innovationen" geworden sei, andererseits mit der Ansiedlung eines

Großeinkaufszentrums auf dem Gebiet ehemaliger Industrieanlagen gerade dort zahlreiche Arbeitsplätze geschaffen wurden, wo mit dem industriegeschichtlichen Erbe radikal gebrochen wurde [447: L. ENGELSKIRCHEN, Abschied; 456: U. HEINEMANN, Industriekultur]. Dies muss jedoch weniger als eine grundsätzliche Infragestellung des Konzepts der Industriekultur verstanden werden als ein Plädoyer für eine realistischere Einschätzung der damit verbundenen Möglichkeiten.

13. Technikgeschichte

Die Anfänge der Technikgeschichtsschreibung werden in der Literatur zumeist mit Johann Beckmann (1739–1811) in Verbindung gebracht, der seit 1770 eine Professur für Ökonomie innehatte und sich in diesem Rahmen auch mit Fragen der Landwirtschaft, Technologie („Geschichte der Erfindungen") und Warenkunde auseinandersetzte [480: G. BAYERL/J. BECKMANN, Johann Beckmann]. An Universitäten und vertreten durch eigene Lehrstühle gibt es das Fach Technikgeschichte (z.T. in Kombination mit Wirtschafts- oder Wissenschaftsgeschichte) in Deutschland jedoch erst seit den 1960er Jahren, nicht zuletzt als Resultat der bildungspolitischen Diskussion der 1950er und frühen 1960er Jahre.

Anfänge der Technikgeschichtsschreibung

Fach Technikgeschichte

Dazwischen liegt ein Zeitraum, in dem Technikgeschichte vor allem außerhalb der Universitäten gelehrt und erforscht wurde. Eine zentrale Rolle spielten dabei der Verein Deutscher Ingenieure (VDI), das 1903 gegründete Deutsche Museum in München, die zwei Jahre zuvor ins Leben gerufene Deutsche Gesellschaft für Geschichte der Medizin und Naturwissenschaften, die 1909 vom Verband Deutscher Diplomingenieure gegründete Zeitschrift „Technik und Kultur" sowie die „Beiträge zur Geschichte der Technik und Industrie" und schließlich die 1926 von Seiten der Industrie gebildete „Agricola-Gesellschaft beim Deutschen Museum". Man kann für den Zeitraum seit der Wende zum 20. Jahrhundert zwar von einer lebendigen technikgeschichtlichen Szene sprechen, die jedoch vor allem von Interessenverbänden geprägt und an den Hochschulen nur wenig verankert war. Im 19. und frühen 20. Jahrhundert waren es zudem vor allem Nationalökonomen und Ingenieure und weniger Historiker, die sich mit Fragen der Technikgeschichte auseinandersetzten. Zu nennen sind in diesem Zusammenhang neben Karl Marx (1818–1883) und Friedrich Engels (1829–1895) u. a. Theodor Beck (1839–1917), Conrad Matschoß (1871–1942) und Franz

Technikgeschichtliche Gesellschaften

Maria Feldhaus (1874–1957), wobei die Ingenieure eine personen- und ereignisorientierte Technikgeschichte der großen Männer und ihrer "Erfindungen" ohne ein ausgeprägtes methodisches und theoretisches Instrumentarium präsentierten, während die Ökonomen von einem linearen „technischen Fortschritt" und Innovationen (J. Schumpeter) oder von einer „Eigenlogik der Produktivkräfte" (K. Marx) als wesentliche Triebkräfte der wirtschaftlichen und gesellschaftlichen Entwicklung ausgingen. Karl Lamprecht (1856–1919) und Franz Schnabel (1887–1966) gelten als rühmliche Ausnahme mit dem Versuch, Aspekte von Technik und Wirtschaft unter Berücksichtigung kultur- und sozialhistorischer Phänomene als Teil der Allgemeingeschichte zu begreifen und damit die Grundlagen einer interdisziplinären Geschichtsschreibung zu legen [493: W. WEBER/L. ENGELSKIRCHEN, Streit, 21–40; 19: J. RADKAU, Technik, 122 ff.; 492: U. TROITZSCH, Technikgeschichte, 379 ff.].

<small>Erfindergeschichte</small>

Die unterschiedlichen Annäherungen an die Technikgeschichte sind inzwischen vor allem für die Zeit nach 1945 und mit Blick auf die Geschichte des Fachs in West- und Ostdeutschland gut dokumentiert [493: W. WEBER/L. ENGELSKIRCHEN, Streit]. Für den Zeitraum des Nationalsozialismus liegt der Akzent allerdings weniger auf dem Gebiet der Technikhistoriographie als vielmehr im Bereich des Verhältnisses von Technik, Wirtschaft und Politik [243: W. LORENZ/T. MEYER, Technik]. Während des Nationalsozialismus gab es jedoch durchaus keine einheitliche technikhistorische Orientierung. Während Friedrich Klemms (1904–1983) zu Beginn der 1940er Jahre erschienenes dreibändiges Werk „Technik der Neuzeit" in der Tradition einer Kulturgeschichte der Technik steht, knüpften andere Vertreter der Disziplin an technokratische Leitbilder an und suchten, wie Franz Maria Feldhaus oder Carl von Klinckowstroem (1884–1969), Letzterer als Leiter der Abteilung Kulturgeschichte und Kulturpolitik des Hauptarchivs der NSDAP, die ideologische Nähe zum Nationalsozialismus [493: W. WEBER/L. ENGELSKIRCHEN, Streit, 43–47].

<small>Kulturgeschichte der Technik</small>

Friedrich Klemm und der Hamburger Physikhistoriker Hans Schimank (1888–1979) prägten auch nach 1945 die westdeutsche Technikgeschichtsschreibung, die sich damit durch Kontinuitätslinien aus der Zeit vor 1945 auszeichnete und die u. a. auch darin zum Ausdruck kam, dass sie sich an den Universitäten kaum etablieren konnte. So waren es zunächst weiterhin der VDI, die Deutsche Gesellschaft für Geschichte der Medizin und Naturwissenschaften (und Technik) oder auch techniksoziologisch ausgerichtete Forschungsinstitute wie die Dortmunder Sozialforschungsstelle, die die westdeutsche Technikgeschichte in den ersten beiden Nachkriegsjahrzehnten prägten [493: W. WEBER/L. ENGELSKIRCHEN, Streit, 52–68]. Erst mit der Konstituierung des Wissenschaftsrates 1957 und der Diskussion um die Bildungsreform – damit indirekt auch beeinflusst vom „Sputnikschock" und dem Kalten Krieg – gab es auch für die westdeutsche Technikgeschichte neue Impulse. In der Folge kam es auf Empfehlung des Wissenschaftsrates, der sich wiederum u. a. an der interdisziplinär ausgerichteten Technikgeschichtsschreibung in den USA orientierte, seit den 1960er Jahren zum Ausbau des Faches Technikgeschichte an westdeutschen Universitäten in München, Bochum, Hannover, Stuttgart, Berlin und Bremen, wobei eine Etablierung als historische Disziplin nicht unumstritten war. Einen Durchbruch markierte dabei der Historikertag 1962 in Duisburg mit seinem sozialhistorischen Schwerpunkt, unterstützt von Wilhelm Treue (1909–1992). Dieser galt in dieser Phase als ein wichtiger Vertreter der Historiker auf dem Gebiet der Technikgeschichtsschreibung [Edb., 137–156; 492: U. TROITZSCH, Technikgeschichte, 383–387], in der Folgezeit fungierte er aber vor allem als Protagonist einer traditionellen, industrienahen Unternehmensgeschichtsschreibung.

Wilhelm Treue

Als Reaktion auf neuere amerikanische technikhistorische Darstellungen [16: D. LANDES, Prometheus] und auf die sozialhistorische Wende adaptierte die westdeutsche Technikgeschichtsschreibung in den 1970er und 1980er Jahren neue methodische und theoretische Ansätze, die die Disziplin auch als einen Beitrag zur Sozial- und Strukturgeschichte verstanden [12: K. HAUSEN/R. RÜRUP, Moderne Technikgeschichte; 491: W. TREUE, Deutsche Technikgeschichte; 24: U. TROITZSCH/G. WOHLAUF, Technik-Geschichte; 19: J. RADKAU, Technik] und reflektierte diese in meta-theoretischen Überlegungen, die eine interdisziplinäre Zusammenarbeit ermöglichen sollte [488: F. RAPP/R. JOKISCH/H. LINDNER, Determinanten]. Diese Entwicklungen spiegelten sich, wenn auch mit mehrjähriger Verzögerung, in der vom VDI herausgegebenen und seit den Kriegsjahren 1941 für mehr als zwei Jahrzehnte eingestellten, 1964 dann neu gegründeten Zeitschrift „Technikgeschichte" wider, ebenso wie in dem großen zehnbändigen technikhistorischen Werk „Technik und Kultur" oder in der fünfbändigen, von der Georg-Agricola-Gesellschaft publizierten Propyläen Technikgeschichte in den 1990er Jahren [22: TECHNIK UND KULTUR]. Sie stellen bis in die Gegenwart hinein eine wichtige Bestandsaufnahme der Technikgeschichte in Deutschland dar, die auch in einigen umfangreicheren Sammelbänden dokumentiert ist [481: G. BAYERL/W. WEBER, Sozialgeschichte der Technik; 131: M. RASCH/D. BLEIDICK, Technikgeschichte].

Sozialhistorische Wende

Technikhistoriographie in der DDR

Die Technikhistoriographie in der DDR nahm nach dem Zweiten Weltkrieg einen deutlich anderen Verlauf und hatte ihren Schwerpunkt zunächst an der TH Dresden. Dort war es zur Zeit der Sowjetischen Besatzungszone der Maschinenbauer und Feinmechaniker Richard Woldt (1878–1952), der als ehemaliges Mitglied der „Technokratischen Union" ab 1948/49 regelmäßige Vorlesungen zur Technikgeschichte mit stark sozialwissenschaftlicher Ausrichtung abhielt, was jedoch auf erhebliche Vorbehalte auf Seiten der SED stieß. Mit der Gründung des Instituts für Technik und Naturwissenschaften an der TH Dresden und der 1957 ins Leben gerufenen „Arbeitsgemeinschaft Geschichte der Produktivkräfte" wurde fortan die Technikgeschichtsschreibung in der DDR im Sinne einer marxistisch-fortschrittsorientierten Darstellung unter starker Berücksichtigung ökonomischer Zusammenhänge geprägt. Eine „Geschichte der Produktivkräfte" wurde schließlich auch in Freiberg, Karl-Marx-Stadt und Magdeburg gelehrt [493: W. WEBER/L. ENGELSKIRCHEN, Streit, 109–113, 167–175, 299–325]. In den 1980er Jahren entstand eine umfangreiche „Geschichte der Produktivkräfte in Deutschland", an der nicht zuletzt zahlreiche Mitglieder des Instituts für Wirtschaftsgeschichte der Akademie der Wissenschaften der DDR beteiligt waren [483: GESCHICHTE DER PRODUKTIVKRÄFTE; 486: K. LÄRMER, Studien]. Eine methodische, theoretische und inhaltliche Erweiterung und Modifizierung der Technikgeschichte, wie sie seit den 1960er Jahren in der Bundesrepublik im Zuge der sozial- und kulturwissenschaftlichen Wende der Geschichtsschreibung zu beobachten ist, lässt sich für die Technikhistoriographie in der DDR kaum nachweisen. Konsum- und umweltgeschichtliche Fragestellungen spielten kaum eine Rolle, eine kritische Analyse gesellschaftlich-ökonomischer Entwicklungen bezog sich vornehmlich auf den Kapitalismus und den Zeitraum vor 1945. Die Betrachtung der Technik in der sozialistischen Gesellschaft war demgegenüber von einer technokratisch-fortschrittsgläubigen Perspektive gekennzeichnet, die die DDR-Historiographie bis Ende der 1980er Jahre prägte [493: W. WEBER/L. ENGELSKIRCHEN, Streit, 314–322].

Seit den 1990er Jahren setzte sich dann die im Zuge der „sozial- und kulturhistorischen Wende" in der Bundesrepublik weitgehend eine Technikhistoriographie durch, die zunehmend interdisziplinär und multiperspektivisch ausgerichtet ist. Sie beeinflusst auch technikhistorisch-didaktische Untersuchungen [489: H. ROGGER, Didaktik; 204: L. BLUMA/K. PICHOL/W. WEBER, Technikvermittlung] sowie zahlreiche Publikationen aus dem Umfeld der Technik- und Industriemuseen, die ihre Veröffentlichungen nicht selten explizit als Beiträge zu einer Tech-

Geschichte der Produktivkräfte

13. Technikgeschichte

nik-, Sozial- und Kulturgeschichte verstehen. Die Technikgeschichte öffnet sich dabei einerseits inhaltlich in Richtung neuer Themenbereiche wie der Konsum- und Umweltgeschichte (s. Kap. II.10 u.11), andererseits methodisch, indem sie neue Wege einer biographisch orientierten Betrachtung beschreitet [482: W. Füssl/St. Ittner, Biographie]. Außerdem greift die Forschung Traditionen der kulturhistorischen Debatten der Jahrhundertwende 1900 [235: B. Dietz/M. Fessner/H. Maier, Technische Intelligenz] auf und bezieht Ansätze der der „kulturalistischen Wende" der Geschichtswissenschaften in den 1990er Jahren ein, die zunehmend mentalitätshistorische Fragestellungen und Aspekte der Wahrnehmung, Deutung, Orientierung und Symbolik berücksichtigt [487: M. Osietzki, Technikgeschichte; 484: M. Hard, Kulturgeschichte]. Diese Ansätze sind wiederum in der „Zunft" nicht unumstritten.

Kulturalistische Wende

Interdisziplinarität und Multiperspektivität kennzeichnen schließlich auch die Arbeit der 1991 gegründeten Gesellschaft für Technikgeschichte e.V., die als Fachvertretung der Technikgeschichte den wissenschaftlichen Austausch innerhalb des Faches befördern möchte. Beispiellos in Deutschland ist der technikhistorische Verbund des Münchner Zentrums für Wissenschafts- und Technikgeschichte, in dem neben den Forschungsinstituten des Deutschen Museums die Lehrstühle und Institute für Naturwissenschaften, Medizin, Technik-, Wirtschafts- und Sozialwissenschaften der TU, der Ludwig-Maximilians-Universität und der Universität der Bundeswehr mit dem Anspruch verbunden sind, Wissenschafts- und Technikgeschichte als Brückenfach zwischen den Ingenieur- und Naturwissenschaften einerseits und den Geistes- und Sozialwissenschaften andererseits zu etablieren. Gleichzeitig werden an anderen Universitäten Lehrstühle gestrichen, die, wie etwa an der Universität Hamburg, seit den 1960er Jahren in innovativer Weise für eine Integration der Sozial-, Wirtschafts- und Technikgeschichte standen. Daran zeigt sich auch, dass die Verbindung von Wirtschafts- und Technikgeschichte zugunsten der Wissenschafts- und Technikgeschichte auf dem Rückzug ist und dass der Anspruch der Interdisziplinarität, der seit den 1960er Jahren immer wieder formuliert und plakativ gefordert wird, in der Hochschulpraxis nach wie vor nur schwer umzusetzen ist.

Gesellschaft für Technikgeschichte e.V.

III. Quellen und Literatur

Es gelten die Abkürzungen der Historischen Zeitschrift.

A. Gedruckte Quellen

1. G. BAYERL (Hrsg.), Quellentexte zur Geschichte der Umwelt von der Antike bis heute. Göttingen 1998.
2. R. STAHLSCHMIDT, Quellen und Fragestellungen einer deutschen Technikgeschichte des frühen 20. Jahrhunderts bis 1945. Göttingen 1977.
3. W. STEITZ (Hrsg.), Quellen zur deutschen Wirtschafts- und Sozialgeschichte im 19. Jahrhundert bis zur Reichsgründung. Darmstadt 1980.
4. W. STEITZ (Hrsg.), Quellen zur deutschen Wirtschafts- und Sozialgeschichte von der Reichsgründung bis zum Ersten Weltkrieg. Darmstadt 1985.
5. W. TREUE/H. PÖNICKE/H. MANEGOLD (Hrsg.), Quellen zur Geschichte der Industriellen Revolution. Göttingen u. a. 1966.

Einen hohen Informationswert als gedruckte Quelle haben zudem Fachzeitschriften der Industrie und Verbände wie z. B. „Stahl und Eisen", „Archiv für Eisenhüttenwesen", „Elektrotechnische Zeitschrift", „Zeitschrift des Vereins Deutscher Ingenieure", „Glückauf. Berg- und Hüttenmännische Zeitschrift", „Jahrbuch der Textilindustrie", „Chemische Industrie", „Maschinenbau" u. a.

B. Literatur

1. Übergreifende Einzel-, Sammel- und Gesamtdarstellungen

6. H. ALBRECHT, Technik und Gesellschaft. Eine Einführung. Tübingen 1996.

7. D. CARDWELL, Viewegs Geschichte der Technik. Braunschweig/ Wiesbaden 1997.
8. W. CONZE, Die Strukturgeschichte des technisch-industriellen Zeitalters als Aufgabe für Forschung und Lehre. Köln 1957.
9. F. M. FELDHAUS, Kulturgeschichte der Technik. 2 Bde. Berlin 1928.
10. A. FÜRST, Das Weltreich der Technik. 4 Bde. Berlin 1923–1927.
11. S. GIEDION, Die Herrschaft der Mechanisierung. Ein Beitrag zur anonymen Geschichte. Frankfurt/Main 1983.
12. K. HAUSEN/R. RÜRUP (Hrsg.), Moderne Technikgeschichte. Köln 1975.
13. W. JONAS (Hrsg.), Die Produktivkräfte in der Geschichte. Berlin (O) 1969.
14. F. KLEMM (Hrsg.), Technik der Neuzeit. 3 (unvollständige) Bde. Potsdam 1940–42.
15. W. KÖNIG (Hrsg.), Propyläen Technikgeschichte. 5 Bde. Berlin 1990–1993.
16. D. LANDES, Der entfesselte Prometheus. Technologischer Wandel und industrielle Entwicklung in Westeuropa von 1750 bis zur Gegenwart. München 1983.
17. O. LUEGER, Lexikon der gesamten Technik. 7 Bde. Leipzig 1894.
18. H. POPITZ, Epochen in der Technikgeschichte. Tübingen 1989.
19. J. RADKAU, Technik in Deutschland. Vom 18. Jahrhundert bis zur Gegenwart. Frankfurt/Main 1989.
20. S. W. SCHUCHARDIN, Allgemeine Geschichte der Technik. 2 Bde. Leipzig 1981–1984.
21. R. SONNEMANN u. a. (Hrsg.), Geschichte der Technik. Leipzig 1978
22. TECHNIK UND KULTUR. Im Auftrag der Georg-Agricola-Gesellschaft hrsg. von A. Hermann und W. Dettmering. 10 Bde. Düsseldorf 1989 ff.
23. U. TROITZSCH/W. WEBER (Hrsg.), Die Technik. Von den Anfängen bis zur Gegenwart. Braunschweig, 3. Aufl. 1989.
24. U. TROITZSCH/G. WOHLAUF (Hrsg.), Technik-Geschichte. Historische Beiträge und neuere Ansätze. Frankfurt/Main 1980.

2. *Technikgenese, Technikfolgen, Technikrisiken*

25. J. ABEL, Von der Vision zum Serienzug. Technikgenese im schienengebundenen Hochgeschwindigkeitsverkehr. Berlin 1997.
26. J. ABELE/G. BARKLEIT/T. HÄNSEROTH (Hrsg.), Innovationskulturen

und Fortschrittserwartungen im geteilten Deutschland. Köln/Weimar/Wien 2001.
27. A. ANDERSEN, Historische Technikfolgenabschätzung am Beispiel des Metallhüttenwesens und der Chemieindustrie 1850–1933. ZUG Beiheft 90. Stuttgart 1996.
28. J. BÄHR, Industrie im geteilten Berlin (1945–1990). Die elektrotechnische Industrie und der Maschinenbau im Ost-West-Vergleich: Branchenentwicklung, Technologien und Handlungsstrukturen. Berlin 2001.
29. J. BÄHR/D. PETZINA (Hrsg.), Innovationsverhalten und Entscheidungsstrukturen. Vergleichende Studien zur wirtschaftlichen Entwicklung im geteilten Deutschland 1945–1990. Berlin 1996.
30. R. BAUER, PKW-Bau in der DDR. Zur Innovationsschwäche von Zentralverwaltungswirtschaften. Frankfurt/Main 1999.
31. U. BECK, Risikogesellschaft. Auf dem Weg in eine andere Moderne. Frankfurt/Main 1986.
32. W. BONSS, Vom Risiko. Unsicherheit und Ungewissheit in der Moderne. Hamburg 1995.
33. H.-J. BRAUN, Gas oder Elektrizität? Zur Konkurrenz zweier Beleuchtungssysteme, in: Technikgeschichte 47 (1980) 1–19.
34. H.-J. BRAUN, Technikgenese. Entscheidungszwänge und Handlungsspielräume bei der Entstehung von Technik, in: Technikgeschichte 60 (1993) 181–185.
35. H.-J. BULLINGER (Hrsg.), Technikfolgenabschätzung. Stuttgart 1994.
36. R. M. CYERT/J. G. MARCH, A Behavioral Theory of the Firm. Engelwood Cliffs 1963.
37. M. DIERKES, Technikgenese als Gegenstand sozialwissenschaftlicher Forschung – erste Überlegungen, in: Verbund Sozialwissenschaftliche Technikforschung. Mitteilungen 1 (1987) 154–170.
38. M. DIERKES (Hrsg.), Technikgenese. Befunde aus einem Forschungsprogramm. Berlin 1997.
39. M. DIERKES/U. HOFFMANN/L. MARZ, Leitbild und Technik. Zur Entstehung und Steuerung technischer Innovationen. Berlin 1992.
40. M. DIERKES (Hrsg.), Die Technisierung und ihre Folgen. Zur Biographie eines Forschungsfeldes. Berlin 1993.
41. E. S. FRANKE, Netzwerke, Innovationen und Wirtschaftssystem. Eine Untersuchung am Beispiel des Druckmaschinenbaus im geteilten Deutschland (1945–1990). Stuttgart 2000.
42. K. GRIMMER u. a., Politische Techniksteuerung. Opladen 1992
43. A. GRUNWALD (Hrsg.), Rationale Technikfolgenbeurteilung. Kon-

zeption und methodische Grundlagen. Berlin/Heidelberg/New York 1999.
44. A. GRUNDWALD/S. SAUPE (Hrsg.), Ethik in der Technikgestaltung. Praktische Relevanz und Legitimation. Berlin/Heidelberg/New York 1999.
45. C. HEIMANN, Systembedingte Ursachen des Niedergangs der DDR-Wirtschaft. Das Beispiel der Textil- und Bekleidungsindustrie 1945–1989. Frankfurt/Main 1997.
46. H. D. HELLIGE, Von der programmatischen zur empirischen Technikgeneseforschung: Ein technikhistorisches Analyseinstrumentarium für die prospektive Technikbewertung, in: Technikgeschichte 60 (1993) 186–223.
47. S. HILGER, „Amerikanisierung" deutscher Unternehmen. Wettbewerbsstrategien und Unternehmenspolitik bei Henkel, Siemens und Daimler-Benz (1945/49–1975). Stuttgart 2004.
48. TH. P. HUGHES, Das „technologische Momentum" in der Geschichte. Zur Entwicklung des Hydrierverfahrens in Deutschland 1898–1933, in: 12: 358–383.
49. TH. P. HUGHES, Networks of Power. Electrification in Western Society 1880–1930. Baltimore. London 1983.
50. H. NIEMANN/A. HERRMANN, Geschichte der Straßenverkehrssicherheit im Wechselspiel zwischen Fahrbahn, Fahrzeug und Mensch. Bielefeld 1999.
51. U. KIRCHNER, Das Airbus-Projekt (1965–1990). Genese, Eigendynamik und Etablierung am Markt, in: 72: 101–146.
52. U. KIRCHNER/J. WEYER, Die Magnetbahn Transrapid (1922–1996). Ein Großprojekt in der Schwebe, in: in: J. Weyer u. a. (Hrsg.), Technik, die Gesellschaft schafft. Soziale Netzwerke als Ort der Technikgenese. Berlin 1997, 227–275.
53. CH. KLEINSCHMIDT, Der produktive Blick. Wahrnehmung amerikanischer und japanischer Management- und Produktionsmethoden durch deutsche Unternehmer 1950–1985. Berlin 2002.
54. W. KÖNIG, Technik, Macht und Markt. Eine Kritik der sozialwissenschaftlichen Technikgeneseforschung, in: Technikgeschichte 60 (1993) 243–266.
55. W. KROHN/G. KRÜCKEN (Hrsg.), Riskante Technologien: Reflexion und Regulation. Einführung in die sozialwissenschaftliche Risikoforschung. Frankfurt/Main 1999.
56. J. P. MURMANN, Knowledge and Competitive Advantage. The Coevolution of Firms, Technology, and National Institutions. Cambridge/New York 2003.

57. R. R. NELSON/S. G. WINTER, An Evolutionary Theory of Economic Change. Cambridge/Mass./London 1982.
58. F. R. PFETSCH, Innovationsforschung in historischer Perspektive, in: Technikgeschichte 45 (1978) 118–133.
59. A. PRIEBE, Technikgenese und Ordnungspolitik: Innovationen im mechanisierten Straßenverkehr des 18. und 19. Jahrhunderts und die verkehrspolitischen Interaktionen in Großbritannien und Frankreich. Karlsruhe 2000.
60. W. RAMMERT, Technikgenese – Ein Überblick über Studien zum Entstehungszusammenhang neuer Techniken, in: KZSS 40 (1988) 747–761.
61. L. RIEDL, Satellitenfernsehen in Europa (1945–1994). Die Konstruktion neuer Medienlandschaften, in 72: 277–327.
62. J. F. K. SCHMIDT, Der Personal Computer (1974–1985). Architektonische Innovation und vertikale Desintegration, in: 72: 147–226.
63. J. SCHUMPETER, Theorie der wirtschaftlichen Entwicklung. Eine Untersuchung über Unternehmergewinn, Kapital, Kredit, Zins und den Konjunkturzyklus. Berlin, 7. Aufl. 1987.
64. R. STOKES, Constructing Socialism. Technology and Change in East Germany, 1945–1990. Baltimore 2000.
65. J. STREB, Staatliche Technologiepolitik und branchenübergreifender Wissenstransfer. Über die Ursachen und Folgen der internationalen Innovationserfolge der deutschen Kunststoffindustrie im 20. Jahrhundert. Berlin 2003.
66. TECHNIK UND GESELLSCHAFT. Jahrbuch 6, hrsg. von G. Bechmann/ W. Rammert. Frankfurt/Main/New York 1992.
67. U. TROITZSCH, Innovation, Organisation und Wissenschaft beim Aufbau von Hüttenwerken im Ruhrgebiet 1850–1870. Dortmund 1977.
68. ST. UNGER, Eisen und Stahl für den Sozialismus. Modernisierungs- und Innovationsstrategien der Schwarzmetallurgie in der DDR von 1949 bis 1971. Berlin 2000.
69. W. WEBER, Innovationen im frühindustriellen Bergbau und Hüttenwesen. Friedrich Anton von Heynitz. Göttingen 1976.
70. U. WENGENROTH, Vom Innovationssystem zur Innovationskultur. Perspektivwechsel in der Innovationsforschung, in: J. Abele/G. Barkleit/T. Hänseroth (Hrsg.): Innovationskulturen und Fortschrittserwartungen im geteilten Deutschland. Köln/Weimar/ Wien 2001, 23–32.
71. U. WENGENROTH/M. HEYMANN, Die Bedeutung von „tacit

knowledge" bei der Gestaltung von Technik, in: U. Beck/W. Bonß (Hrsg.), Die Modernisierung der Moderne. Frankfurt/Main 2001, 106–121.
72. J. WEYER/U. KIRCHNER/L. RIEDL/J. F. K. SCHMIDT, Technik, die Gesellschaft schafft. Soziale Netzwerke als Ort der Technikgenese. Berlin 1997.

3. Technik und Staat, Technikpolitik

73. U. ALBRECHT u. a., Die Spezialisten. Deutsche Naturwissenschaftler und Techniker in der Sowjetunion nach 1945. Berlin 1992.
74. U. VON ALEMANN u. a., Technologiepolitik. Grundlagen und Perspektiven in der Bundsrepublik Deutschland und in Frankreich. Frankfurt/Main 1988.
75. G. AMBROSIUS, Staat und Wirtschaft im 20. Jahrhundert. München 1990.
76. H. BERGHOFF/D. ZIEGLER (Hrsg.), Pionier und Nachzügler. Vergleichende Studien zur Geschichte Großbritanniens und Deutschlands im Zeitalter der Industrialisierung. Bochum 1995.
77. D. BLEIDICK, Technische Infrastrukturen im Ruhrgebiet, in: Technikgeschichte im Ruhrgebiet – Technikgeschichte für das Ruhrgebiet, hrsg. und bearb. v. M. Rasch und D. Bleidick. Essen 2004, 335–357.
78. R. BOCH, Grenzenloses Wachstum? Das rheinische Wirtschaftsbürgertum und seine Industrialisierungsdebatte 1814–1857. Göttingen 1991.
79. E. BOLENZ, Technische Normung zwischen „Markt" und „Staat": Untersuchungen zur Funktion, Entwicklung und Organisation verbandl. Normung in Deutschland. Bielefeld 1987.
80. T. BOWER, Verschwörung Paperclip. NS-Wissenschaftler im Dienste der Siegermächte. München 1988.
81. E. D. BROSE, The Politics of Technological Change in Prussia. Out of the Shadow of Antiquity 1809–1848. Princeton 1993.
83. W. BRUDER (Hrsg.), Forschungs- und Technologiepolitik in der Bundesrepublik Deutschland. Opladen 1986.
84. C. BUCHHEIM/J. SCHERNER, Anmerkungen zum Wirtschaftssystem des „Dritten Reichs", in: W. Abelshauser/J.-O. Hesse/W. Plumpe (Hrsg.), Wirtschaftsordnung, Staat und Unternehmen. Essen 2003, 81–97.
85. L. BUDRASS, Flugzeugindustrie und Luftrüstung in Deutschland 1918–1945. Düsseldorf 1998.

86. W. BÜDELER, Raumfahrt in Deutschland: Forschung, Entwicklung, Ziele. Düsseldorf 1976.
87. I. BURKHARD, Das Verhältnis von Wirtschaft und Verwaltung in Bayern während der Anfänge der Industrialisierung (1834–1868). Berlin 2001.
88. U. BURKHARDT, Straßenverkehr, in: U. Wengenroth (Hrsg.), Technik und Wirtschaft. Düsseldorf 1993, 399–417.
89. C. BURRICHTER, Technik und Staat in der Deutschen Demokratischen Republik (1949–1989/90), in: A. Hermann/H.-P. Sang (Hrsg.), Technik und Staat. Düsseldorf 1992, 205–228.
90. B. CIESLA, Das „Project Paperclip" – deutsche Naturwissenschaftler und Techniker in den USA (1946–1952), in: J. Kocka (Hrsg.), Historische DDR-Forschung. Berlin 1993, 287–301.
91. E. CZICHON, Der Primat der Industrie im Kartell der nationalsozialistischen Macht, in: Das Argument 10 (1968) 168–227.
92. R. DÖRFLER, Technikpolitik in der Bundesrepublik Deutschland am Beispiel der Förderung der Material- und Werkstofftechnologien durch den Bund. Münster 2003.
93. W. FISCHER, Die Bedeutung der preußischen Bergrechtsreform (1851–1865) für den industriellen Ausbau des Ruhrgebiets. Dortmund 1961.
94. R. FORBERGER, Die Industrielle Revolution in Sachsen 1800–1861. 2 Bde. Berlin (O) 1982.
95. R. FORBERGER, Die Industrielle Revolution in Sachsen 1800–1861. Bd. 2,2: Die Revolution der Produktivkräfte in Sachsen 1831–1861. Leipzig 2003.
96. R. FREMDLING, Eisenbahnen und deutsches Wirtschaftswachstum 1840–1979. Dortmund, 2. Aufl. 1985.
97. R. FREMDLING, Eisenbahnen, in: U. Wengenroth (Hrsg.), Technik und Wirtschaft. Düsseldorf 1993, 418–437.
98. TH. VON FREYBERG, Industrielle Rationalisierung in der Weimarer Republik. Untersucht an Beispielen aus dem Maschinenbau und der Elektroindustrie. Frankfurt/Main/New York 1989.
99. L. GALL/M. POHL (Hrsg.), Die Eisenbahn in Deutschland. Von den Anfängen bis zur Gegenwart. München 1999.
100. A. GOTTWALD, Deutsche Reichsbahn. Kulturgeschichte und Technik. Berlin 1994.
101. J. HIRSCH, Wissenschaftlich-technischer Fortschritt und politisches System. Organisation und Grundlagen administrativer Wissenschaftsförderung in der BRD. Frankfurt/Main 1973.
102. F. HOFFMANN, Gründung und Aufbau der Baumwollspinnerei

Hammerstein im Wuppertal (1835–1839), in: D. Petzina/J. Reulecke (Hrsg.), Bevölkerung, Wirtschaft, Gesellschaft seit der Industrialisierung. Festschrift W. Köllmann. Dortmund 1990, 133–159.
103. W. Kaiser, Technisierung des Lebens seit 1945, in: H.-J. Braun/ W. Kaiser (Hrsg.), Energiewirtschaft, Automatisierung, Information seit 1914. Berlin 1992, 283–529.
104. H. Kiesewetter, Staat und regionale Industrialisierung. Württemberg und Sachsen im 19. Jahrhundert, in: H. Kiesewetter/R. Fremdling (Hrsg.), Staat, Region, Industrialisierung. Ostfildern 1985, 108–132.
105. H. Kiesewetter, Region und Industrie in Europa 1815–1995. Stuttgart 2000.
106. Ch. Kleinschmidt, Stadtwerke Gelsenkirchen. Vom Regiebetrieb zum modernen Dienstleistungsunternehmen. Essen 1998.
107. Ch. Kleinschmidt, „Konsumerismus" versus Marketing – eine bundesdeutsche Diskussion der 1970er Jahre, in: Ders./F. Triebel (Hrsg.), Marketing. Historische Aspekte der Wettbewerbs- und Absatzpolitik. Essen 2004, 249–260.
108. D. Klenke, Bundesdeutsche Verkehrspolitik und Motorisierung. Konfliktträchtige Weichenstellungen in den Jahren des Wiederaufstiegs. Stuttgart 1993.
109. C. Kopper, Handel und Verkehr im 20. Jahrhundert. München 2002.
110. W. Krabbe, Die deutsche Stadt im 19. und 20. Jahrhundert. Göttingen 1989.
111. W. Krieger, Technologiepolitik der Bundesrepublik Deutschland (1949–1989/90), in: A. Hermann/H.-P. Sang (Hrsg.), Technik und Staat. Düsseldorf 1992, 229–258.
112. D. van Laak, Infra- Strukturgeschichte, in: GG 27 (2001) 367–393.
113. T. Mason, Der Primat der Politik – Politik und Wirtschaft im Nationalsozialismus, in: Das Argument 8 (1966) 473–494.
114. C. Matschoss, Gewerbeförderung und ihre großen Männer. Berlin 1922.
115. H. Mauersberg, Bayerische Entwicklungspolitik 1818–1923. Die etatmäßigen bayerischen Industrie- und Kulturfonds. München 1987.
116. I. Mieck, Preußische Gewerbepolitik in Berlin 1806–1844. Berlin 1965.
117. G. Mollin, Montankonzerne und „Drittes Reich". Göttingen 1988.

118. H. MOMMSEN, Der Mythos von der Modernität. Zur Entwicklung der Rüstungsindustrie im Dritten Reich. Essen 1999.
119. H. MOMMSEN/M. GRIEGER, Das Volkswagenwerk und seine Arbeiter im Dritten Reich. Düsseldorf 1996.
120. W. MÜHLFRIEDEL, Zur technischen Entwicklung in der Industrie der DDR in den 50er Jahren, in: A. Schildt/A. Sywottek (Hrsg.), Modernisierung im Wiederaufbau. Bonn 1998, 155–169.
121. W. Mühlfriedel/K. Wiessener, Die Geschichte der Industrie der DDR bis 1965. Berlin 1989.
122. W. D. MÜLLER, Geschichte der Kernenergie in der Bundesrepublik Deutschland. 2 Bde. Stuttgart 1990/1996.
123. A. PAULINYI, Die Rolle der preußischen Gewerbeförderung beim Technik-Transfer für den Maschinenbau, in: K. P. Meinecke/K. Krug (Hrsg.), Wissenschafts- und Technologietransfer zwischen industrieller und Wissenschaftlich-technischer Revolution. Stuttgart 1992, 68–82.
124. H.-P. PESCHKE, Elektroindustrie und Staatsverwaltung am Beispiel Siemens 1847–1914. Frankfurt/Main 1981.
125. T. PIERENKEMPER, Das Wachstum der oberschlesischen Eisenindustrie bis zur Mitte des 19. Jahrhunderts. Entwicklungsmodell oder Spielwiese der Bürokratie, in: Ders. (Hrsg.), Industriegeschichte Oberschlesiens im 19. Jahrhundert. Wiesbaden 1992, 77–106.
126. G. PLUMPE, Die I.G. Farbenindustrie AG. Wirtschaft, Technik und Politik 1904–1945. Berlin 1990.
127. PRODUKTIVKRÄFTE in Deutschland 1917/18 bis 1945. Wissenschaftliche Redaktion: R. Berthold. Berlin (O) 1988.
128. J. RADKAU, Aufstieg und Krise der deutschen Atomwirtschaft 1945–1075. Verdrängte Alternativen in der Kerntechnik und der Ursprung der nuklearen Kontroverse. Reinbek 1983.
129. J. RADKAU, „Wirtschaftswunder" ohne technologische Innovation? Technische Modernität in den 50er Jahren, in: A. Schildt/A. Sywottek (Hrsg.), Modernisierung im Wiederaufbau. Bonn 1998, 129–154.
130. W. RADTKE, Die preußische Seehandlung zwischen Staat und Wirtschaft in der Frühphase der Industrialisierung. Berlin 1961.
131. M. RASCH/D. BLEIDICK, Technikgeschichte im Ruhrgebiet – Technikgeschichte für das Ruhrgebiet. Essen 2004.
132. H. RINDFLEISCH, Technik im Rundfunk. Ein Stück deutscher Rundfunkgeschichte von den Anfängen bis zum Beginn der achtziger Jahre. Norderstedt 1985.

133. J. ROESLER/R. SCHWÄRZEL/V. SIEDT, Produktionswachstum und Effektivität in Industriezweigen der DDR 1950–1970. Berlin 1983.
134. J. ROESLER/V. SIEDT/M. ELLE, Wirtschaftswachstum in der Industrie der DDR 1945–1970. Berlin 1986.
135. H.-P. SANG (HRSG.), Technik und Staat. Düsseldorf 1992, 137–160.
136. D. SCHOTT, Die Vernetzung der Stadt. Kommunale Energiepolitik, öffentlicher Nahverkehr und die ‚Produktivität' der modernen Stadt. Darmstadt-Mannheim-Mainz 1880–1918. Darmstadt 1999.
137. J. SCHULTE-HILLEN, Die Luft- und Raumfahrtpolitik der Bundesrepublik Deutschland. Göttingen 1975.
138. A. STEINER, Von Plan zu Plan. Eine Wirtschaftsgeschichte der DDR. München 2004.
139. R. STOKES, Constructing Socialism. Technology and Change in East Germany 1945–1990. Baltimore 2000.
140. J. STREB, Technologiepolitik im Zweiten Weltkrieg. Die staatliche Förderung der Synthesekautschukproduktion im deutsch-amerikanischen Vergleich, in: VfZ 50 (2002) 367–397.
141. T. SÜDBECK, Motorisierung, Verkehrsentwicklung und Verkehrspolitik in der Bundesrepublik Deutschland der 1950er Jahre. Umrisse einer allgemeinen Entwicklung und zwei regionale Beispiele: Hamburg und Emsland. Stuttgart 1994.
142. W. WEBER, Arbeitssicherheit. Reinbek 1988.
143. W. WEBER, Verkürzung von Raum und Zeit. Techniken ohne Balance zwischen 1840 und 1880, in: W. König/W. Weber (Hrsg.), Netzwerke Stahl und Strom. Berlin 1997, 11–261.
144. U. WENGENROTH, Informationsübermittlung und Informationsverarbeitung, in: U. Wengenroth (Hrsg.), Technik und Wirtschaft. Düsseldorf 1993, 458–482.
145. J. WEYER, Akteurstrategien und strukturelle Eigendynamiken. Raumfahrt in Westdeutschland 1945–1965. Göttingen 1993.
146. J. WEYER, Innovationen fördern – aber wie?, in: 131: 278–294.
147. W. WOLF, Eisenbahn und Autowahn. Personen- und Gütertransport auf Schiene und Straße. Geschichte, Bilanz, Perspektiven. Hamburg 1987.
148. M. K. WUSTRAK, Luftfahrt, in: U. Wengenroth (Hrsg.), Technik und Wirtschaft. Düsseldorf 1993, 438–457.
149. A. ZATSCH, Staatsmacht und Motorisierung am Morgen des Automobilzeitalters. Konstanz 1993.
150. D. ZIEGLER, Eisenbahnen und Staat im Zeitalter der Industrialisie-

rung. Die Eisenbahnpolitik der deutschen Staaten im Vergleich. Stuttgart 1996.
151. P. ZIMMERMANN, Wehrtechnik und Wehrwissenschaft zwischen den Weltkriegen, in: A. Hermann/H.-P. Sang (Hrsg.), Technik und Staat. Düsseldorf 1992, 356–378.

4. *Technikforschung und -entwicklung*

152. W. ABELSHAUSER (Hrsg.), Die BASF. Eine Unternehmensgeschichte. München 2002.
153. W. BARTMANN, Zwischen Tradition und Fortschritt. Aus der Geschichte der Pharmabereiche von Bayer, Hoechst und Schering von 1935–1975. Stuttgart 2003.
154. W. BOTSCH/A. HERMANN, Naturwissenschaft und Technik in den letzten hundert Jahren, in: 167: 346–376.
155. R. VOM BRUCH/R. A. MÜLLER (Hrsg.), Formen außerstaatlicher Wissenschaftsförderung im 19. und 20. Jahrhundert. Deutschland im europäischen Vergleich. Stuttgart 1990.
156. S. BUCHHAUPT, Die Gesellschaft für Schwerionenforschung. Frankfurt/Main/New York 1995.
157. Y. COHEN/K. MANFRASS (Hrsg.), Frankreich und Deutschland. Forschung, Technologie und industrielle Entwicklung im 19. und 20. Jahrhundert. München 1990.
158. H.-L. DIENEL, Die Linde AG. Geschichte eines Technologiekonzerns 1879–2004. München 2004.
159. F. ECKERT/M. OSIETZKI, Wissenschaft für Macht und Markt. Kernforschung und Mikroelektronik in der Bundesrepublik Deutschland. München 1989.
160. A. ENGEL, Produktionssysteme im Wettstreit. Wissensorganisation im Kampf um den Weltmarkt für Indigo, 1880–1910, in: ZUG 50 (2005) 83–104.
161. P. ERKER, Die Verwissenschaftlichung der Industrie. Zur Geschichte der Industrieforschung in den europäischen und amerikanischen Elektrokonzernen 1890–1930, in: ZUG 35 (1990) 75–95.
162. P. ERKER, Vom nationalen zum globalen Wettbewerb. Die deutsche und amerikanische Reifenindustrie im 19. und 20. Jahrhundert. Paderborn 2005.
163. W. FISCHER (Hrsg.), Die Preußische Akademie der Wissenschaften zu Berlin 1914–1945. Berlin 2000.
164. C. FRANK (Hrsg.), Operation Epsilon: The Farm Hall Transcriptions. Bristol 1993.

165. Th. HÄNSEROTH (Hrsg.), Technik und Wissenschaft als Produktivkräfte in der Geschichte. Dresden 1998.
166. N. HAMMERSTEIN, Die DFG in der Weimarer Republik und im Dritten Reich. München 1999.
167. A. HERMANN/CH. SCHÖNBECK (Hrsg.) Technik und Wissenschaft. Düsseldorf 1991.
168. E. JOBST, Technikwissenschaften. Wissensintegration. Interdisziplinäre Technikforschung. Frankfurt/Main 1995.
169. H. KAHLERT, Chemiker unter Hitler. Wirtschaft, Technik und Wissenschaft der deutschen Chemie von 1914–1945. Langwaden 2001.
170. R. KARLSCH, Hitlers Bombe. Die geheime Geschichte der deutschen Kernwaffenversuche. München 2005.
171. J. KOCKA (Hrsg.), Die Königlich Preußische Akademie der Wissenschaften zu Berlin im Kaiserreich. Berlin 1999.
172. W. KÖNIG, Technikwissenschaften. Die Entstehung der Elektrotechnik aus Industrie und Wissenschaft zwischen 1880 und 1914. Chur 1995.
173. U. KOHL, Die Präsidenten der Kaiser-Wilhelm-Gesellschaft im Nationalsozialismus. Max Planck, Carl Bosch und Albert Vögler zwischen Wissenschaft und Macht. Stuttgart 2002.
174. P. LUNDGREEN, Staatliche Forschung in Deutschland 1870–1980. Frankfurt/Main/New York 1986.
175. H. MAIER (Hrsg.), Rüstungsforschung im Nationalsozialismus. Göttingen 2002.
176. A. MALYCHA, Geplante Wissenschaft. Eine Quellenedition zur DDR-Wissenschaftsgeschichte 1945–1961. Altenburg 2003.
177. U. MARSCH, Zwischen Wissenschaft und Wirtschaft. Industrieforschung in Deutschland und Großbritannien 1880–1936. Paderborn u. a. 2000.
178. R. NELSON/N. ROSENBERG, Technical Innovations and National Systems, in: R. Nelson (Hrsg.), National Innovation Systems. A. Comparative Analysis. New York 1993.
179. M. OSIETZKI, Wissenschaftsorganisation und Restauration. Der Aufbau außeruniversitärer Forschungseinrichtungen und die Gründung des westdeutschen Staates. Köln/Wien 1984.
180. M. RASCH, Das Kaiser-Wilhelm-Institut für Kohlenforschung 1913–1943. Weinheim 1989.
181. M. RASCH, Industrieforschung im Dritten Reich. Die Kohle und Eisenforschung GmbH der Vereinigte Stahlwerke AG 1934–1947, in: O. Dascher/Ch. Kleinschmidt (Hrsg.), Die Eisen- und Stahlindustrie im Dortmunder Raum. Dortmund 1992, 375–400.

182. G. A. Ritter/M. Szöllösi-Janze/H. Trischler (Hrsg.), Antworten auf die „amerikanische Herausforderung". Forschung in der Bundesrepublik und der DDR in den „langen" siebziger Jahren. Frankfurt/Main/New York 1999.
183. P. L. Rose, Heisenberg und das Atombombenprojekt der Nazis. Zürich/München 2001.
184. B.-A. Rusinek, Das Forschungszentrum. Eine Geschichte der KFA Jülich von ihrer Gründung bis 1980. Frankfurt/Main/New York 1996.
185. W. Schieder/A. Trunk (Hrsg.), Adolf Butenandt und die Kaiser-Wilhelm-Gesellschaft. Wissenschaft, Industrie und Politik im „Dritten Reich". Göttingen 2004.
186. H. Schubert, Industrielaboratorien für Wissenstransfer. Aufbau und Entwicklung der Siemens-Forschung bis zum Ende des Zweiten Weltkriegs anhand von Beispielen aus der Halbleiterfertigung, in: Centaurus 30 (1987) 245–292.
187. D. Stoltzenberg, Fritz Haber: Chemiker, Nobelpreisträger, Deutscher Jude. Weinheim/New York 1994.
188. M. Szöllösi-Janze, Geschichte der Arbeitsgemeinschaft der Großforschungseinrichtungen, 1958–1980. Frankfurt/Main/New York 1990.
189. M. Szöllösi-Janze, Fritz Haber 1834–1934. München 1998.
190. M. Szöllösi-Janze, Science in the Third Reich. Oxford 2001.
191. M. Szöllösi-Janze/H. Trischler (Hrsg.), Großforschung in Deutschland. Frankfurt/Main/New York 1990.
192. H. Trischler, Luft- und Raumfahrtforschung in Deutschland 1900–1970. Frankfurt/Main/New York 1992.
193. H. Trischler/R. vom Bruch, Forschung für den Markt. Geschichte der Fraunhofer-Gesellschaft. München 1999.
194. M. Walker, Die Uranmaschine – Mythos und Wirklichkeit der deutschen Atombombe. Berlin 1990.
195. M. Walker, Nazi Science. Myth, Truth and the German Atomic Bomb. New York 1995.
196. U. Wengenroth, Der aufhaltsame Weg von der klassischen zur reflexiven Moderne in der Technik, in: 165: 129–140.
197. A. Zilt, Industrieforschung bei der August-Thyssen-Hütte 1936–1960, in: Technikgeschichte 60 (1993) 129–159.
198. G. Zweckbronner, Technische Wissenschaften im Industrialisierungsprozeß bis zum Beginn des 20. Jahrhunderts, in: 167: 400–428.

5. Technik und Bildung, Wissen und Informationen

199. G. ADELMANN, Die berufliche Aus- und Weiterbildung in der deutschen Wirtschaft 1871–1918, in: ZUG Beiheft 15. Wiesbaden 1979, 9 ff.
200. H. ALBRECHT, Technische Bildung zwischen Wissenschaft und Praxis: die Technische Hochschule Braunschweig 1862–1914. Hildesheim 1987.
201. H. ALBRECHT, Die Anfänge des technischen Bildungssystems, in: L. Boehm/Ch. Schönbeck (Hrsg.), Technik und Bildung. Düsseldorf 1989, 118–153.
202. M. VON BEHR, Die Entstehung der industriellen Lehrwerkstatt. Frankfurt/Main 1981.
203. H. BLANKERTS, Bildung im Zeitalter der großen Industrie. Pädagogik, Schule und Berufsbildung im 19. Jahrhundert. Düsseldorf 1989.
204. L. BLUMA/K. PICHOL/W. WEBER (Hrsg.), Technikvermittlung und Technikpopularisierung. Münster u. a. 2004.
205. O. DOMMER/D. KIFT, Keine Herrenjahre. Jugend im Ruhrbergbau 1898–1961. Das Beispiel der Zeche Zollern II/IV. Essen 1998.
206. M. FESSNER, Gewerbliche Bildungspolitik im Spannungsfeld zwischen Staatsverwaltung und Interessenverbänden: die Ausdifferenzierung der technischen Mittelschulen für den Maschinenbausektor in Preußen 1870–1914. Diss. Bochum 1992.
207. M. R. FRIEDERICI, Wissen und Technik: über die Entstehung und Vermittlung von (Technik-) Wissen am Beispiel des Fahrrads. Münster 2000.
208. J. GROSSEWINKELMANN, Zwischen Werk und Schulbank. Duales System und regionale Berufsausbildung in der Solinger Metallindustrie 1869–1945. Essen 2004.
209. W. D. GREINERT, Das „deutsche" System der Berufsausbildung. Geschichte, Organisation, Perspektiven. Baden-Baden 1993.
210. W. HANDE, Sozialisationserfahrungen von Ingenieuren und Fachschülern, in: Aspekte der beruflichen Bildung in der ehemaligen DDR. Münster u. a., 111–161.
211. K. HARNEY, Die preußische Fortbildungsschule. Eine Studie zum Problem der Hierarchisierung beruflicher Schultypen im 19. Jahrhundert. Frankfurt/Main 1980.
212. CH. KLEINSCHMIDT, Neue Institutionenökonomik und Organisationslernen. Zur Kompatibilität ökonomischer und kulturalistischer Ansätze der Unternehmensgeschichtsschreibung, in: K.-P. Eller-

brock/C. Wischermann (Hrsg.), Die Wirtschaftsgeschichte vor der Herausforderung durch die New Institutional Economics. Dortmund 2004, 256–271.
213. O. Kos, Technik und Bildung. Eine systematisch-problemgeschichtliche Rekonstruktion bildungstheoretischer Konzeptionen technischer Bildung in Ost- und Westdeutschland im Zeitraum von 1945–1965. Frankfurt/Main u. a. 1999.
214. A. Lepold, Der gelenkte Lehrling. Industrielle Berufsausbildung von 1933–1939. Frankfurt/Main 1998.
215. P. Lundgreen, Bildung und Wirtschaftswachstum im Industrialisierungsprozeß des 19. Jahrhunderts. Berlin 1973.
216. P. Lundgreen, Techniker in Preußen während der frühen Industrialisierung. Berlin 1975.
217. K.-H. Manegold, Universität, Technische Hochschule und Industrie. Berlin 1970.
218. K.-H. Manegold, Geschichte der Technischen Hochschulen, in: L. Boehm/Ch. Schönbeck (Hrsg.), Technik und Bildung. Düsseldorf 1989, 204–233.
219. W. Muth, Berufsausbildung in der Weimarer Republik. Stuttgart 1985.
220. G. Pätzold, Auslese und Qualifikation. Institutionalisierte Berufsausbildung in westdeutschen Großbetrieben. Hannover 1977.
221. G. Pätzold, Quellen und Dokumente zur Geschichte des Berufsausbildungsgesetzes 1875–1981. Köln 1982.
222. K.-J. Rinneberg, Das betriebliche Ausbildungswesen in der Zeit der industriellen Umgestaltung Deutschlands. Frankfurt/Main 1985.
223. R. Rürup, Die Technische Universität Berlin 1879–1979, in: Ders. (Hrsg.), Wissenschaft und Gesellschaft. Beiträge zur Geschichte der Technischen Universität Berlin. Bd. 1. Berlin 1979.
224. A. Schlüter/K. Stratmann, Die betriebliche Berufsbildung 1869–1918. Köln 1985.
225. F. Schütte, Technisches Bildungswesen in Preußen-Deutschland: Aufstieg und Wandel der Technischen Fachschule 1890–1938. Köln 2003.
226. K. Stratmann, Technische Bildung und Ausbildung in Betrieben, in: L. Boehm/Ch. Schönbeck (Hrsg.), Technik und Bildung. Düsseldorf 1989, 278–291.
227. K. Stratmann, Das duale System der Berufsausbildung. Eine historische Analyse seiner Reformdebatten. Frankfurt/Main 1990.
228. K. Stratmann, Die gewerbliche Lehrlingserziehung in Deutsch-

land: Modernisierungsgeschichte der betrieblichen Berufsausbildung. Frankfurt/Main 1993.
229. U. WENGENROTH (Hrsg.), Die Technische Universität München. München 1993.
230. TH. WOLSING, Untersuchungen zur Berufsausbildung im Dritten Reich. Kastellaun 1977.

6. Technokratie und Ingenieure

231. N. BECKENBACH, Gesellschaftliche Stellung und Bewusstsein des Ingenieurs, in: H. Albrecht/Ch. Schönbeck (Hrsg.), Technik und Gesellschaft. Düsseldorf 1993, 350–372.
232. E. BOLENZ, Vom Baubeamten zum freiberuflichen Architekten. Technische Berufe im Bauwesen (Preußen/Deutschland, 1799–1931). Frankfurt/Main u. a. 1991.
233. H.-L. DIENEL, Ingenieure zwischen Hochschule und Industrie. Kältetechnik in Deutschland und Amerika, 1870–1930. Göttingen 1995.
234. H.-L. DIENEL (Hrsg.), Der Optimismus der Ingenieure. Triumph der Technik in der Krise der Moderne um 1900. Stuttgart 1998.
235. B. Dietz/M. FESSNER/H. MAIER (Hrsg.), Technische Intelligenz und „Kulturfaktor Technik". Kulturvorstellungen von Technikern und Ingenieuren zwischen Kaiserreich und früher Bundesrepublik Deutschland. Münster u. a. 1996.
236. G. GOLDBECK, Technik als geistige Bewegung in den Anfängen des deutschen Industriestaates. Düsseldorf, 2. Aufl. 1968.
237. M. GREIF/K. STEIN (Hrsg.), Ingenieurinnen. Daniela Düsentrieb oder Florence Nightingale der Technik. Mössingen-Thalheim 1996.
238. J. HERF, Reactionary Modernism: Technology, Culture, and Politics in Weimar and the Third Reich. Cambridge etc. 1984.
239. G. HORTLEDER, Das Gesellschaftsbild des Ingenieurs. Zum politischen Verhalten der Technischen Intelligenz in Deutschland. Frankfurt/Main 1970.
240. ICH DIENTE NUR DER TECHNIK. Sieben Karrieren zwischen 1940 und 1950. Berlin 1995
241. E. KOGON, Die Stunde der Ingenieure. Düsseldorf 1976.
242. W. LAATZ, Ingenieure in der Bundesrepublik Deutschland: gesellschaftliche Lage und politisches Bewußtsein. Frankfurt/Main/ New York 1979.

243. W. LORENZ/T. MEYER (Hrsg.), Technik und Verantwortung im Nationalsozialismus. Münster u. a. 2004.
244. K.-H. LUDWIG (Hrsg.), Technik, Ingenieure und Gesellschaft. Geschichte des Vereins Deutscher Ingenieure 1856–1981. Düsseldorf 1981.
245. P. LUNDGREEN/A. GRELON (Hrsg.), Ingenieure in Deutschland, 1770–1990. Frankfurt/Main/New York 1994.
246. H. MAIER, Erwin Marx (1893–1980), Ingenieurwissenschaftler in Braunschweig, und die Forschung und Entwicklung auf dem Gebiet der elektrischen Energieübertragung auf weite Entfernungen zwischen 1918 und 1950. Stuttgart 1993.
247. C. MATSCHOSS, Große Ingenieure. Lebensbeschreibungen aus der Geschichte der Technik. München, 4. Aufl. 1954 (Erstaufl. 1937).
248. J. NEIRYNCK, Der göttliche Ingenieur. Die Evolution der Technik. Renningen-Malmsheim 1994.
249. B. ORLAND, Der Zwiespalt zwischen Politik und Technik. Ein kulturelles Phänomen in der Vergangenheitsbewältigung Albert Speers und seiner Rezipienten, in: 235: 269–295.
250. K. RATHKE, Wilhelm Maybach, Anbruch eines neuen Zeitalters. Friedrichshafen 1953.
251. M. RENNEBERG/M. WALKER (Hrsg.), Science, Technology and National Socialism. Cambridge 1994.
252. W. SCHIVELBUSCH, Entfernte Verwandtschaft. Faschismus, Nationalsozialismus, New Deal 1933–1939. München/Wien 2005.
253. M. SCHMIDT, Albert Speer. Das Ende eines Mythos. Aufdeckung einer Geschichtsfälschung. Bern 1982 (Neuaufl. Berlin 2005).
254. I. SCHNEIDER u. a. (Hrsg.), Oszillationen. Naturwissenschaftler und Ingenieure zwischen Forschung und Markt. München 2000.
255. L. U. SCHOLL, Ingenieure in der Frühindustrialisierung. Staatliche und private Techniker im Königreich Hannover und an der Ruhr (1815–1873). Göttingen 1978.
256. F. W. SEIDLER, Die Organisation Todt. Bauen für Staat und Wehrmacht 1938–1945. Bonn 1998.
257. G. THIEL, Techniker und Ingenieure in der Bundesrepublik Deutschland: veränderte Arbeitsbedingungen, Ausbildung, Organisationen einer Arbeitnehmergruppe. Hamburg 1977.
258. H. TRISCHLER, Steiger im deutschen Bergbau. Zur Sozialgeschichte der technischen Angestellten 1815–1945. München 1988.
259. W. TREUE, Eugen Langen und Nic. August Otto. Zum Verhältnis

von Unternehmer und Erfinder, Ingenieur und Kaufmann. München 1963.
260. W. WEBER (Hrsg.), Ingenieure im Ruhrgebiet. Münster 1999.
261. St. WILLEKE, Die Technokratiebewegung in Nordamerika und Deutschland zwischen der Weltkriegen, Frankfurt/Main u. a. 1995.
262. K. ZACHMANN, Mobilisierung der Frauen. Technik, Geschlecht und Kalter Krieg in der DDR. Frankfurt/Main/New York 2004.

7. Technologietransfer

263. U. ALBRECHT/A. HEINEMANN-GRÜDER/A. WELLMANN, Die Spezialisten. Deutsche Naturwissenschaftler und Techniker in der Sowjetunion nach 1945. Berlin 1992.
264. S. BECKER, ‚Multinationalität hat viele Gesichter'. Formen internationaler Unternehmenstätigkeit der Société Anonyme des Mines et Fondries de Zinc de la Vieille Montagne und der Metallgesellschaft vor 1914. Stuttgart 2002.
265. H.-J. BRAUN, Technologietransfer: Theoretische Ansätze und historische Beispiele, in: 274: 16–47.
266. R. FREMDLING, Technologischer Wandel und internationaler Handel im 18. und 19. Jahrhundert. Die Eisenindustrien in Großbritannien, Belgien, Frankreich und Deutschland. Berlin 1986.
267. A. GERSCHENKRON, Economic Backwardness in Historical Perspective. Cambridge 1962.
268. D. J. JEREMY (Hrsg.), The Transfer of International Technology. Europe, Japan and the USA in the Twentieth Century. Aldershot 1992.
269. D. J. JEREMY (Hrsg.), International Technology Transfer. Europe, Japan and the USA, 1700–1914. Cambridge 1992.
270. M. JUDT/B. CIESLA (Hrsg.), Technology Transfer out of Germany after 1945. Amsterdam 1996.
271. K. P. MEINECKE/K. KRUG (Hrsg.), Wissenschafts- und Technologietransfer zwischen industrieller und wissenschaftlich-technischer Revolution. Stuttgart 1992.
272. F. J. NELLISSEN, Das Mannesmann-Engagement in Brasilien von 1892–1995. Evolutionspfade internationaler Unternehmenstätigkeit aus wirtschaftshistorischer Sicht. München 1997.
273. E. PAUER, Japan – Deutschland. Wirtschaft und Wirtschaftsbeziehungen im Wandel. Düsseldorf 1985.

274. E. PAUER (Hrsg.), Technologietransfer Deutschland – Japan von 1850 bis zur Gegenwart. München 1992.
275. R. PETRI (Hrsg.), Technologietransfer aus der deutschen Chemieindustrie (1925–1969). Berlin 2004.
276. T. PIERENKEMPER, Umstrittene Revolutionen. Die Industrialisierung im 19. Jahrhundert. Frankfurt/Main 1996.
277. O. SCHMIDT-RUTSCH, William Thomas Mulvany: ein irischer Pragmatiker und Visionär im Ruhrgebiet 1806–1885. Köln 2003.
278. M. SCHUMACHER, Auslandsreisen deutscher Unternehmer 1750–1851 unter besonderer Berücksichtigung von Rheinland und Westfalen. Köln 1968.
279. T. TAKENAKA, Siemens in Japan. Stuttgart 1996.
280. M. UHL, Stalins V-2. Der Technologietransfer der deutschen Fernlenkwaffentechnik in die UdSSR und der Aufbau der sowjetischen Raketenindustrie 1945–1959. Bonn 2001.
281. Th. VEBLEN, Imperial Germany and the Industrial Revolution. London 1915.

8. *Technikpräsentation, Gewerbe- und Industrieausstellungen*

282. U. BECKMANN, Gewerbeausstellungen in Westeuropa vor 1851. Ausstellungswesen in Frankreich, Belgien und Deutschland, Gemeinsamkeiten und Rezeption der Veranstaltungen. Frankfurt/Main u. a. 1991.
283. F. BOSBACH/J. R. DAVIS (Hrsg.), Die Weltausstellung von 1851 und ihre Folgen. The Great Exhibition and its Legacy. München 2002.
284. Die VERHINDERTE WELTAUSSTELLUNG. Beiträge zur Berliner Gewerbeausstellung 1896, hrsg. vom Bezirksamt Treptow von Berlin. Berlin 1996.
285. W. FRIEBE, Architektur der Weltausstellungen: 1851–1970. Stuttgart 1983.
286. U. HALTERN, Die Londoner Weltausstellung von 1851. Ein Beitrag zur Geschichte der bürgerlich-industriellen Gesellschaft im 19. Jahrhundert. Münster 1971.
287. C. KALB, Weltausstellungen im Wandel der Zeit und ihre infrastrukturellen Auswirkungen auf Stadt und Region. Frankfurt/Main 1994.
288. E. KROKER, Die Weltausstellungen im 19. Jahrhundert. Industrieller Leistungsnachweis, Konkurrenzverhalten und Kommunikationsfunktion unter Berücksichtigung der Montanindustrie des Ruhrgebiets zwischen 1851 und 1880. Göttingen 1975.

289. G. MAAG, Kunst und Industrie im Zeitalter erster Weltausstellungen. Synchrone Analyse einer Epochenschwelle. München 1986.
290. R. VONDRAN (Hrsg.), Stahl ist Zukunft. Von der Weltausstellung London 1851 bis zur EXPO 2000 in Hannover. Essen 1999.

9. Technikvisionen, technische Leitbilder und das Scheitern technischer Projekte

291. J. ABEL, Von der Vision zum Serienzug. Technikgenese im schienengebundenen Hochgeschwindigkeitsverkehr. Berlin 1997.
292. H. BERGHOFF, „Dem Ziel der Menschheit entgegen". Die Verheißungen der Technik an der Wende zum 20. Jahrhundert, in: U. Frevert (Hrsg.), Das neue Jahrhundert. Europäische Zeitdiagnosen und Zukunftsentwürfe um 1900. Göttingen 2000, 47–78.
293. H.-L. DIENEL/H. TRISCHLER (Hrsg.), Geschichte der Zukunft des Verkehrs. Verkehrskonzepte von der Frühen Neuzeit bis zum 21. Jahrhundert. Frankfurt/Main/New York 1997.
294. M. DIERKES, Organisationskultur und Leitbilder als Einflußfaktoren der Technikgenese, in: Ders. (Hrsg.), Die Technisierung und ihre Folgen. Zur Biographie eines Forschungsfeldes. Berlin 1993, 176–264
295. B. FELDERER (Hrsg.), Wunschmaschine Welterfindung. Eine Geschichte der Technikvisionen seit dem 18. Jahrhundert. Wien/New York 1996.
296. A. GALL, Das Atlantropa-Projekt. Die Geschichte einer gescheiterten Vision. Hermann Sörgel und die Absenkung des Mittelmeers. Frankfurt/Main/New York 1998.
297. St. KOOLMANN, Leitbilder der Technikentwicklung. Das Beispiel des Automobils. Frankfurt/Main/New York 1992.
298. D. VAN LAAK, Weiße Elefanten. Anspruch und Scheitern technischer Großprojekte im 20. Jahrhundert. Stuttgart 1999.
299. A. SCHÜLER, Erfindergeist und Technikkritik. Der Beitrag Amerikas zur Modernisierung und die Technikdebatte seit 1900. Stuttgart 1990.
300. E. STROUHAL, Technische Utopien. Zu den Baukosten von Luftschlössern. Wien 1991.
301. W. VOIGT, Atlantropa. Weltenbau am Mittelmeer. Ein Architekturtraum der Moderne. Hamburg 1998.
302. WAR DIE ZUKUNFT FRÜHER BESSER? Visionen für das Ruhrgebiet (Katalog Landschaftsverband Rheinland, Rheinisches Industriemuseum Oberhausen, Schriften Bd. 17). Essen 2000.

303. J. WEYER (Hrsg.), Technische Visionen – politische Kompromisse. Geschichte und Perspektiven der deutschen Raumfahrt. Berlin 1993.

10. Technik und Arbeit

304. P. ALHEIT/H. HAAK, Die vergessene ‚Autonomie' der Arbeiter. Eine Studie zum frühen Scheitern der DDR am Beispiel der Neptunwerft. Berlin 2004.
305. J. BERGMANN u. a., Rationalisierung, Technisierung und Kontrolle des Arbeitsprozesses. Die Einführung der CNC-Technologie in Betrieben des Maschinenbaus. Frankfurt/Main/New York 1986.
306. A. BOHNSACK, Spinnen und Weben. Entwicklung von Technik und Arbeit im Textilgewerbe. Reinbek 1981.
307. P. BORSCHEID, Textilarbeiterschaft in der Industrialisierung. Soziale Lage und Mobilität in Württemberg (19. Jahrhundert). Stuttgart 1982.
308. F.-J. BRÜGGEMEIER, Leben vor Ort. Ruhrbergleute und Ruhrbergbau 1889–1919. München 1984.
309. Bundesanstalt FÜR ARBEITSSCHUTZ (Hrsg.), Mensch – Arbeit – Technik. Köln 1993.
310. P. CLEMENS, Die aus der Tuchbude. Alltag und Lebensgeschichten Forster Textilarbeiterinnen. Münster u. a. 1998.
311. W. CONZE/U. ENGELHARDT (Hrsg.), Arbeiter im Industrialisierungsprozeß. Stuttgart 1979.
312. K. DAHM-ZEPPENFELD, Feuerarbeit. Bilder aus der Dortmunder Hüttenindustrie 1850–1950. Essen 1998.
313. M. FARRENKOPF, Schlagwetter und Kohlenstaub. Das Explosionsrisiko im industriellen Ruhrbergbau (1850–1914). Bochum 2003.
314. H. FAULSTICH-WIELAND/M. HORSTKEMPER, Der Weg zur modernen Bürokommunikation. Historische Aspekte des Verhältnisses von Frauen und neuen Technologien. Bielefeld 1987.
315. M. FRESE, Betriebspolitik im ‚Dritten Reich'. Deutsche Arbeitsfront, Unternehmer und Staatsbürokratie in der westdeutschen Großindustrie 1933–1939. Paderborn 1991.
316. R. HACHTMANN, Industriearbeit im „Dritten Reich". Untersuchungen zu den Lohn- und Arbeitsbedingungen in Deutschland 1933–1945. Göttingen 1989.
317. R. HACHTMANN, Industriearbeiterschaft und Rationalisierung 1900 bis 1945. Bemerkungen zum Forschungsstand, in: JbWG 1 (1996) 211–258.

318. U. Herbert, Fremdarbeiter. Politik und Praxis des ‚Ausländer-Einsatzes' in der Kriegswirtschaft des Dritten Reiches. Bonn 1999.
318. W. Hindrichs u. a., Der lange Abschied vom Malocher. Sozialer Umbruch in der Stahlindustrie und die Rolle der Betriebsräte von 1960 bis in die neunziger Jahre. Essen 2000.
320. P. Hübner/K. Tenfelde (Hrsg.), Arbeiter in der SBZ – DDR. Essen 1999.
321. G. Hurrle/F.-J. Jelich (Hrsg.), ‚Arbeiter', ‚Angestellte' – Begriffe der Vergangenheit? Marburg 1996.
322. H. Kaelble (Hrsg.), Sozialgeschichte der DDR. Stuttgart 1994.
323 H. Kern/M. Schumann, Das Ende der Arbeitsteilung? Rationalisierung in der industriellen Produktion. München 1984.
324. Ch. Kleinschmidt, Rationalisierung als Unternehmensstrategie. Die Eisen- und Stahlindustrie des Ruhrgebiets zwischen Jahrhundertwende und Weltwirtschaftskrise. Essen 1993.
325. E. Kroker/M. Farrenkopf, Grubenunglücke im deutschsprachigen Raum. Katalog der Bergwerke, Opfer, Ursachen und Quellen. Bochum 1999.
326. E. Kroker/ G. Unverfehrt, Der Arbeitsplatz des Bergmanns in historischen Bildern und Dokumenten. Bochum, 2. Aufl. 1981.
327. K. Lauschke, Die Hoesch-Arbeiter und ihr Werk. Sozialgeschichte der Dortmunder Westfalenhütte während der Jahre des Wiederaufbaus 1945–1966. Essen 2000.
328. K. Lauschke/Th. Welskopp (Hrsg.), Mikropolitik im Unternehmen. Arbeitsbeziehungen und Machtstrukturen in industriellen Großbetrieben des 20. Jahrhunderts. Essen 1994.
329. A. Lüdtke, Eigen-Sinn. Fabrikalltag, Arbeitererfahrungen und Politik vom Kaiserreich bis in den Faschismus. Hamburg 1993.
330. I. Merkel, und Du, Frau an der Werkbank. Die DDR in den 1950er Jahren. Berlin 1990.
331. O. Mickler/E. Dittrich/U. Neumann, Technik, Arbeitsorganisation und Arbeit. Eine empirische Analyse der automatisierten Produktion. Frankfurt/Main 1976.
332. O. Neuloh, Sozialforschung aus gesellschaftlicher Verantwortung. Entstehungs- und Leistungsgeschichte der Sozialforschungsstelle Dortmund. Opladen 1983.
333. B. Orland, Wäsche waschen. Technik- und Sozialgeschichte der häuslichen Wäschepflege. Reinbek 1991.
334. B. Orland (Hrsg.), Haushalts-Träume. Ein Jahrhundert Technisierung und Rationalisierung im Haushalt. Königstein/Ts. 1990.

335. A. Paulinyi, Industrielle Revolution. Vom Ursprung der modernen Technik. Reinbek 1991.
336. M. J. Piore/C. F. Sabel, Das Ende der Massenproduktion. Frankfurt/Main 1989.
337. H. Popitz u. a., Technik und Industriearbeit. Soziologische Untersuchungen in der Hüttenindustrie. Tübingen 1957.
338. St. Poser, Museum der Gefahren. Die gesellschaftliche Bedeutung der Sicherheitstechnik. Münster u. a. 1998.
339. L. Pries/R. Schmidt/R. Trincek (Hrsg.), Trends betrieblicher Produktionsmodernisierung. Opladen 1989.
340. J. Putsch, Vom Ende qualifizierter Heimarbeit. Entwicklung und Strukturwandel der Solinger Schneidwarenindustrie von 1914–1960. Köln 1989.
341. D. Reese u. a. (Hrsg.), Rationale Beziehungen? Geschlechterverhältnisse im Rationalisierungsprozeß. Frankfurt/Main 1993.
342. R. Reith, Lohn und Leistung. Lohnformen im Gewerbe 1450–1900. Stuttgart 1999.
343. R. Reith (Hrsg.), Praxis der Arbeit. Probleme und Perspektiven der handwerksgeschichtlichen Forschung. Frankfurt/Main/New York 1998.
344. H.-J. Rupieper, Arbeiter und Angestellte im Zeitalter der Industrialisierung. Eine sozialgeschichtliche Studie am Beispiel der Maschinenfabriken Augsburg und Nürnberg (M.A.N.) 1837–1914. Frankfurt/Main/New York 1982.
345. W. Ruppert, Die Fabrik. Geschichte von Arbeit und Industrialisierung in Deutschland. München 1983.
346. C. Sachse, Siemens, der Nationalsozialismus und die moderne Familie. Eine Untersuchung zur sozialen Rationalisierung in Deutschland im 20. Jahrhundert. Hamburg 1990.
347. D. Schmidt, Massenhafte Produktion. Produkte, Produktion und Beschäftigung im Stammwerk von Siemens vor 1914. Münster 1993.
348. H. Schomerus, Die Arbeiter der Maschinenfabrik Esslingen. Forschungen zur Lage der Arbeiterschaft im 19. Jahrhundert. Stuttgart 1977.
349. A. Schüle, „Die Spinne". Die Erfahrungsgeschichte weiblicher Industriearbeit im VEB Leipziger Baumwollspinnerei. Leipzig 2001.
350. I. Schütte (Hrsg.), Technikgeschichte als Geschichte der Arbeit. Bad Salzdetfurth 1981.

351. G. Schulz, Die Angestellten seit dem 19. Jahrhundert. München 2000.
352. T. Siegel/Th. von Freyberg, Industrielle Rationalisierung unter dem Nationalsozialismus. /Main/New York 1991.
353. G. Silberzahn-Jandt, Wasch-Maschine. Zum Wandel von Frauenarbeit im Haushalt. Marburg 1991.
354. M. Spehr, Maschinensturm: Protest und Widerstand gegen technische Neuerungen am Anfang der Industrialisierung. Münster 2000.
355. M. Stahlmann, Die erste Revolution in der Autoindustrie. Management und Arbeitspolitik 1900–1945. Frankfurt/Main/New York 1995.
356. P. N. Stearns, Arbeiterleben. Industriearbeit und Alltag in Europa 1890–1914. Frankfurt/Main/New York 1975.
357. K. Tenfelde, Sozialgeschichte der Bergarbeiterschaft an der Ruhr im 19. Jahrhundert. Bonn 1977.
358. K. Tenfelde/H.-C. Seidel (Hrsg.), Zwangsarbeit im Bergwerk. Der Arbeitseinsatz im Kohlenbergbau des Deutschen Reiches und der besetzten Gebiete im Ersten und Zweiten Weltkrieg. 2 Bde. Essen 2005.
359. R. Vetterli, Industriearbeit, Arbeiterbewußtsein und gewerkschaftliche Organisation: dargestellt am Beispiel der Georg Fischer AG (1880–1939). Göttingen 1978.
360. K. Weinhauer, Alltag und Arbeit im Hamburger Hafen 1914–1933. Paderborn 1994.
361. Th. Welskopp, Arbeit und Macht im Hüttenwerk. Arbeits- und industrielle Beziehungen in der deutschen und amerikanischen Eisen- und Stahlindustrie von den 1860er bis zu den 1930er Jahren. Bonn 1994.
362. U. Wengenroth, Unternehmensstrategien und technischer Fortschritt. Die deutsche und britische Stahlindustrie 1865–1895. Göttingen 1986.
363. H. Yano, Hüttenarbeiter im Dritten Reich. Die Betriebsverhältnisse und die soziale Lage bei der Gutehoffnungshütte Aktienverein und der Fried. Krupp AG 1936–1939. Stuttgart 1986.
364. W. Zollitsch, Arbeiter zwischen Weltwirtschaftskrise und Nationalsozialismus: ein Beitrag zur Sozialgeschichte der Jahre 1928 bis 1936. Göttingen 1990.
365. U. Zumdick, Hüttenarbeiter im Ruhrgebiet. Die Belegschaft der Phoenix-Hütte in Duisburg-Laar 1853–1914. Stuttgart 1990.

11. Technikkonsum, Technik und Alltag

366. G. BAYERL, Konsum, Komfort und Netzwerke. Die Versorgung mit Wasser, in: R. Reith/T. Meyer (Hrsg.), Luxus und Konsum. Eine historische Annäherung. Münster u. a. 2003, 129–158.
367. P. BORSCHEID, Der Einzug der Wissenschaft ins Private. Analysen und Texte des neunzehnten und zwanzigsten Jahrhunderts. Frankfurt/Main/New York 1997.
368. D. CORNELSEN u. a., Konsumgüterversorgung in der DDR und Wechselwirkung zum innerdeutschen Handel. Berlin 1985.
369. H. EDELMANN, Vom Luxusgut zum Gebrauchsgegenstand. Die Geschichte der Verbreitung von Personenkraftwagen in Deutschland. Frankfurt/Main 1989.
370. K.-P. ELLERBROCK, Geschichte der deutschen Nahrungs- und Genußmittelindustrie 1750–1914. Stuttgart 1993.
371. R. FLIK, Von Ford lernen? Automobilbau und Motorisierung in Deutschland bis 1933. Köln u. a. 2001.
372. S. GIEDION, Die Herrschaft der Mechanisierung. Frankfurt/Main 1987 (Erstausgabe: Mechanization Takes Command. Oxford 1948).
373. TH. HENGARTNER/J. ROLSHOVEN (Hrsg.), Technik-Kultur. Formen der Veralltäglichung von Technik – Technisches im Alltag. Zürich 1998.
374. M. HESSLER, „Mrs. Modern Woman". Zur Sozial- und Kulturgeschichte der Haushaltstechnisierung. Frankfurt/Main/New York 2001.
375. M. HESSLER, „Elektrische Helfer" für Hausfrau, Volk und Vaterland. Ein technisches Konsumgut während des Nationalsozialismus, in: Technikgeschichte 68 (2002) 203–229.
376. E. HÖLDER (Hrsg.), Im Trabi durch die Zeit – 40 Jahre Leben in der DDR. Stuttgart 1992.
377. H. JOERGES (Hrsg.), Technik im Alltag. Frankfurt/Main 1988.
378. A. KAMINSKI, Kleine Konsumgeschichte der DDR. München 2001.
379. P. KIRCHBERG, Plaste, Blech und Planwirtschaft. Die Geschichte des Automobils in der DDR. Berlin 2000.
380. CH. KLEINSCHMIDT, Konsumgesellschaft, Verbraucherschutz und Soziale Marktwirtschaft. Verbraucherpolitische Aspekte des „Modell Deutschland" (1947–1975), in: JbWG 1 (2006), 13–28.
381. W. KÖNIG, Produktion und Konsumtion als Gegenstand der Geschichtsforschung, in: 481:5–44.

382. W. König, Geschichte der Konsumgesellschaft. Stuttgart 2000.
383. W. König, Volkswagen, Volksempfänger, Volksgemeinschaft. „Volksprodukte" im Dritten Reich: Vom Scheitern einer nationalsozialistischen Konsumgesellschaft. Paderborn 2004.
384. S. Meyer/E. Schulze (Hrsg.), Technisierte Familienleben. Blick zurück und nach vorn. Berlin 1993.
385. I. Merkel, Utopie und Bedürfnis. Die Geschichte der Konsumkultur in der DDR. Köln/Weimar/Wien 1999.
386. Ch. M. Merki, Der holprige Siegeszug des Automobils 1895 – 1930: zur Motorisierung des Straßenverkehrs in Frankreich, Deutschland und der Schweiz. Wien u. a. 2002.
387. K. Möser, Geschichte des Autos. Frankfurt/Main/New York 2002.
388. M. Prinz (Hrsg.), Der lange Weg in den Überfluß. Anfänge und Entwicklung der Konsumgesellschaft seit der Vormoderne. Paderborn 2003.
389. W. Rammert, Technik und Alltagsleben – Sozialer Wandel durch Mechanisierung und technische Medien, in: H. Albrecht/Ch. Schönbeck (Hrsg.), Technik und Gesellschaft. Düsseldorf 1993, 266–292.
390. R. Reith/T. Meyer (Hrsg.), Luxus und Konsum. Eine Historische Annäherung. Münster u. a. 2003.
391. J. Roesler, Massenkonsum in der DDR: zwischen egalitärem Anspruch, Herrschaftslegitimation und „exquisiter" Individualisierung, in: PROKLA. Zeitschrift für kritische Sozialwissenschaft 35 (2005) 35–52.
392. R. Sackmann/A. Weymann, Die Technisierung des Alltags. Generationen und technische Innovationen. Frankfurt/Main 1994.
393. D. Schaal, Rübenzuckerindustrie und regionale Industrialisierung. Der Industrialisierungsprozeß im mitteldeutschen Raum. Münster u. a. 2005.
394. W. Sombart, Liebe, Luxus, Kapitalismus. Über die Entstehung der modernen Welt aus dem Geist der Verschwendung. Berlin 1996.
395. M. Teich, Bier, Wissenschaft und Wirtschaft in Deutschland 1800–1914. Ein Beitrag zur deutschen Industrialisierungsgeschichte. Wien/Köln/Weimar 2000.
396. H. Tappe, Auf dem Weg zur modernen Alkoholkultur. Alkoholprotektion, Trinkverhalten und Temperenzbewegung in Deutschland vom frühen 19. Jahrhundert bis zum Ersten Weltkrieg. Stuttgart 1994.

397. H. J. Teuteberg/G. Wiegelmann, Nahrungsgewohnheiten in der Industrialisierung des 19. Jahrhunderts. Münster u. a., 2. Aufl. 2005.
398. R. Walter, Geschichte des Konsums. Stuttgart 2004.
399. P. Weingart (Hrsg.), Technik als sozialer Prozeß. Frankfurt/Main 1989.
400. U. Wengenroth, Technischer Fortschritt, Deindustrialisierung und Konsum. Eine Herausforderung für die Technikgeschichte, in: Technikgeschichte 64 (1997) 1–18.
401. U. Wengenroth, Gute Gründe. Technisierung und Konsumentscheidungen, in: Technikgeschichte 71 (2004) 1–18.
402. M. Wildt, Vom kleinen Wohlstand. Eine Konsumgeschichte der fünfziger Jahre. Frankfurt/Main 1996.

12. Technik und Umwelt

403. W. Abelshauser (Hrsg.), Umweltgeschichte. Umweltverträgliches Wirtschaften in historischer Perspektive. Göttingen 1994.
404. A. Andersen (Hrsg.), Umweltgeschichte. Das Beispiel Hamburg. Hamburg 1990.
405. Archiv für Sozialgeschichte 43 (2003).
406. G. Bayerl/N. Fuchsloch/T. Meyer (Hrsg.), Umweltgeschichte. Methoden, Themen, Potentiale. Münster u. a. 1996.
407. H. Behrens/G. Neumann/A. Schikora (Hrsg.), Wirtschaftsgeschichte und Umwelt – Hans Mottek zum Gedenken. Umweltgeschichte und Zukunft III. Marburg 1996.
408. H. Behrens/H. Paucke (Hrsg.), Umweltgeschichte und Umweltzukunft II. Marburg 1994.
409. C. Bernhardt (Hrsg.), Environmental Problems in European Cities in the 19th and 20th Century. Umweltprobleme in Europäischen Städten des 19. und 20. Jahrhunderts. Münster u. a. 2001.
410. H. Braun, Von der Technik- zur Umweltgeschichte, in: G. Schulz u. a. (Hrsg.), Sozial- und Wirtschaftsgeschichte. Arbeitsgebiete – Probleme – Perspektiven. 100 Jahre VSWG, 375–401.
411. F.-J. Brüggemeier, Das unendliche Meer der Lüfte. Luftverschmutzung, Industrialisierung und Risikodebatten im 19. Jahrhundert. Essen 1996.
412. F.-J. Brüggemeier, Tschernobyl, 26. April 1986. Die ökologische Herausforderung. München 1998.
413. F.-J. Brüggemeier/Th. Rommelspacher, Blauer Himmel über der

Ruhr. Geschichte der Umwelt im Ruhrgebiet 1840–1990. Essen 1992.
414. F.-J. Brüggemeier/Th. Rommelspacher (Hrsg.), Besiegte Natur. Geschichte der Umwelt im 19. und 20. Jahrhundert. München 1987.
415. F.-J. Brüggemeier/J. I. Engels (Hrsg.), Natur- und Umweltschutz nach 1945. Konzepte, Konflikte, Kompetenzen. Frankfurt/Main/ New York 2005.
416. U. Gilhaus, „Schmerzenskinder der Industrie". Umweltverschmutzung, Umweltpolitik und sozialer Protest im Industriezeitalter in Westfalen 1845–1914. Paderborn 1995.
417. A. L. Hardy, „Ärzte, Ingenieure und städtische Gesundheit". Medizinische Theorien in der Hygienebewegung des 19. Jahrhunderts. Frankfurt/Main/New York 2005.
418. R. Henneking, Chemische Industrie und Umwelt. Konflikte und Umweltbelastungen durch die chemische Industrie am Beispiel der schwerchemischen, Farben- und Düngemittelindustrie der Rheinprovinz (ca. 1800–1914). Stuttgart 1994.
419. B. Herrmann (Hrsg.), Umwelt in der Geschichte. Göttingen 1989.
420. K. F. Hünemörder, Die Frühgeschichte der globalen Umweltkrise und die Formierung der deutschen Umweltpolitik (1950–1973). Stuttgart 2004.
421. G. Jaritz/V. Winiwarter (Hrsg.), Umweltbewältigung. Die historische Perspektive. Bielefeld 1999.
422. H. Jäger, Einführung in die Umweltgeschichte. Darmstadt 1994.
423. N. Knoth, Umwelt. Auf den Spuren seiner Erfahrung im sozialistischen Revier, in: J. Kocka (Hrsg.), Historische DDR-Forschung. Aufsätze und Studien. Berlin 1993, 233–244.
424. U. Linse, Ökopax und Anarchie. Die Geschichte der ökologischen Bewegungen in Deutschland. München 1986.
425. D. Meadows u. a., Die Grenzen des Wachstums. Bericht des Club of Rome zur Lage der Menschheit. Reinbek 1973.
426. L. Mumford, Technics and Civilization. New York 1934.
427. W. Nachtigall/Ch. Schönbeck (Hrsg.), Technik und Natur. Düsseldorf 1994.
428. M. Nast, Die stummen Verkäufer. Lebensmittelverpackungen im Zeitalter der Konsumgesellschaft. Umwelthistorische Untersuchung über die Entwicklung der Warenverpackung und der Wandel der Einkaufsmöglichkeiten (1950er bis 1990er Jahre). Bern u. a. 1997.

429. C. Pfister (Hrsg.), Das 1950er Syndrom. Der Weg in die Konsumgesellschaft. Bern/Stuttgart/Wien 1996.
430. J. Radkau, Technik und Umwelt, in: G. Ambrosius/D. Petzina/W. Plumpe (Hrsg.), Moderne Wirtschaftsgeschichte. München, 2. Aufl. 2006, 135–154.
431. J. Radkau, Natur und Macht. Eine Weltgeschichte der Umwelt. München 2000.
432. J. Reulecke/A. Gräfin zu Castell Rüdeshausen (Hrsg.), Stadt und Gesundheit. Stuttgart 1991.
433. R. P. Sieferle, Fortschrittsfeinde?: Opposition gegen Technik und Industrie von der Romantik bis zur Gegenwart. München 1984.
434. R. P. Sieferle, Fortschritte der Naturzerstörung. Frankfurt/Main 1988.
435. R. P. Sieferle, Rückblick auf die Natur. Eine Geschichte des Menschen und seiner Umwelt. München 1997.
436. W. Siemann (Hrsg.), Umweltgeschichte. Themen und Perspektiven. München 2003.
437. Stiftung Naturschutzgeschichte (Hrsg.), Der Neubeginn im Naturschutz nach 1945. Landau 1999.
438. F. Uekötter, Von der Rauchplage zur ökologischen Revolution. Eine Geschichte der Luftverschmutzung in Deutschland und den USA 1880–1970. Essen 2003.
439. F. Uekötter, Naturschutz im Aufbruch. Eine Geschichte des Naturschutzes in Nordrhein-Westfalen 1945–1980. Frankfurt/Main/New York 2004.
440. M. Weyer-von Schoultz, Stadt und Gesundheit im Ruhrgebiet 1850–1929. Essen 1994.

13. Technische Denkmäler, Industriearchäologie, Industriekultur

441. B. u. H. Becher/H. G. Conrad/E. Neumann, Zeche Zollern 2. Aufbruch zur modernen Industriearchitektur und Technik. München 1977.
442. C. Bedeschinski, Ein-Blicke. Industriekultur im Osten Deutschlands. Berlin 1995.
443. J. Boberg/T. Fichter/E. Gillen (Hrsg.), Die Metropole. Industriekultur in Berlin im 20. Jahrhundert. München 1986.
444. T. Buddensieg (Hrsg.), Industriekultur: Peter Behrens und die AEG; 1907–1914. Berlin 1979.
445. Deutsche Gesellschaft für Industriekultur e.V. (Hrsg.), Indus-

triekultur und Technikgeschichte in Nordrhein-Westfalen. Initiativen und Vereine. Essen 2001.
446. R. VAN DÜLMEN (Hrsg.), Industriekultur an der Saar: Leben und Arbeit in einer Industrieregion 1840–1914. München 1989.
447. L. ENGELSKIRCHEN, Der lange Abschied vom Malocher. Industriearchäologie, Industriekultur, Geschichte der Arbeit – und dann? Ein kleiner Exkurs, in: 131: 135–154.
448. G. FEHL/D. KASPARI-KÜFFEN/L.-H. MEYER (Hrsg.), Mit Wasser und Dampf. Zeitzeugen der frühen Industrialisierung im belgisch-deutschen Grenzraum. Aachen 1991
449. A. FÖHL, Technische Denkmale im Rheinland. Köln 1976.
450. A. FÖHL (Hrsg.), Hessen. Denkmäler der Industrie und Technik. Berlin 1986.
451. H. GLASER, Maschinenwelt und Alltagsleben. Industriekultur in Deutschland vom Biedermeier zur Weimarer Republik. Frankfurt/Main 1981.
452. H. GLASER, Industriekultur und demokratische Identität, in: Aus Politik und Zeitgeschichte 41–42 (1981).
453. H. GLASER (Hrsg.), Industriekultur in Nürnberg: eine deutsche Stadt im Maschinenzeitalter. München 1983.
454. R. GÜNTER, Oberhausen. Düsseldorf 1969.
455. R. GÜNTER, Im Tal der Könige. Ein Reisehandbuch zu Emscher, Rhein und Ruhr. Essen 1994.
456. U. HEINEMANN, Industriekultur: Vom Nutzen und Nachteil für das Ruhrgebiet?, in: Forum Industriedenkmalpflege und Geschichtskultur 1 (2003) 56–58.
457. A. Höber/K. GANSER (Hrsg.), Industriekultur. Mythos und Moderne im Ruhrgebiet. Essen 1999.
458. Internationale BAUAUSSTELLUNG EMSCHER PARK. Katalog der Projekte 1999. Gelsenkirchen 1999.
459. F.-J. JELICH (Hrsg.), Wegweiser zu industrie- und sozialgeschichtlichen Museen und Dauerausstellungen in Nordrhein-Westfalen. Essen 2005.
460. H. JOHN/I. MAZZONI (Hrsg.), Industrie- und Technikmuseen im Wandel. Perspektiven und Standortbestimmungen. Bielefeld 2005.
461. A. KIERDORF/U. HASSLER, Denkmale des Industriezeitalters. Von der Geschichte des Umgangs mit Industriekultur. Berlin 2000.
462. W. KÖNIG, Zur Geschichte der Erhaltung technischer Kulturdenkmale in Deutschland, in: 464: XXIII–XXVII.
463. U. LINSE, Die Entdeckung der technischen Denkmäler. Über die

Anfänge der „Industriearchäologie" in Deutschland, in: Technikgeschichte 53 (1986) 201–222.
464. C. MATSCHOSS/W. LINDNER (Hrsg.), Technische Kulturdenkmale. Faksimile-Ausgabe. Düsseldorf 1984.
465. M. OSIETZKI, Die Gründungsgeschichte von Meisterwerken der Naturwissenschaften und Technik in München 1903–1906, in: Technikgeschichte 52 (1985) 50–75.
466. TH. PARENT, Das Ruhrgebiet. Vom ‚goldenen' Mittelalter zur Industriekultur. Köln 2000.
467. D. J. PETERS/H. BICKELMANN (Hrsg.), Hafenlandschaft im Wandel. Beiträge und Ergebnisse der Tagung zur Industriekultur und Denkmalpflege im Deutschen Schiffahrtsmuseum Bremerhaven am 17. und 18. September 1999. Bremerhaven 2000.
468. V. PLAGEMANN (Hrsg.), Industriekultur in Hamburg: des Deutschen Reiches Tor zur Welt. München 1984.
469. V. RÖDEL (Hrsg.), Reclams Führer zu den Denkmalen der Industrie und Technik in Deutschland. Bd. 2, Neue Länder, Berlin. Stuttgart 1998.
470. K. RUTH, Industriekultur als Determinante der Technikentwicklung. Ein Ländervergleich Japan – Deutschland – USA. Berlin 1995.
471. A. SCHMITT, Denkmäler saarländischer Industriekultur: Wegweiser zur Industriestraße Saar-Lor-Lux. Saarbrücken 1989.
472. J. SCHWARK (Hrsg.), Tourismus und Industriekultur. Vermarktung von Technik und Arbeit. Berlin 2004.
473. K.-J. SEMBACH/V. HÜTSCH, Industriedenkmäler des 19. Jahrhunderts im Königreich Bayern. München 1990.
474. R. SLOTTA, Einführung in die Industriearchäologie. Darmstadt 1982.
475. R. SLOTTA, Technische Denkmäler in der Bundesrepublik Deutschland. Bd. 1–5. Berlin 1975–1986.
476. TECHNISCHE DENKMALE IN DER DEUTSCHEN DEMOKRATISCHEN REPUBLIK, hrsg. von der Gesellschaft für Denkmalpflege im Kulturbund der DDR. Berlin 1973.
477. O. WAGENBRETH (Hrsg.), Technische Denkmale in der Deutschen Demokratischen Republik. Leipzig 1989.
478. H. WIRTH, Technik. Zeugnisse der Produktions- und Verkehrsgeschichte. Berlin/Leipzig 1990.
479. R. WIRTZ (Hrsg.), Industrialisierung – Entindustrialisierung – Musealisierung? Köln 1998.

14. Technikgeschichte

480. G. BAYERL/J. BECKMANN (Hrsg.), Johann Beckmann (1739–1811). Beiträge zu Leben, Werk und Wirkung des Begründers der Allgemeinen Technologie. Münster u. a. 1999.
481. G. BAYERL/W. WEBER (Hrsg.), Sozialgeschichte der Technik. Ulrich Troitzsch zum 60. Geburtstag. Münster u. a. 1997.
482. W. FÜSSL/ST. ITTNER (Hrsg.), Biographie und Technikgeschichte. Opladen 1998.
483. GESCHICHTE DER PRODUKTIVKRÄFTE IN DEUTSCHLAND VON 1800 BIS 1945. 3 Bde. Berlin (O) 1985–1990.
484. M. HARD, Zur Kulturgeschichte der Naturwissenschaft, Technik und Medizin. Eine internationale Literaturübersicht, in: Technikgeschichte 70 (2003) 23–45.
485. F. KLEMM, Technik. Eine Geschichte ihrer Probleme. Freiburg 1954.
486. K. LÄRMER (Hrsg.), Studien zur Geschichte der Produktivkräfte. Deutschland zur Zeit der Industriellen Revolution. Berlin (O) 1979.
487. M. OSIETZKI, Für eine neue Technikgeschichte, in: Österreichische Zeitschrift für Geschichtswissenschaft 3 (1992) 293–318.
488. E. RAPP/R. JOKISCH/H. LINDNER, Determinanten der technischen Entwicklung. Strukturmodelle in der Geschichtsschreibung über die Industrialisierung in Europa. Berlin 1980.
489. H. ROGGER, Didaktik der Technikgeschichte. Ort, Zeit, Objekt. Hamburg 2003.
490. B. A. RUSINEK, Technikgeschichte im Atomzeitalter, in: Ch. Cornelißen (Hrsg.), Geschichtswissenschaften. Eine Einführung. Frankfurt/Main 2000, 247–258.
491. W. TREUE (Hrsg.), Deutsche Technikgeschichte. Göttingen 1977.
492. U. TROITZSCH, Technikgeschichte, in: H.-J. Goertz (Hrsg.), Geschichte. Ein Grundkurs. Reinbek 1998, 379–393.
493. W. WEBER/L. ENGELSKIRCHEN, Streit um die Technikgeschichte in Deutschland 1945–1975. Münster u. a. 2000.

Register

Personenregister

Abbe, E. 24
ABEL, J. 78, 90, 117
ABELE, J. 79, 93, 98
ABELSHAUSER, W. 97, 130
ALBRECHT, H. 100 f.
ALBRECHT, U. 110
ALHEIT, P. 124
AMBROSIUS, G. 86
ANDERSEN, A. 77, 130
Arkwright, R. 3
Arnold, C. 43

Baeyers, A. von 25
BÄHR, J. 79, 93, 98, 110
BARKLEIT, G. 79, 93, 98
BARTMANN, W. 93, 97
Baumann, P. 50, 55
BAYERL, G. 126, 130, 139, 141
BECHER, B. 136
BECHER, H. 136
Beck, Th. 139
BECK, U. 77, 112
BECKENBACH, N. 103
BECKMANN, J. 139
BECKMANN, U. 112 f.
BEDESCHINSKI, C. 137
BEHR, M. VON 102
BEHRENS, H. 133
Bell, G. 30
Benz, C. 28
BERGHOFF, H. 108, 117
Bergius, F. 38
BERGMANN, J. 123
BERNHARDT, C. 130
Bessemer, H. 17
Beuth, C. W. 9
BICKELMANN, H. 137
Birkinshaw, J. 8
BLEIDICK, D. 81, 126, 141
BLUMA, L. 102

BOBERG, J. 136
BOCH, R. 81
BOHNSACK, A. 120
BOLENZ, E. 81
BORSCHEID, P. 119, 126
BOSBACH, F. 112, 114
BOTSCH, W. 96
Brandt, L. 89
BRAUN, H. 130
BRAUN, H.-J. 77 f., 82, 108
Bredow, H. 84
Brief, G. 43
BROSE, E. D. 81
BRUCH, R. VOM 96
Brügelmann, J. G. 3
BRÜGGEMEIER, F.-J. 120, 130–133
Buchanan, A. 135
BUCHHEIM, C. 86
BUDDENSIEG, T. 136
BUDRASS, L. 47, 86 f., 96, 122
BULLINGER, H. J. 76
BURGHARDT, U. 84
BURRICHTER, C. 92

Carothers, W. H. 49
CASTELL RÜDESHAUSEN, GRÄFIN A. zu 131
CIESLA, B. 110
Claas, W. 135
CLEMENS, P. 122, 124
COHEN, Y. 95
CONZE, E. 119
CORNELSEN, D. 129
Cort, H. 7
CYERT, R. M. 78

DAHM-ZEPPENFELD, K. 121
Daimler, G. 28
DAVIS, J. R. 112, 114
DIENEL, H.-L. 97, 104, 107, 117, 126

DIERKES, M. 2, 75f., 116
Diesel, R. 96
DIETZ, B. 107, 143
Dinnendahl, J. 9
DITTRICH, E. 123
DOMMER, O. 102
DÜLMEN, R. VAN 136

ECKERT, M. 97
EDELMANN, H. 127
ELLE, M. 92
ELLERBROCK, K.-P. 125
ENGEL, A. 95
ENGELHARDT, U. 119
Engels, F. 139
ENGELS, J. I. 132 f.
ENGELSKIRCHEN, L. 139–142
ERKER, P. 94, 97, 110

FARRENKOPF, M. 121
FAULSTICH-WIELAND, H. 122
Feder, G. 85, 105 f.
FEHL, G. 136
FELDERER, B. 115
Feldhaus, F. M. 140
FICHTER, T. 136
Fischer, F. 38
FISCHER, W. 81, 96
FLIK, R. 127
FÖHL, A. 14, 136
Ford, H. 29, 35
FRANKE, E. S. 78
FREMDLING, R. 84, 108
FRESE, M. 122
FREYBERG, TH. von 33 f., 83, 102, 121 f.
FRIEBE, W. 114
FRIEDERICI, M. R. 102
FUCHSLOCH, N. 130
Funk, W. 46
FÜSSL, W. 143

Gall, A. 118
GALL, L. 84, 118
GANSER, K. 138
Gay-Lussac, J. L. 11
GERSCHENKRON, A. 107
GIEDION, S. 126
Gilchrist, P. G. 18
GILLEN, E. 136
GLASER, H. 136
Göring, H. 48, 51 f.
GOTTWALD, A. 84

Graebe, C. 25
GREGOR, N. 48
GREIF, M. 106
GRELON, A. 106
GRIEGER, M. 86 f., 122
GROSSEWINKELMANN, J. 102
GRUNWALD, A. 76 f.
GÜNTER, R. 136, 138

HAAK, H. 124
HACHTMANN, R. 122
HALTERN, U. 112 ff.
HAMMERSTEIN, N. 96
HANDE, W. 100
HÄNSEROTH, TH. 79, 93, 98
HARD, M. 143
HARDY, A. L. 131
Harkort, F. 8 f., 13
HASSLER, U. 135
HAUSEN, K. 141
HEIMANN, C. 93
HEINEMANN, U. 139
HEINEMANN-GRÜDER, A. 110
Heisenberg, W. 97
HELLIGE, H. D. 77
HENGARTNER, TH. 125
HENNEKING, R. 131
HERBERT, U. 122
HERF, J. 47, 106
HERRMANN, A. 77, 96
HERRMANN, B. 130
HESSLER, M. 126 f.
HEYMANN, M. 79
HEYMANN, U. 98
Hilgenstock, G. 20
HILGER, S. 79, 86, 109, 111
HINDRICHS, W. 123
HIRSCH, J. 91
HÖBER, A. 138
HOFFMANN, U. 76, 116
HÖLDER, E. 129
Hollerith, H. 30
Holley, A. C. 18
HORSTKEMPER, M. 122
HORTLEDER, G. 103 ff.
HÜBNER, P. 124
Hudson, K. 135
HUGHES, TH. P. 22, 49, 76
HÜNEMÖRDER, K. F. 132
HURRLE, G. 122

ITTNER, S. 143

Jacobi, G. 102
JÄGER, H. 130
JELICH, F.-J. 122, 138
JEREMY, D. J. 108
JOERGES, B. 125
JOHN, H. 138
JOKISCH, R. 141
JUDT, M. 110

KAELBLE, H. 124
KAHLERT, H. 96
KAISER, W. 89, 92, 128
KALB, C. 112, 115
KAMINSKI, A. 129
Kamp, J. H. D. 9
KARLSCH, R. 97
KASPARI-KÜFFEN, D. 136
KERN, H. 120
KIERDORF, A. 135
KIESEWETTER, H. 80f.
KIFT, D. 102
KIRCHBERG, P. 129
KIRCHNER, U. 78, 90
KLEINSCHMIDT, C. 35, 79, 82, 84, 88, 91, 102, 109ff., 117f., 121, 126, 128
Klemm, F. 140
KLENKE, D. 90
Klinckowstroem, C. von 140
KNOTH, N. 133
KOCKA, J. 96
KOGON, E. 106
KOHL, U. 96
KÖNIG, W. 77f., 84, 87, 96, 124–128, 135
KOOLMANN, S. 116
KOPPER, C. 84, 87, 90
Köttgen, C. 33f.
KRABBE, W. 82
Kraut, H. 44
KRIEGER, W. 91
KROHN, W. 77
KROKER, E. 112, 144, 121
KRÜCKEN, G. 77
KRUG, K. 108
Krupp, F. 102

LAAK, D. VAAN 81, 118, 126
LAATZ, W. 106
Lamprecht, K. 140
LANDES, D. S. 83, 95, 108, 141
Langen, E. 28
LÄRMER, K. 142
LAUSCHKE, K. 121, 123

Lavoisier, A. L. De 11
Leber, G. 90
Leblanc, N. 10
Lenoir, E. 28
LEPOLD, A. 101
Ley, R. 85
Liebermann, C. 25
Liebig, J. 12
Linde, C. 61f., 96, 126
LINDNER, H. 141
Lindner, W. 135
LINSE, U. 133, 135
LORENZ, W. 106, 140
LÜDTKE, A. 121
LUDWIG, K.-H. 103, 106
LUNDGREEN, P. 97, 99, 106

MAAG, G. 114
MAIER, H. 96, 106f., 143
MALYCHA, A. 98
MANEGOLD, K.-H. 99, 101
MANFRASS, K. 95
MARCH, J. G. 78
MARSCH, U. 93ff.
Marx, K. 139f.
MARZ, L. 76, 116
MASON, T. 86
MATSCHOSS, C. 96, 103, 134f.
Maudslay, H. 8
MAUERSBERG, H. 81
Maybach, W. 28
MAZZONI, I. 138
MEADOWS, D. 132
MEINECKE, K.-P. 108
Merck, H. E. 12
MERKI, C. M. 127
Meyer, J. 102
MEYER, L.-H. 136
MEYER, S. 126
MEYER, T. 106, 127, 130, 140
MICKLER, O. 123
MIECK, I. 80
Moellendorf, W. von 33, 83, 104
MOLLIN, G. 51, 86
MOMMSEN, H. 47, 86f., 121f., 127
Möser, K. 127
MÜHLFRIEDEL, W. 92
MÜLLER, R. A. 96
MÜLLER, W. D. 89
MUMFORD, L. 130
Murdoch, W. 11
MURMANN, J. P. 26, 78, 95, 100
MUTH, W. 101

NACHTIGALL, W. 129
Nader, R. 66
NAST, M. 132
NEIRYNCK, J. 103
NELLISSEN, F. J. 111
NELSON, R. R. 78, 95
NEULOH, O. 123
NEUMANN, U. 123
NIEMANN, H. 77

ORLAND, B. 106, 122, 126
OSIETZKI, M. 97, 135, 143
Otto, N. 28

PARENT, TH. 138
PÄTZOLD, G. 101
PAUCKE, H. 133
PAUER, E. 109, 111
PAULINYI, A. 1, 119f.
PETERS, D. 137
PETRI, R. 109
PETZINA, D. 79, 93, 98, 110
PFETSCH, F. R. 75
PFISTER, C. 132
PICHOL, K. 102, 142
PIERENKEMPER, T. 108
PIORE, M. J. 120
PLAGEMANN, V. 136
Pleiger, P. 51
PLUMPE, G. 39, 50, 86, 95
POHL, H. 84
POPITZ, H. 123
Poppelreuter, W. 42
Porsche, F. 42
PRIES, L. 123
PUTSCH, J. 121

RADKAU, J. 2, 9, 18f., 37, 57, 72, 75, 78, 81, 83, 89, 104, 112f., 129f., 140f.
RAMMERT, W. 75, 125
RAPP, F. 141
RASCH, M. 94, 96, 141
Rathenau, W. 33, 83, 104
RATHKE, K. 103
REESE, D. 122
Reis, P. 30
REITH, R. 120, 127
Remington, P. 29
Remy, C. 8
RENNEBERG, M. 106
Reuleaux, F. 114
Rieppel, A. von 104

RINDFLEISCH, H. 84
RINNEBERG, K.-J. 101
RITTER, G. A. 98
RÖDEL, V. 137f.
Roebuck, J. 12
ROESLER, J. 92, 129
ROGGER, H. 142
ROLSHOVEN, J. 125
ROMMELSPACHER, TH. 130ff.
ROSE, P. L. 97
ROSENBERG, N. 95
Runge, F. F. 11f.
RUPIEPER, H.-J. 122
RUPPERT, W. 119
RÜRUP, R. 101, 141
RUSINEK, B.-A. 97
RUTH, K. 137

SABEL, C. F. 120
SACHSE, C. 122
SACKMANN, R. 128
SANG, H.-P. 85
SAUPE, S. 77
SCHAAL, D. 125
Schacht, H. 48f.
SCHERNER, J. 86
SCHIEDER, W. 96
Schimank, H. 140
SCHIVELBUSCH, W. 105
Schlack, P. 49
Schlesinger, G. 43
SCHLÜTER, A. 101
SCHMIDT, D. 122
SCHMIDT, J. F. K. 78
SCHMIDT, M. 106
SCHMIDT, R. 123
SCHMIDT-RUTSCH, O. 108
SCHMITT, A. 136
Schnabel, F. 140
SCHNEIDER, I. 106
SCHOLL, L. U. 103f.
SCHOLT, D. 82
SCHOMERUS, H. 119
SCHUBERT, H. 94
SCHÜLER, A. 117f.
SCHULZ, G. 122, 126
SCHULZE, E. 126
SCHUMANN, M. 120
SCHUMPETER, J. A. 2, 75, 140
SCHÜTTE, F. 100
SCHÜTTE, I. 120
SCHWARK, J. 138
SCHWÄRZEL, R. 92

SEIDLER, F. W. 106
SIEFERLE, R. P. 130, 133
SIEMANN, W. 130
Siemens, C. F. von 33
Siemens, W. 15, 94, 96
SILBERTZAHN-JANDT, G. 122
SLOTTA, R. 134-137
Sombart, W. 127
Sörgel, H. 116, 118
Speer, A. 52, 106
SPEHR, M. 120
STAHLMANN, M. 121
STEARNS, P. N. 119
STEIN, K. 106
Stein, Reichsfreiherr vom und zum 5f.
STEINER, A. 59, 63, 73, 92f., 117, 129
Stinnes, H. 22
STOLTZENBERG, D. 96
STRATMANN, K. 101
Strauß, F. J. 89
STROUHAL, E. 118
SÜDBECK, T. 90
SZÖLLÖSI-JANZE, M. 96f.

TAKENAKA, T. 111
TAPPE, H. 125
Taylor, F. W. 23f., 29
TEICH, M. 125
TENFELDE, K. 119f., 122, 124
TEUTEBERG, H. J. 125
Thenard L. J. 11
THIEL, G. 106
Thomas, S. G. 17
Todt, F. 85
TREUE, W. 103, 141
Trevithick, R. 15
TRINCEK, R. 123
TRISCHLER, H. 96ff., 117, 122
TROITZSCH, U. 140f.
Tropsch, H. 38
TRUNK, A. 96

UEKÖTTER, F. 131, 133
UHL, M. 110
UNGER, ST. 79, 98
UNVERFEHRT, G. 121

VEBLEN, T. 107
VETTERLI, R. 120
VOIGT, W. 118
VONDRAN, R. 115

WAGENBRETH, O. 137
WALKER, M. 97, 106
Wallichs, A. 24
Watt, J. 9, 11
WEBER, W. 75, 81f., 84, 102, 104, 108, 112f., 115, 121, 140ff.
WEINGART, P. 125
WEINHAUER, K. 121
Weizsäcker, C. F. von 97
WELLMANN, A. 110
WELSKOPP, TH. 121
WENGENROTH, U. 18, 79, 84, 98, 101, 121, 124, 128
WEYER, J. 78, 90f., 116
WEYER-VON SCHOULTZ, M. 131
WEYMANN, A. 128
WIEGELMANN, G. 125
WIESSNER, K. 92
WILDT, M. 124, 127f.
WILLEKE, S. 104ff.
WINTER, S. G. 78
WIRTH, H. 138
Wissell, R. 33, 83
WOHLAUF, G. 141
Woldt, R. 142
Wolkinson, J. 8
WOLSING, TH. 101
WUSTRAK, M. K. 84

YANO, H. 122

ZACHMANN, K. 106, 122
Zangen, W. 46
Zeuner, G. A. 96
ZIEGLER, D. 80, 82, 108
ZILT, A. 94
ZIMMERMANN, P. 83
ZOLLITSCH, W. 122
ZUMDICK, U. 120
Zuse, K. 70f.
ZWECKBRONNER, G. 96

Ortsregister

Aachen 8, 16, 28, 96

Baden 81
Baden-Württemberg 136
Bayern 9, 81, 113, 136
Belgien 7, 108
Berlin 9, 14, 21, 27, 96, 99 f., 136, 138
Bochum 5, 18, 141
Bremen 141
Breslau 12, 27

Castrop-Rauxel 39
Chicago 115
Clausthal 99

Darmstadt 12, 96
DDR 57 ff., 63 ff., 67–70, 72 f., 92, 97 f., 100, 106, 110 f., 115, 117, 124, 128 f., 133, 137, 142
Dortmund 23, 136
Dresden 69, 72, 98, 100, 142
Duisburg 21, 56, 141

Eifel 7
Elberfeld 27
Elsass-Lothringen 17 f., 32
Essen 135, 138

Frankreich 2, 14, 29, 69, 109, 113
Freiberg 99, 142

Gelsenkirchen 43, 62
Großbritannien 1 f., 5, 7 ff., 12, 15–18, 20, 25, 69, 107 f., 135

Hagen 135
Hamburg 14, 27, 138
Hannover 9, 11, 113, 115, 141
Herzogtum Berg 3, 113
Hessen-Darmstadt 113

Japan 109, 111
Jena 24, 98
Jülich 97

Karlsruhe 68, 100

Kassel 27
Köln 27
Kurhessen 9

Leipzig 27, 98
Leuna 50, 100
London 11, 16
Ludwigshafen 50

Magdeburg 9 f., 100, 142
Mannheim 10, 41, 138
Marl 50, 55
Mühlheim an der Ruhr 21, 38
München 13, 27, 96, 100, 135, 139, 141

Nordrhein-Westfalen 89, 136 ff.
Nürnberg 13, 15, 27, 138

Oberhausen 136
Oberschlesien 4, 6 ff., 32
Österreich 56, 107
Oppau 50 f.

Philadelphia 114
Preußen 4, 15, 26, 80, 113

Ratingen 3
Ruhrgebiet 4, 6-9, 13, 21, 63, 130, 136, 138

Saar 4, 6 ff., 136
Sachsen 9, 80, 113
Salzgitter 52
Sauerland 7, 10
Siegerland 7
Sowjetunion 53, 57, 59, 67, 70, 88 f., 110
Stuttgart 21, 41, 96, 141

USA 17–20, 24, 29 f., 34 ff., 50, 53 ff., 62, 65, 67, 69, 72, 85, 88, 95, 105, 107–111, 117, 125, 132, 141

Wetter an der Ruhr 5, 8 f.
Württemberg 9, 81

Sachregister

Adler 35, 41
Agricola- Gesellschaft beim Deutschen Museum 139
Airbus 90
Amerikanisierung 66, 109, 117
Arbeitsforschung 43
Arbeitswissenschaftliches Institut (AWI) 44, 46
Atlantropa-Projekt 118
Atomkraft 68 ff., 74
Audi 41
Ausschuss für Berufsbildung (AfB) 42, 102
Ausschuss für wirtschaftliche Fertigung (AWF) 34
Autarkiepolitik 48, 88
Automatisierung 60, 66, 123
Automobil 28–31, 34 ff., 41 f., 65–68, 77, 84, 89, 116 f., 127 f.
Automobilindustrie 29, 35 f., 41 f., 45, 55, 65, 77, 87, 109, 111, 121

Badischen Anilin- & Sodafabrik (BASF) 25, 38 ff., 56, 94
Bayer 25, 39, 94
Bergbau 4 f., 7 ff., 19 ff., 39 f., 43, 45, 52, 54, 81, 94, 108, 119, 135
Berliner Aktiengesellschaft für Anilinfabrikation (Agfa) 25, 39, 40
Bessemer-Verfahren 8, 17, 94, 120
Betriebswirtschaft 37, 41, 44 f., 51
Binnenschifffahrt 15, 28
Bio- und Gentechnologie 73 f.
BMW 41 f., 65
Bochumer Verein 18, 40
Borsig 9, 27
Braunkohle-Benzin AG (Brabag) 49, 89
Brennabor 35, 41
Buna 50 f., 55, 132
Bundesverband der Deutschen Industrie (BDI) 110
Bundesvereinigung deutscher Arbeitgeberverbände (BDA) 110

Centrum Industriekultur 138
Chemieindustrie 10 ff., 23 ff., 39, 31, 38 ff., 48 f., 55, 57, 59, 73, 77 f., 83, 93 ff., 130

Computer 70 ff., 78, 123
Continental AG 66

Daimler-Benz 35, 51, 47
Dampfmaschine 4–10, 14, 28, 78
Demontage 53 f., 57, 67, 88, 110
Denkmalpflege 134-138
Deutsch-Luxemburgischen Bergwerks- und Hütten AG 39
Deutsche Arbeitsfront (DAF) 42, 44, 46, 85, 87, 122, 127
Deutsche Edison-Gesellschaft bzw. AEG 21, 33, 62 f., 68 ff.
Deutsche Gesellschaft für Geschichte der Medizin und Naturwissenschaft 139 f.
Deutsche Technokratische Gesellschaft 105
Deutscher Ausschuss für technisches Schulwesen (Datsch) 101
Deutscher Bundes Heimatschutz 135
Deutscher Normenausschuss (DNA) 34, 36
Deutsches Institut für technische Arbeitsschulung (Dinta) 42 ff., 46, 102
Deutsches Museum 134, 143
Deutsches Museum für Verkehr und Technik 138

Eisenbahn 8, 15 f., 20, 26 ff., 65, 82, 84, 102, 116
Eisen- und Stahlindustrie 4, 6–10, 15, 17, 19 ff., 27, 29, 31, 36 f., 43, 51, 54, 56, 58, 94, 119 f.
Elektrizitätsversorgung 21 f.
Elektroindustrie 23, 36, 58, 63, 65, 73, 93 f., 109, 114, 120 f.
Energiewirtschaft 12, 19, 22, 37, 54, 58 f., 68 f., 82, 88
European Recovery Program (ERP/Marshall-Plan) 54 f., 69, 88 f., 110

Farbstoffe 10, 25, 39 f.
Felten & Guilleaume 82
Fischer-Tropsch-Verfahren 39
Fließband 29, 35 f., 47, 118, 122
Fließfertigung 23, 35 f., 46, 66
Flugzeug 31, 47 f., 83 f., 87 f., 90 f.

Freilichtmuseum technischer Kulturdenkmale 135
Fremdarbeiter 44, 47, 122
Friedrich Wilhelms-Hütte 21

Gasversorgung 13, 21 f.
Gelsenkirchener Bergwerks AG 40
Gemeinwirtschaft 33, 83, 104 f.
General Elektric 61, 68
Gesellschaft für Technikgeschichte e.V. 143
Gewerbeförderung 79 ff., 99, 112 f.
Großforschung 68, 72, 96 f.
Grundig 62
Gutehoffnungshütte 23, 41, 51, 94

Hand-Werkzeug-Technik 1, 3, 16
Hanomag 35
Haushaltsgeräte 36, 38, 60 f., 64, 126
Henschel 9, 27, 70
Hoechst 25, 40, 94
Hoerder Verein 17–20
Hollerith-Gesellschaft 30
Horch 35, 41
Hüls AG 55

IG-Farben AG 38
Industrieforschung 93 f.
Industriespionage 3, 5
Informationstechnologien 70, 72 f.
Infrastruktur 12 ff., 22, 29, 59, 65, 67, 80 ff., 84, 88 f., 95, 108, 115, 126
Ingenieurkrieg 104
International Business Machines Corporation (IBM) 30, 71
Internationale Bauausstellung (IBA) 138

Kaiser-Wilhelm-Institut für Kohlenforschung 38
Kampfbund Deutscher Architekten und Ingenieure 105
Kautschuksynthese 39, 50, 55, 58
Kohlechemie 10, 38 f., 48, 55
Kohlehydrierung 49
Kommunikationstechnik 15, 117
Konsumgesellschaft 31, 36, 38, 55, 59 f., 60, 63, 65, 68, 82, 91, 124–129, 132 f.
Konsumgüterindustrie 56, 53, 59, 62–65, 67, 87, 109
Kopplungseffekte 15 f., 26
Kraftwerk Union AG (KWU) 69

Krupp 17 f., 23, 27, 30, 41, 51, 83, 94, 102, 114
Kühlschrank 61–64, 87, 118, 127 f.
Küppersbusch 62 f.
Kunststoff 48, 50, 56, 58
Kunststoffindustrie 55, 58, 105, 109
KZ-Häftlinge 47, 122

Landesmuseum für Technik und Arbeit 138
Linde AG 61 ff.
Ludwig Loewe & Co 23
Lufthansa AG 84

Maffei 9, 27
Mannesmann-Röhrenwerke 21
Maschinenbau 4, 8 ff., 15, 19, 23 f., 27, 29, 34, 46, 52, 73, 93 ff., 108, 114, 121, 142
M.A.N. 27
Maschinen-Werkzeug-Technik 1, 3 f., 8, 16, 119
Massenproduktion 16 f., 23 f., 26, 29 ff., 47, 66, 83, 94, 104, 120, 125, 127
Mikroelektronik 70 ff., 92, 97, 120
Museum der Arbeit 138

Nationalsozialistischer Bund Deutscher Technik (NSBDT) 85
Neckarsulmer Strickmaschinenunion (NSU) 28, 41
Netzwerke 21 f., 25 f., 78 f., 90 f., 96, 100
Neues Ökonomisches System 117
Normung 23, 31, 34, 36, 46, 83
Nylon 49, 56, 66

Ökologie 128, 133
Ökologiebewegung 69
Opel 35, 41 f.
Oxygenverfahren 56, 58

Patentgesetz 81, 95
Patentwesen 25, 81
Perlon 49, 56
Petrochemie 55
Phoenix AG für Bergbau und Hüttenbetrieb 23, 39 f.
Physikalisch-Technische Reichsanstalt (PTR) 94
Produktivkräfte 92, 140, 142
Psychotechnik 42, 44, 46

Puddelverfahren 7f., 17

Raumfahrttechnik 117
Reichsbund Deutscher Techniker (RDT) 85, 105
Reichsgemeinschaft der technisch-wissenschaftlichen Arbeit (RTA) 85
Reichskuratorium für Wirtschaftlichkeit in Industrie und Handwerk (RKW) 33f., 42, 46, 54, 83, 104, 110, 127
Reichswerke AG Hermann Göring für Erzbergbau und Eisenhütten /HGW 52
Rheinisch-Westfälisches-Elektrizitätswerk (RWE) 22, 68f.
Rheinische Stahlwerke 18, 40

Sächsisches Industriemuseum 138
Siemens-Martin-Verfahren 18, 56, 94, 120
Sputnikschock 89, 141
Stadtwerke 82
Steinkohlebergbau 4–7, 15, 37, 54f., 57, 120
Stranggießverfahren 57
Straßenbau 13, 28, 65, 102
Strukturwandel 53, 73, 88, 136ff.
Synergieeffekte 2, 19, 39

Technikfolgenabschätzung 76f., 92
Technische Hochschulen 96, 100f.
Technokorporatismus 91
Technokratische Union 105, 142
Teerfarbstoffe 12
Telefunken 62
Textilindustrie 3f., 10, 30, 47f., 54, 108, 119, 130

Thomas-Verfahren 17f., 56, 94, 120
Thyssen 23, 40, 56, 94
Transrapid 78, 90
Treibstoffsynthese 50f.
Typisierung 23, 31, 46, 83, 104

Umweltgeschichte
UNESCO 138
Unfallschutz 43

Unfallverhütung 42ff.
Unterhaltungselektronik 60, 62, 64
US Technical and Productivity Program (USTA&P) 54, 69

Veblen-Gerschenkron-Effekt 107
Verband Deutscher Elektroniker (VDE) 34
Verbraucherschutz 92, 140, 142
Verbundwirtschaft 16f., 19f., 50, 68
Verein deutscher Eisenhüttenleute (VDEh) 34
Verein Deutscher Ingenieure (VDI) 34, 100, 104, 135, 139ff.
Vereinigte Glanzstoff Fabriken AG 66
Vereinigte Stahlwerke AG 39ff., 84
Vierjahresplan 48f., 127

Wanderer 35, 41
Waschmaschine 60f., 64, 128
Wasserversorgung 13f., 22, 125
Weltausstellung 112–115
Werkzeugmaschinen 4, 8f., 23, 36, 46, 57, 71f.
World Wide Web 72

Zuse KG 71

Enzyklopädie deutscher Geschichte
Themen und Autoren

Mittelalter

Gesellschaft
Agrarwirtschaft, Agrarverfassung und ländliche Gesellschaft im Mittelalter (Werner Rösener) 1992. EdG 13
Adel, Rittertum und Ministerialität im Mittelalter (Werner Hechberger) 2004. EdG 72
Die Stadt im Mittelalter (Frank Hirschmann)
Die Armen im Mittelalter (Otto Gerhard Oexle)
Frauen- und Geschlechtergeschichte des Mittelalters (Hedwig Röckelein)
Die Juden im mittelalterlichen Reich (Michael Toch) 2. Aufl. 2003. EdG 44

Wirtschaft
Wirtschaftlicher Wandel und Wirtschaftspolitik im Mittelalter (Michael Rothmann)

Kultur, Alltag, Mentalitäten
Wissen als soziales System im Frühen und Hochmittelalter (Johannes Fried)
Die geistige Kultur im späteren Mittelalter (Johannes Helmrath)
Die ritterlich-höfische Kultur des Mittelalters (Werner Paravicini) 2. Aufl. 1999. EdG 32

Religion und Kirche
Die mittelalterliche Kirche (Michael Borgolte) 2. Aufl. 2004. EdG 17
Mönchtum und religiöse Bewegungen im Mittelalter (Gert Melville)
Grundformen der Frömmigkeit im Mittelalter (Arnold Angenendt) 2. Aufl. 2004. EdG 68

Politik, Staat, Verfassung
Die Germanen (Walter Pohl) 2. Aufl. 2004. EdG 57
Die Slawen in der deutschen Geschichte des Mittelalters (Thomas Wünsch)
Das römische Erbe und das Merowingerreich (Reinhold Kaiser) 3., überarb. u. erw. Aufl. 2004. EdG 26
Das Karolingerreich (Klaus Zechiel-Eckes)
Die Entstehung des Deutschen Reiches (Joachim Ehlers) 2. Aufl. 1998. EdG 31
Königtum und Königsherrschaft im 10. und 11. Jahrhundert (Egon Boshof) 2. Aufl. 1997. EdG 27
Der Investiturstreit (Wilfried Hartmann) 2. Aufl. 2005. EdG 21
König und Fürsten, Kaiser und Papst nach dem Wormser Konkordat (Bernhard Schimmelpfennig) 1996. EdG 37
Deutschland und seine Nachbarn 1200–1500 (Dieter Berg) 1996. EdG 40
Die kirchliche Krise des Spätmittelalters (Heribert Müller)
König, Reich und Reichsreform im Spätmittelalter (Karl-Friedrich Krieger) 2., durchges. Aufl. 2005. EdG 14
Fürstliche Herrschaft und Territorien im späten Mittelalter (Ernst Schubert) 2. Aufl. 2006. EdG 35

Frühe Neuzeit

Gesellschaft
Bevölkerungsgeschichte und historische Demographie 1500–1800 (Christian Pfister) 1994. EdG 28
Umweltgeschichte der Frühen Neuzeit (Reinhold Reith)

Bauern zwischen Bauernkrieg und Dreißigjährigem Krieg (André Holenstein) 1996. EdG 38
Bauern 1648–1806 (Werner Troßbach) 1992. EdG 19
Adel in der Frühen Neuzeit (Rudolf Endres) 1993. EdG 18
Der Fürstenhof in der Frühen Neuzeit (Rainer A. Müller) 2. Aufl. 2004. EdG 33
Die Stadt in der Frühen Neuzeit (Heinz Schilling) 2. Aufl. 2004. EdG 24
Armut, Unterschichten, Randgruppen in der Frühen Neuzeit (Wolfgang von Hippel) 1995. EdG 34
Unruhen in der ständischen Gesellschaft 1300–1800 (Peter Blickle) 1988. EdG 1
Frauen- und Geschlechtergeschichte 1500–1800 (Heide Wunder)
Die deutschen Juden vom 16. bis zum Ende des 18. Jahrhunderts (J. Friedrich Battenberg) 2001. EdG 60

Die deutsche Wirtschaft im 16. Jahrhundert (Franz Mathis) 1992. EdG 11   Wirtschaft
Die Entwicklung der Wirtschaft im Zeitalter des Merkantilismus 1620–1800 (Rainer Gömmel) 1998. EdG 46
Landwirtschaft in der Frühen Neuzeit (Walter Achilles) 1991. EdG 10
Gewerbe in der Frühen Neuzeit (Wilfried Reininghaus) 1990. EdG 3
Kommunikation, Handel, Geld und Banken in der Frühen Neuzeit (Michael North) 2000. EdG 59

Renaissance und Humanismus (Ulrich Muhlack)   Kultur, Alltag,
Medien in der Frühen Neuzeit (Andreas Würgler)   Mentalitäten
Bildung und Wissenschaft vom 15. bis zum 17. Jahrhundert (Notker Hammerstein) 2003. EdG 64
Bildung und Wissenschaft in der Frühen Neuzeit 1650–1800 (Anton Schindling) 2. Aufl. 1999. EdG 30
Die Aufklärung (Winfried Müller) 2002. EdG 61
Lebenswelt und Kultur des Bürgertums in der Frühen Neuzeit (Bernd Roeck) 1991. EdG 9
Lebenswelt und Kultur der unterständischen Schichten in der Frühen Neuzeit (Robert von Friedeburg) 2002. EdG 62

Die Reformation. Voraussetzungen und Durchsetzung (Olaf Mörke) 2005.   Religion und
EdG 74   Kirche
Konfessionalisierung im 16. Jahrhundert (Heinrich Richard Schmidt) 1992. EdG 12
Kirche, Staat und Gesellschaft im 17. und 18. Jahrhundert (Michael Maurer) 1999. EdG 51
Religiöse Bewegungen in der Frühen Neuzeit (Hans-Jürgen Goertz) 1993. EdG 20

Das Reich in der Frühen Neuzeit (Helmut Neuhaus) 2. Aufl. 2003. EdG 42   Politik, Staat,
Landesherrschaft, Territorien und Staat in der Frühen Neuzeit (Joachim Bahlcke)   Verfassung
Die Landständische Verfassung (Kersten Krüger) 2003. EdG 67
Vom aufgeklärten Reformstaat zum bürokratischen Staatsabsolutismus (Walter Demel) 1993. EdG 23
Militärgeschichte des späten Mittelalters und der Frühen Neuzeit (Bernhard R. Kroener)

Das Reich im Kampf um die Hegemonie in Europa 1521–1648 (Alfred Kohler)   Staatensystem,
1990. EdG 6   internationale
Altes Reich und europäische Staatenwelt 1648–1806 (Heinz Duchhardt)   Beziehungen
1990. EdG 4

19. und 20. Jahrhundert

Gesellschaft
Bevölkerungsgeschichte und Historische Demographie 1800–2000 (Josef Ehmer) 2004. EdG 71
Migrationen im 19. und 20. Jahrhundert (Jochen Oltmer)
Umweltgeschichte des 19. und 20. Jahrhunderts (Frank Uekötter)
Adel im 19. und 20. Jahrhundert (Heinz Reif) 1999. EdG 55
Geschichte der Familie im 19. und 20. Jahrhundert (Andreas Gestrich) 1998. EdG 50
Urbanisierung im 19. und 20. Jahrhundert (Klaus Tenfelde)
Von der ständischen zur bürgerlichen Gesellschaft (Lothar Gall) 1993. EdG 25
Die Angestellten seit dem 19. Jahrhundert (Günter Schulz) 2000. EdG 54
Die Arbeiterschaft im 19. und 20. Jahrhundert (Gerhard Schildt) 1996. EdG 36
Frauen- und Geschlechtergeschichte im 19. und 20. Jahrhundert (Karen Hagemann)
Die Juden in Deutschland 1780–1918 (Shulamit Volkov) 2. Aufl. 2000. EdG 16
Die deutschen Juden 1914–1945 (Moshe Zimmermann) 1997. EdG 43

Wirtschaft
Die Industrielle Revolution in Deutschland (Hans-Werner Hahn) 2., durchges. Aufl. 2005. EdG 49
Die deutsche Wirtschaft im 20. Jahrhundert (Wilfried Feldenkirchen) 1998. EdG 47
Agrarwirtschaft und ländliche Gesellschaft im 19. Jahrhundert (Stefan Brakensiek)
Agrarwirtschaft und ländliche Gesellschaft im 20. Jahrhundert (Ulrich Kluge) 2005. EdG 73
Gewerbe und Industrie im 19. und 20. Jahrhundert (Toni Pierenkemper) 1994. EdG 29
Handel und Verkehr im 19. Jahrhundert (Karl Heinrich Kaufhold)
Handel und Verkehr im 20. Jahrhundert (Christopher Kopper) 2002. EdG 63
Banken und Versicherungen im 19. und 20. Jahrhundert (Eckhard Wandel) 1998. EdG 45
Technik und Wirtschaft im 19. und 20. Jahrhundert (Christian Kleinschmidt) 2007. EdG 79
Unternehmensgeschichte im 19. und 20. Jahrhundert (Werner Plumpe)
Staat und Wirtschaft im 19. Jahrhundert (Rudolf Boch) 2004. EdG 70
Staat und Wirtschaft im 20. Jahrhundert (Gerold Ambrosius) 1990. EdG 7

Kultur, Alltag und Mentalitäten
Kultur, Bildung und Wissenschaft im 19. Jahrhundert (Hans-Christof Kraus)
Kultur, Bildung und Wissenschaft im 20. Jahrhundert (Frank-Lothar Kroll) 2003. EdG 65
Lebenswelt und Kultur des Bürgertums im 19. und 20. Jahrhundert (Andreas Schulz) 2005. EdG 75
Lebenswelt und Kultur der unterbürgerlichen Schichten im 19. und 20. Jahrhundert (Wolfgang Kaschuba) 1990. EdG 5

Religion und Kirche
Kirche, Politik und Gesellschaft im 19. Jahrhundert (Gerhard Besier) 1998. EdG 48

**Kirche, Politik und Gesellschaft im 20. Jahrhundert (Gerhard Besier)
2000. EdG 56**

Der Deutsche Bund 1815–1866 (Jürgen Müller) 2006. EdG 78 Politik, Staat,
Verfassungsstaat und Nationsbildung 1815–1871 (Elisabeth Fehrenbach) Verfassung
1992. EdG 22
**Politik im deutschen Kaiserreich (Hans-Peter Ullmann) 2., durchges. Aufl.
2005. EdG 52**
**Die Weimarer Republik. Politik und Gesellschaft (Andreas Wirsching)
2000. EdG 58**
Nationalsozialistische Herrschaft (Ulrich von Hehl) 2. Aufl. 2001. EdG 39
**Die Bundesrepublik Deutschland. Verfassung, Parlament und Parteien
(Adolf M. Birke) 1996. EdG 41**
Militär, Staat und Gesellschaft im 19. Jahrhundert (Ralf Pröve) 2006. EdG 77
Militär, Staat und Gesellschaft im 20. Jahrhundert (Bernhard R. Kroener)
**Die Sozialgeschichte der Bundesrepublik Deutschland bis 1989/90 (Axel
Schildt) 2007. EdG 80**
Die Sozialgeschichte der DDR (Arnd Bauerkämper) 2005. EdG 76
Die Innenpolitik der DDR (Günther Heydemann) 2003. EdG 66

Die deutsche Frage und das europäische Staatensystem 1815–1871 Staatensystem,
(Anselm Doering-Manteuffel) 2. Aufl. 2001. EdG 15 internationale
Deutsche Außenpolitik 1871–1918 (Klaus Hildebrand) 2. Aufl. 1994. EdG 2 Beziehungen
**Die Außenpolitik der Weimarer Republik (Gottfried Niedhart)
2., aktualisierte Aufl. 2006. EdG 53**
Die Außenpolitik des Dritten Reiches (Marie-Luise Recker) 1990. EdG 8
Die Außenpolitik der BRD (Ulrich Lappenküper)
Die Außenpolitik der DDR (Joachim Scholtyseck) 2003. EDG 69

Hervorgehobene Titel sind bereits erschienen.

Stand: (August 2006)